人权

情怀

RENQUAN QINGHUAI

林伯承 ◎ 著

人民出版社

目录
CONTENTS

2007年

2004年

2003年

——与欧盟浙江联谊总会主席谈话

2002年

2001年—1997年

言为心声，书为心画。

我怀着喜悦和忐忑的心情，把在人权组织工作十多年的演讲和文论集结成册奉献给大家。

这是一个最为普通而又最为庄严的话题，有些内容可能对大家会有启发。

人权，实在太普通，普通到与人人密切相关，老百姓平凡的生活中无不体现着人权。这不仅在蓬勃发展的中国，而且在万千气象的世界概莫能外。

正因为人权太普通，普通得与每个人密切相关，尤其在改革开放日趋深化、全球化进程日渐加快的今天，作为中国特色社会主义的参与者、建设者、受益者，人人都应当增强人权意识，努力为维护和发展中国的人权事业奉献智慧和力量。

人权，又实在太庄严，庄严到写入了中国共产党党章，载入了《中华人民共和国宪法》，成为我们党的执政理念、国家宪法的基本原则和行为规范；庄严到各国和国际社会高度关切，成为联合国的核心价值理念和行为追求。

正因为人权太庄严，庄严得与国家利益血脉相连。尤其在中国人权取得举世瞩目的历史性伟大成就，国际社会和联合国高度关切人权的今天，执政为民，维护人权，已经逐渐成为党和国家政务工作人员的理念与追求。在与国际社会的交往中，完全可以积极主动地展示中国特色社会主义人权事业的伟大成功实践，实事求是地分析我们人权问题存在的原因以及解决的有效途径，平等自信地与外国友人共商世界人权进步事业的发展大计。

这是一集人权工作者学习、传播人权，躬行、维护人权的实践记录，有些内容可能对大家会有启发。

我的这一文集，完全是工作"逼"出来的、"熬"出来的、"急"出来的，是劳作、信念、职责的结晶。

它是工作"逼"出来的职务之作。我未到人权组织工作之前，对人权问题尤其是人权理论知之甚少。履任之后，错综复杂的人权状况逼迫我学，日趋增多的国际人权交流活动催促我学，波澜壮阔的中国特色社会主义人权事业的伟大成功实践吸引我学，始终关心关注我成长的领导与同事鼓励我学。在这样的氛围下，我逐渐进入角色，并且学以致用。在国际人权交流活动中，我由非常拘谨到相对自如，甘苦劳作、颇有斩获。

它是工作"熬"出来的亲为之作。文集文稿，是我亲自撰写。我青年时期的一位领导就是自己撰文，以身示范。他的文稿篇篇自己撰写，有时几分钟拟就，即为上佳美文。我一直在追寻学习，努力实践。本书所集文稿，系我苦心刻写，细凿成篇。

它是工作"急"出来的急就之作。人权组织业务繁杂忙碌，诸多文稿都是匆匆写就。最为典型的是参加国际人权会议，我的任务大多是代表中方作会议总结。这种总结不能会前准备，只能会间作战。次次都是边参会、边动笔，急就成章。

这是一种坚定信仰、刻苦求知、竭诚奋斗的人生追求，有些内容可能对大家会有启发。

这是"信仰人生"的追求。坚定不移地走中国特色社会主义道路，与我们的整个民族，与党和国家以及每个人的前途命运息息相关，应当成为每一个中国人的信仰理念。为中国特色社会主义和人权事业而拼搏奋斗，是我们整个人生的光荣和骄傲。

这是"学习人生"的追求。我们的事业崇高伟大，识难行艰，需要知识支撑、理论武装。学习，是我们事业和人生的需要，也是我们事业和人生的基本内涵。知识彰显力量，学习铸造辉煌，知行共荣创新光彩人生。

这是"表率人生"的追求。外国人看我们，是中国形象的代表者、人权中国的代言人。人民群众看我们，是中国人权的维护、建设和代表者。不辱使命，率先垂范，应当成为我们人权工作者坚定、清醒、自觉的价值追求和终生实践。

话心声，书言志，是为序。

2011年

引领中国人权发展进步的纲领性文献

——学习胡锦涛总书记在庆祝中国共产党成立90周年大会上的重要讲话体会

胡锦涛总书记今年"七一"在庆祝中国共产党成立90周年大会上的重要讲话，立足于中国人民全面建设小康社会，建设富强民主文明和谐的社会主义现代化国家，立足于中华民族的伟大复兴，创造更加幸福美好的辉煌未来，立足于坚持和丰富当代马克思主义，把马克思主义的基本原理同中国实际相结合，全面总结、深刻阐述了党成立以来的奋斗历史和基本经验，全面阐述、系统部署了党更加奋发有为地带领全国各族人民创造自己幸福生活、赢得中华民族美好未来的基本思路和大政方针，是继续推进中国特色社会主义伟大事业、引领中国人权发展进步的伟大纲领性文献。

一、波澜壮阔的伟大历程

"七一"重要讲话，深刻阐述了党团结带领全国人民90年来完成和推进的三件大事。这实质上也是中国人权发展进步的三件大事。

第一件大事，"党紧紧依靠人民完成了新民主主义革命，实现了民族独立、人民解放。"这是中国人权的伟大历史性转变。中华人民共和国的建立，实现了从几千年封建专制制度向人民民主制度的伟大跨越，彻底结束了旧中国半殖民地半封建社会，历史，彻底废除了列强强加给中国的不平等条约和帝国主义在中国的一切特权。中国人从此站立起来了，人民从此成为国家、社会和自己命运的主人。中华民族和中国人权从此开启了新的历史纪元。

第二件大事，"党紧紧依靠人民完成了社会主义革命，确立了社会主义基本制度"。这里包含了确立中国人权发展进步基本制度的重要内容。中国创造性地实现了由新民主主义向社会主义的转变，占世界人口四分之一的东方大国进入社会主义社会，实现了中国历史和中国人权发展史上最广泛最深刻的社会变革。中国建立起独立的比较完整的工业体系和国民经济体系，积累了在中国这样一个社会生产力水平十分落后的东方大国进行社会主义建设和中国人权建设的重要经验。

第三件大事，"党紧紧依靠人民进行了改革开放新的伟大革命，开创、坚持、发展了中国特色社会主义。"这深刻揭示了伴随着改革开放的历史进程，中国特色社会主义人权建设也取得了历史性进步。中国深刻总结社会主义建设经验和教训，精心借鉴国际经验，坚定不移地推进全面改革、全方位开放，坚定不移地建立和完善社会主义市场经济体制，推动社会主义现代化建设和中国人权建设取得了举世瞩目的伟大成就。

这三件大事，从根本上改变了中国人民、中华民族和中国人权的前途命运，不可逆转地结束了近代以后中国内忧外患、积贫积弱、人权状况每况愈下的悲惨命运，不可逆转地开启了中华民族不断发展壮大、中国人权日趋发展进步的历史进军，中华民族的伟大复兴和中国人权的伟大进步展现出前所未有的光明前景。

二、彪炳史册的伟大成就

"七一"重要讲话，深刻阐述了经过 90 年的奋斗、创造、积累，党和人民必须倍加珍惜、长期坚持、不断发展的三大成就。这实质上也昭示了中国人权发展进步的三大成就。

第一大成就，"开辟了中国特色社会主义道路。"这一道路，是实现社会主义现代化的必由之路，是创造人民美好生活的必由之路，也是开创中国人权崭新境界的必由之路。这一道路，是在中国共产党领导下，立足基本国情，以人为本，以经济建设为中心，坚持四项基本原则，坚持改革开放，解放和发展社会生产力，尊重和保障人权，巩固和完善社会主义制度，建设具有丰富人权内涵的社会主义市场经济、民主政治、先进文化、和谐社会，建设富强、民主、文明、和谐与人权日益发展进步的社会主义现代化国家。

第二大成就，"形成了中国特色社会主义理论体系。"中国特色社会主义人权理论是中国特色社会主义理论体系的有机组成部分。中国特色社会主义理论体系，是指导党和人民沿着中国特色社会主义道路实现中华民族伟大复兴和中国人权伟大进步的正确理论。我们党坚持把马克思主义基本原理同中国具体实际结合起来，在推进马克思主义中国化的历史进程中产生了毛泽东思想和中国特色社会主义理论体系两大理论成果。继承和发展了毛泽东思想的中国特色社会主义理论体系，是包括邓小平理论、"三个代表"重要思想以及科学发展观等重大战略思想在内的科学理论体系。这一理论体系系统回答了在中国这样一个十几亿人口的发展中大国建设什么样的社会主义、怎样建设社会主义，建设什么样的党、怎样建设党，实现什么样的发展、怎样发展等一系列包括人权和与人权发展息息相关的重大问题，是马克思主义中国化的典范和引领中国人权继续前进的重要指导思想。

第三大成就，"确立了中国特色社会主义制度。"中国特色社会主义制度，是当代中国和中国人权发展进步的根本制度保障，集中体现了中国特色社会主义和中国特色社会主义人权的特点和优势。中国推进社会主义制度自我完善和发展，在经济、政治、文化、社会和人权等各个领域形成一整套相互衔接、相互联系的制度体系。人民代表大会制度这一根本政治制度，中国共产党领导的多党合作和政治协商制度、民族区域自治制度以及基层群众自治制度等构成的基本政治制度，中国特色社会主义法律体系，公有制为主体、多种所有制经济共同发展的基本经济制度，以及建立在根本政治制度、基本政治制度、基本经济制度基础上的经济体制、政治体制、文化体制、社会体制和融入其中的人权保障体制的等各项具体制度，符合我国国情，顺应时代潮流，是中国和中国人权发展进步最具活力、最为重要的根本性举措。

三、生机盎然的伟大工程

"七一"重要讲话，深刻总结90年中国发展进步所得出的一个基本结论是："办好中国的事情，关键在党。"这明确宣示：中国人权的发展进步，关键也在党。

中国和中国人权发展进步的关键在党，在党的建设。早在延安时期，毛泽东同志就把党的建设称之为伟大工程。中国共产党保持和发展马克思主义政党先进性，在新的历史条件下，推进伟大工程的根本点是：坚持解放思想、实事求是、与时俱进，以科学态度对待马克思主义，用发展着的马克思主义指导新的实践，始终保持党开拓前进的精神动力；"坚持为了人民、依靠人民，诚心诚意为人民谋利益，从人民群众中汲取智慧和力量，始终保持党同人民群众的血肉联系；坚持任人唯贤、广纳人才，以事业感召、培养、造就人才，不断增加新鲜血液，始终保持党的蓬勃活力；坚持党要管党、从严治党，正视并及时解决党内存在的突出问题，始终保持党的肌体健康。"中国和中国人权在党的伟大工程进展中必然呈现出蓬勃发展的历史新面貌。

在推进党的伟大工程中加强中国人权建设，最重要的是同党中央在政治上、思想上、行动上保持高度一致。在党的领导下，高举中国特色社会主义伟大旗帜，坚定不移地走中国特色社会主义人权发展道路，不断提高中国人权的境界和水平；坚定不移地以包括中国特色社会主义人权理论在内的中国特色社会主义理论体系，武装头脑，指导行动，在实践中不断丰富和发展这一体系；坚定不移地巩固、完善和发展包括人权保障体系在内的中国特色社会主义制度，坚持用制度保障人权、改善民生，用制度弘扬人权、展示尊严，在日趋完善的制度建设中进一步推进中国特色社会主义人权建设。

四、科学发展的伟大部署

"七一"重要讲话，系统阐释了在新的历史起点上把中国特色社会主义的伟大事业全面推向前进的大政方针，深刻昭示出这本质上就是中国人权发展进步的伟大部署。

推动中华民族伟大复兴的历史进程，"七一"讲话重点强调的大政方针是，始终坚持党的基本路线不动摇，进一步解放思想，坚持改革开放，牢牢扭住经济建设这个中心不动摇，大力推进社会主义民主政治建设、文化建设和社会建设，大力保障和改善民生，推动科学发展，促进社会和谐，在新的历史起点上把中国特色社会主义伟大事业全面推向前进。

认真学习贯彻"七一"讲话，全面落实中国特色社会主义伟大事业的大政方针，全面落实中国人权进步事业的伟大部署，就要全力以赴地推进中国人民生存权和发展权的持续完善和提高，推进人民群众的公民、政治、经济、文化和社会等各项权利的全面进步，实现权利与义务的统一、个人人权和集体人权的统一、人权的普遍性和特殊性的统一，中国特色社会主义人权事业就一定会书写出更加辉煌的壮丽篇章。

五、创造历史的伟大力量

"七一"重要讲话,深刻阐述了中国共产党与人民群众的血肉联系,深刻阐述了人民群众创造历史和推动历史前进的伟大作用,深刻昭示了中国人民在党的领导下是创造和推动人权发展进步的伟大力量。

人民是国家和历史的主人,也是中国人权发展进步的主人。"来自人民、植根人民、服务人民,是我们党永远立于不败之地的根本。以人为本、执政为民是我们党的性质和全心全意为人民服务根本宗旨的集中体现,是指引、评价、检验我们党一切执政活动的最高标准。"中国用占世界近7.9%的耕地养育了占世界近20%的人口。中国人民在党的领导下,以主人翁的态度,艰苦奋斗,创造了美满的小康幸福生活,正在全面建设小康社会,向更高水平、更加美好的生活迈进。中国人权发生了翻天覆地的历史性变化。中国人民用事实无可辩驳地说明了党与人民的血肉联系,说明了人民是人权事业的创造者,是推动中国人权不断前进的伟大力量。

"青年是祖国的未来、民族的希望,也是我们党的未来和希望。"中国人权的未来和希望在于青年。认真学习贯彻"七一"讲话,"全党都要关注青年、关心青年、关爱青年,倾听青年心声,鼓励青年成长,支持青年创业。"引导青年学习人权、实践人权、发展人权,在人权的广阔舞台上充分发挥聪明才智、尽情展现人权人生的宝贵价值,让青春在为中国人权建功立业的事业中焕发出绚丽光彩。

六、辉煌美好的伟大前景

"七一"重要讲话,深刻阐述了党和人民要完成的两个宏伟目标。这也是中国人权要完成的宏伟目标。

中国共产党和中国人民的最终理想是实现共产主义。这需要一代又一代共产党人团结带领人民群众永不止息、卓越奋斗,需要确立和实现一个又一个宏伟目标,才能最终实现共产主义这一人类社会最为高级、完美的奋斗目标。共产主义是理想、目标、信仰、制度、运动和实践。我们现在所从事的中国特色社会主义的伟大事业,所采取的符合国情、顺应规律、人民满意的一切举措,都具有共产主义的本质内涵和基本性质,都是在向共产主义持续迈进。这是当代中国共产党人、中国人民和全世界人民最可庆贺、最有价值的伟大情怀。

"七一"讲话向世界宣示，"在本世纪上半叶，我们党要团结带领人民完成两个宏伟目标，这就是到中国共产党成立100年时建成惠及十几亿人口的更高水平的小康社会，到新中国成立100年时建成富强民主文明和谐的社会主义现代化国家。"这是中国共产党人和中国人民的庄严承诺，这是惠及中国、影响世界的实际举措，这是中国人权要矢志完成的神圣伟大的世纪使命。我们为此骄傲自豪，更觉重任在肩，一定要不辱使命，竭诚奋斗，谱写中国人权发展进步的耀世乐章，创造中华民族伟大复兴的光辉业绩。这应当成为我们学习"七一"讲话精神最具特色、最为深刻的心得体会。

随笔 ——人权颂

闪烁着崇高、伟大、神圣的朝辉，
畅流着美好、吉祥、欢愉的溪水，
人权与阳光普照、晴空万里血脉相随。
中国共产党成立90周年纪念日的美好时刻，
北京狂风大作、电闪雷鸣、暴雨聚汇，
一幅色彩斑斓的写意水墨画由大自然潇洒泼绘。
这是何意，作答由谁？
渴望释义、翘首相会。

风神高兴作答：
这是中国共产党为人权奋斗90年的写真彩画。
从1921年7月上海石库门到今日天安门光耀中华，
从1921年7月浙江嘉兴小船到如今中华巨舰意气风发，
始终沐浴人权之风，代表人民企划。
从党的一大消灭资本家私有制的生存宣言，
争取言论、出版、集会自由的人权呐喊，
到党的十七大以人为本的时代佳话，
科学发展、和平发展、和谐发展的日趋深化，

人权的强劲东风吹拂、簇拥着人民群众的户户家家，
万木皆枯、满目疮痍变成了春色满园、遍地鲜花，
天翻地覆，换了人间，这答卷抖擞着出色香溢天涯。

雷电欢乐阐述：
这是中国共产党为人权奋斗90年的三部进行曲。
新中国的强力闪电摧毁了蒋家王朝的黑云暗雾，
中国人权崭新纪元，扬眉吐气，
第一乐章舒展着中国人民甘洒热血奉献生命的壮美音域。
社会主义改造基本完成的闪电开启了基本社会制度确立的大幕，
中国人权生机勃发，昂首阔步，
第二乐章跳动着中国人民渴望发展扎实奋斗的欢快音符。
改革开放的迅猛闪电冲出了一条富民强国的壮阔征途，
中国人权盛世辉煌，锐意进取，
第三乐章高扬着中国人民与党同心共创伟业的时代旋律。
声撼大地、光裂长空，这答案挥动着精彩巡视环宇。

暴雨爽快发言：
这是中国共产党为人权奋斗90年赢得的世纪欢颜。
幽灵般的共产主义学说从1848年穿越欧洲大陆、奔行大洋彼岸，
1921年这幽灵开始有组织地在华夏神州迅速播传，
历经90年艰苦历程、卓越实践，
中国特色社会主义光明道路、理论体系和社会制度大树参天，
人权理念、行为追求、建功举措蔚为壮观，
这幽灵在中国历史地成为震撼人心、全球惊愕的耀世经典。
泪珠夺眶，革命导师兴奋涌泉，
泪水倾泻，志士先烈欣慰连连，
泪花挥洒，人民大众幸福满脸，
泪飞化雨，倾盆润世，这答案飞扬着荣光天地畅酣。

人权兴奋：微笑亲吻，尊重、保障、享受人权；
人权思索：走近亲历，探寻、和顺、感悟必然；
人权愤怒：重落铁拳，亵渎、践踏人权的行径必须严惩法办；

人权远眺：招手致意，党和新中国成立百年的目标清晰可见；

追念人权：屈辱人权绝不重演、光荣人权渐次升华喜结良缘；

拥抱人权：头脑行走研究世界、实践验证丰富理论流长渊源；

维护人权：细心、精心、全心，勇于、敢于、善于美在亮剑；

发展人权：明湖如镜、泰山威重、黄河奔流、大海浩瀚追寻尊严。

中美人权法治交流的亮点之作

——在第三届中美司法与人权研讨会上的总结发言

第三届中美司法与人权研讨会在全体与会嘉宾的共同努力下，在美中关系全国委员会和全体工作人员的积极努力下，即将完成两天的会议议程胜利闭幕，风景如画，光彩照人的纽约长岛格伦科夫酒店也会为之魅力骤增，神采飞扬。这是我和中方全体代表的诗意想象和真诚评价。

两天来，中美双方与会代表的睿智发言，使我受益匪浅，这是我代表中方作总结发言最重要、最坚实的思想素材和理性支持。

中方代表一致认为，我们这次会议主题深刻、议题丰富、思想激荡、见解深刻，彰显出引人注目的三大特点：

一、紧扣时代脉搏，顺应时代发展潮流，因而具有高屋建瓴、气势如虹的崭新特色

首先，我们的会议是体现中美友好关系发展的实际举措。中美两国近年来往来频繁，高层互访不断。2011 年年初，胡锦涛主席成功访美，向国际社会宣示了建设相互尊重、互利共赢的中美合作伙伴关系，把两国友好关系推进了一个新的高度和境界。不久前，美国副总统拜登成功访华，发表了期望中美友好交流的重要意见。这些积极举动，都是中美友好关系发展的具体表现。我们这次会议真诚相待，坦诚对话，本质上是中美友好关系健康稳定发展的生动展现。

第二，我们这次会议是倡导世界和平发展的实际举措。我们会议的召开正值"9·11"事件 10 周年之际，我们对"9·11"事件的遇难者表示深切哀悼，对世界和平表示热切期待和良好祝福。此时此刻，我们愈加深

刻地感受到，中国坚持和平外交政策，倡导建设和谐世界，是中国永享和平最为关键的政治引领、战略支持和政策保障。此时此刻，我们愈加深刻地认识到，我们的会议和会议所有的发言，从根本上讲都是为了世界和人类的和平福祉，也正是从这个意义说，我们所有与会者是世界和平的倡导者、维护者和建设者。

第三，我们这次会议是契合世界经济恢复增长的实际举措。发端于美国进而影响到世界经济发展的金融危机，在世界各国以及各国政治、文化、学术、社会等各领域各层次人们的共同努力下，现在已逐渐缓和，世界经济有所复苏，呈现出逐步发展的向好势头。司法的本质和真谛是国家和人权。我们会议所讨论的所有问题、所阐发的根本主旨，就是国家发展和人权保障，这必然与中美两国包括人权在内的各项事业的发展保障具有千丝万缕的联系，是簇拥世界经济逐步复苏的社会态势，是意在人权、益于发展的有为之举。

二、主题鲜明、议题丰富、见解深刻，是前两届会议的深化、发展，因而具有阐发理念、启迪心智的鲜明特色

关于政府公开化的讨论。本次会议的突出进展是更加系统地介绍了两国政府公开化的最新举措，而且重点介绍了网络微博对政府公开化的作用和影响，以及介绍了整个社会运用网络传播信息的情况。美国社会运用微博显示了言论自由，中国多达数亿人运用微博发布信息也是中国人民言论自由、政治公开、公民尊严、社会进步的生动展示。从更深层次上可以说，这是中华民族伟大复兴征程中的亮点展示、光荣展示和幸福展示。

关于法律执行程序及过程中的信息披露。我们这次会议的进展是，在讨论中美两国法律执行程序一般情况的同时，重点介绍讨论了警察执法及信息披露情况，中美双方的警务公开尤其是中方警务的进步和改进引起会议关注，给予积极评价。中国目前正在讨论的《刑事诉讼法》（修正案）引起美方重视关注，双方进行了热烈讨论，这应当说是会议主旨的精彩展现。

关于律师职责。我们这次会议的进展是，在讨论律师职责一般性情况同时，中美双方律师就个案处理问题进行了堪称激烈的讨论，这是正常的可以理解的，但也是应当引起我们高度重视和深思的现象。

关于法官职责。从一定意义上讲，这是我们这次会议的开题之作，在

主要阐述了法官一般职责的同时，重点讨论分析案例，说明了法官职责、任务和一般性的程序等，与会人员受到了有益启示和教益。

三、议题紧贴实际，意蕴指向深远，因而具有立足当前、启示未来的重要特色

我们的会议体现了四个结合：

一是会议内外结合。会前，我们参加了纽约南区关于偷税案件的阶段性审理，考察了纽约市立大学刑事司法学院，参观了"9·11"事件双子楼座废墟，游览了大都会博物馆等，我们由此进一步加深了对美国社会和法律的了解，这顺理成章地成为会议的有机组成部分。这种活动与会议紧密相连的开会方法，强化、扩展了会议的主题和内涵，深受与会者的赞许和欢迎，对于我们开好今后各届会议具有寓教于行、生动具体的积极借鉴作用。

二是官民结合。我们这次会议是非政府组织主办，社会相关方面参加，包括政府有关部门给予大力支持，而这些部门的人士参加会议，成为会议重要信息的发布人和权威诠释者。这种借助、利用会议了解和掌握政府职能部门相关信息的做法，对于我们开好今后各届会议具有昭示趋势、点拨关键的重要启迪作用。

三是远近结合。我们会议的主题、议题和与会者的热烈讨论、激烈争辩都有很强的现实针对性，同时对于今后、未来也有较强的启示引导意向。这种紧贴当前、意蕴长远的会议做法，对于我们开好今后各届会议具有典型示范、形象引领的进取导向作用。

四是知行结合。我们的会议包括会议的所有发言，都体现了知行统一的鲜明特色。这不仅展现了全体与会者的基本品格和行为素质，而且成为会议充满生机活力、获得圆满成功的基本经验。从本质上总结经验，可用一句话阐释，这就是：主观与客观贴近，理论与实践结合，是开好本届和今后各届会议最具魅力、最显风采、最富效用的根本和基础所在，是最具生命力、最显规律性、最富时代内涵的会议经典和灵魂所在。

中美两国由于社会制度、经济状况、文化理念、宗教信仰、传统习俗等情况各异，尤其是发展阶段明显不同，中美两国分别是世界上最大的发展中国家和最大的发达国家，人权的发展状况和对人权的认识肯定有所差异。从美国来看，这个被中文注解为美丽国家的国度，可以说，既有重视

人权的良好记录，也有亵渎和践踏人权的糟糕记载。中国有关方面已经连续发表了多个《美国的人权状况》白皮书，列举了美国存在的一系列人权问题。这些情况，已为大家所了解。从中国看，实事求是地说，新中国成立以来，尤其是改革开放以来，中国的人权状况发生了翻天覆地的历史性变化，中国用世界上近 7.9% 的耕地和 6.5% 的淡水资源养育了世界近 20% 的人口，这是对世界人权事业的重大贡献。13 亿中国人民正在满怀信心、富有尊严、脚踏实地地向全面小康社会持续迈进，这是任何人、任何集团、任何社会势力都无法否认、无法更改、无法掩盖的基本事实。中国人权尽管取得了举世瞩目的巨大成就，但也存在一些不容忽视的问题。我们从来不掩饰和隐瞒这些问题，我们正在为解决这些问题而积极努力。中国正是以这样不负整个社会、全体人民郑重选择的勇气和力量，在人权发展的道路上阔步前进。可以肯定地说，这不仅是中国人权事业，而且是世界人权进步事业的一道亮丽风景线。

我们是为交流而来，相互尊重，平等相待，坦诚对话；我们是为友谊而来，通过会议，增进了解，加深理解；我们是为人权而来，介绍人权，解析人权，畅述人权，享受人权。我们不虚此行，对话顺畅，交流热烈，喜迎闭幕，满意在握。

我力求简约、激情微动、真情涌现的总结发言到此结束。

（2011 年 9 月 16 日）

随笔 ——华尔街铜牛的眼睛

华尔街铜牛威风凛凛、形拟奔前，
精彩、睿智的眼睛，
深邃如泉，
尽收金融博弈的风雨霜雪、日月美颜，
波漪涟涟，
诉说金融世界的悲曲轻弹、凯歌润天。

2008 年 11 月的一天，
我来到华尔街铜牛前仔细观瞻，

这时以美国次贷危机引发的金融危机已渐明显，
铜牛在这样的氛围下忧虑重重眼神可见。
我们对世界金融和经济前途充满信心万物感染，
希望之光渐入铜牛心帘。

今天，我们又一次来到华尔街铜牛前，
这时的世界经济已有所复苏向好奉献，
铜牛目睹变化喜悦之情涌上眉眼，
世界明天会更加美好，
秋波频传温馨在线，
铜牛让人倍感威猛和亲切。

我们即将离去，
铜牛不舍依恋。
我突然想到中国上海外滩新建的铜牛形美威严，
这两个铜牛可随时传递信息相互问安。
我的思想此时似乎被华尔街铜牛所悟所感，
我真切地看到它留恋的眼神流溢欣慰、意蕴香甜。

（2011 年 9 月 17 日）

友谊之举

——在向东京长崎县赠送孙中山与梅屋庄吉夫妇塑像新闻发布会上的发言

今年是中国辛亥革命100周年。为纪念以孙中山与梅屋庄吉为代表的中日两国人民的友好交往，为缅怀梅屋庄吉夫妇及日本友人对孙中山领导的辛亥革命的大力支持，为永续中日友好、共创美好未来，中国国务院新闻办公室以及中国社会科学院决定在辛亥革命百年之际，向日本赠送孙中山与梅屋庄吉夫妇塑像。现在塑像制作工作正在有序进行，预计9月下旬即可在长崎县的展览会上与大家见面。中国人权发展基金会和中国社会科学院近代史研究所作为塑像制作任务的具体承办单位，为此也深感荣幸和自豪。

我怀着兴奋和激动的心情参加这次新闻发布会，深切感受到这是一次和睦、和谐、和美的集会。

首先，这是一次彰显中日人民友好交往、源远流长的和睦集会。中日两国一衣带水，尤其长崎是距离中国最近的县域之一。两国友好来往已有2000多年的历史，徐福寻药、鉴真东渡以及日本遣隋和遣唐使节等历史，早已成为两国人民耳熟能详的动人佳话。孙中山和梅屋庄吉自1895年1月相识，至1925年3月孙中山逝世长达30年的交往，结下了超越国界、穿行时空、影响至今的深情厚谊。孙中山先生逝世后，梅屋庄吉集巨资为先生塑像，至今还有先生的4尊塑像矗立在中国的南京、广州、澳门等地，供人们瞻仰。孙中山先生15次到日本，其中11次到长崎。长崎逐渐成为具有典型示范意义的中日友好重要城市。现在长崎已与我国上海、福建等诸多省市建立了友好合作关系。这是中日两国人民携手并肩、友好交往的真实写照。赠送孙中山与梅屋庄吉夫妇的塑像以及今天的活动，从根本上讲，就是在续写中日人民永结同心的友谊篇章，是生动具体的中日友好历史的本质延续和时代升华。历史和人民将会永远铭记这一立足友谊、回顾友谊、永筑友谊的美好时刻。

其次，这是一次反映中日两国人民携手合作、共商人权的和谐集会。孙中山先生是中国伟大的革命先驱者，也是伟大的人权先驱者。先生提出的民生和民权思想，实质上就是一种具有丰富内涵的人权主张。梅屋庄吉夫妇对孙中山先生为之奋斗的人权主张高度赞誉，倾其财力物力全力支持。孙中山先生领导的辛亥革命，结束了统治中国几千年的君主专制制度，对推动中国社会进步具有重大意义，对亚洲和世界也产生了积极影响。中国人民对此铭记在心。当年，辛亥革命未能改变中国半殖民地半封建的社会性质和人民的悲惨命运，历史最终选择了作为中华民族先锋队的中国共产党来完成这一使命。今天，可以告慰伟人志士英灵的是，中国人民在中国共产党领导下，经过90年艰苦卓绝的不懈奋斗，先后完成了建立新中国、确立社会主义基本制度、进行改革开放三件惊天动地、波澜壮阔的大事，取得了开辟中国特色社会主义道路，形成中国特色社会主义理论体系，确立中国特色社会主义制度三项彪炳千秋、永耀中华的成就，从根本上改变了中国人民和中华民族的前途命运，不可逆转地结束了近代以后中国内忧外患、积贫积弱的悲惨命运，不可逆转地开启了中华民族发展壮大、走向复兴的历史进程，在更高层次、更深内涵、更广领域实现、丰富和发展了孙中山先生的人权理念和主张，中国人权发生了史无前例、翻天覆地的历史性巨变。这是立足民意、顺应民心、赢得民众的历史性巨变，这是着眼世界、深究国情、善赢大势的历史性巨变。

第三，这是一次体现中日两国人民文化交流、情深意长的和美集会。中日文化融合交流，涉及广泛，随处可触。日语中包含着极其丰富的中文元素，中文中的"哲学"等名词是由日文翻译而来的，甚至《共产党宣言》中文版也是依据日语翻译而成的，这些都是两国文化交流融合的生动例证。坚持走和平、友好、合作之路，努力推动战略互惠关系健康稳定向前发展，符合中日两国和两国人民的根本利益。两国目前政治、经济、文化、社会等各个领域各个层次的友好交流，广泛深入，呈现出更加良好状态。赠送孙中山与梅屋庄吉夫妇的塑像，以充盈着美之神韵的形象艺术，表达丰富的思想文化内涵，是顺应中日永世友好历史潮流的有为之举，是中日友好日趋深化的亮点之作。端详着塑像照片，我们仿佛真切地看到了这三位伟人志士的音容笑貌，仿佛真切地融入了那惊心动魄的斗争史实，仿佛真切地闻听到了中日两国人民友好行进的铿锵脚步。我们为能展现、承接和发展中日两国人民的恒久友谊而倍感欣慰和骄傲。

我想，我们对孙中山与梅屋庄吉及其夫人的最好纪念是：为中日两国人民世代友好而努力奋斗！

随笔 ——长崎行

一踏上长崎大地，
立刻感受到空气中都弥漫着中日友好的气息，
我们为考察孙中山与梅屋庄吉夫妇塑像安放而来，
迎接我们的日本友人彬彬有礼：
长崎阴雨绵绵十天不止，
你们到来，苍天高兴，责令停雨，以示欢迎。
蓝天、白云、微风是苍天的音容笑貌，
吉祥、福祉、友谊是苍天的思绪灵魂，
天空湛蓝，舒展的是中日友好的深情厚谊，
白云朵朵，诉说的是伟人志士的遗愿宏图，
微风习习，吟唱的是中华民族伟大复兴的壮阔现实，
和谐发展，天、地、人携手并肩共举大事。

"六月"酒店神采奕奕，
三百年高龄览阅史实，
精窄门脸与宽阔殿堂浑然一室，
日式榻榻米与窗外中国园林相映成趣。
精致书厨悬挂着"天下为公"的先生真迹，
先生与梅屋庄吉会餐议事成为百年美谈，
副知事致辞是美谈的时代延续。
感慨万千真情流露我发表感言，
掌声阵阵是友谊的欢乐跳动，

伟人志士百年情意托举着今天的宴席，
不老"六月"神采焕发青春传递。

长崎以中日友好而名播世界各域，
"中山舰"以出生于长崎而骄傲欣喜。
沐浴着长崎的阳光雨露和人文情怀的世代传序，
从长出第一块骨骼起它就亲闻着伟人志士的神情气息，
没有赶上辛亥革命它遗憾不已，
响应先生号召护国讨袁首创义举它为天下人赏析，
先生驻舰55天指挥平叛它成为流动总部，
载先生赴京议事最后一次精心服务，
它由"永丰号"更名宣誓与先生永为一体。
横生事端的"中山舰事件"使其再度名传千古。
为人心痛的是"中山舰"后被侵华日军击伤沉落长江江底，
伴随中华崛起"中山舰"修复一新在武汉诉说着波澜历史。

梅屋庄吉夫人德子的家乡长崎壹岐喜庆正酣，
鲜花、绿树和海浪的舞姿炫耀着中日友好的诱人美感。
博物馆吟颂着中国《魏书》的美妙信函，
2000多位孩子每人临摹一字高悬起关于日本远古的历史书卷，
50多个字关于壹岐的叙述是壹岐人与中国在握手团圆，
与中国和中国人交往为壹岐人自誉是荣光美满。
德子沐浴着两国人民和睦相处的阳光雨露，
促成孙中山与宋庆龄的幸福结合倍觉甘甜。
壹岐出土的文物中有一人头石像在张口呐喊，
人们猜想它喊出的语言千千万万，
最强音肯定是中日友好永世相传。

孙中山坐立梅屋庄吉夫妇分别站立两侧的塑像，
我们选择的安放地点是即将通航上海的港口码头公园。
塑像拟坐落在公园北出口的草丛中令人遐想，
东临大海西接大街南面港务大厅北依树丛耀世明亮，
向南是长崎的出海口直至中国上海倍显荣光，

伟人志士面向南方神态安详，

遥望百年前辛亥革命的激烈场景，

沉思民权释放的人权主张，

细观今天中国人权翻天覆地的历史性变迁。

35，765 步共计 15.9 公里是四天考察的步行历程，

为此频频微笑几度招手的是历史巨匠，

这是中日友好崭新境界的起步奖赏。

注：作者 2011 年 7 月 9 日至 12 日 4 天访问长崎，本文 7 月 15 日写于北京。

中国人权发展进步的重要举措

——学习"十二五"规划纲要体会

第 十一届全国人民代表大会第四次会议通过的"十二五"规划纲要①，紧扣和平与发展的时代脉搏，适应国内外形势的最新变化，顺应人民群众过上更好生活的幸福期待，契合中国社会建设和谐、维护稳定、全力发展的实际要求，凝聚全党全国各族人民的智慧力量，明确提出了今后五年我国改革开放和经济社会发展的指导思想、基本要求、奋斗目标、主要任务和重要举措，是科学发展观推动社会发展进步的集中展示和具体体现，是全面建设小康社会、加快推进社会主义现代化进程、引领中国人权发展进步的重要举措。

一、科学发展是中国人权事业发展进步的主题

"十二五"时期，是全面建设小康社会的关键时期，是深化改革开放、加快转变经济发展方式的攻坚时期。"科学发展"首次成为中国新的五年发展规划纲要的主题，标志着我们国家对经济社会全面发展的规律认识进一步升华，关系到中国改革开放和现代化建设全局，为未来五年乃至更长时期的人权事业发展确定了新思路、新途径、新基调。牢牢把握"十二五"规划纲要科学发展的主题，对于开创中国特色社会主义人权事业新局面具有重大的意义和作用。

科学发展主题高度概括了我国人权事业全面发展的良好态势。纲要提出的科学发展主题，是对我国发展经验的科学总结，也是"十一五"期间

---

① 本文涉及"十二五"规划纲要的内容均选自 2011 年 3 月 16 日新华社受权发布的《中华人民共和国国民经济和社会发展第十二个五年规划纲要》。

人权建设的成功实践和经验总结。"十一五"期间，经济社会发展协调性明显增强，科学发展的理念日渐深入人心，科学发展的战略构想日臻完善；"综合国力大幅提升，2010 年国内生产总值达到 39.8 万亿元，跃居世界第二位，国家财政收入达到 8.3 万亿元"；人民生活明显改善，城乡居民收入增长是改革开放以来最快的时期之一；对外开放迈上新台阶，我国国际地位和影响力显著提高。"十一五"规划胜利完成，社会主义经济建设、政治建设、文化建设、社会建设以及生态文明建设取得重大进展，人权事业取得举世瞩目的伟大成就。

以国家尊重和保障人权载入宪法①、《国家人权行动计划（2009—2010年)》稳步实施②、科学发展观成为党和国家重要指导方针等具有里程碑意义的事件为标志，中国人权事业扎实发展，走出了一条具有民族气派、中国特色的发展道路。中国人民在改革开放中进一步彰显了人权的主体地位，生存权和发展权在以经济建设为中心的奋斗中实现了历史性改善，公民、政治权利在民主法制建设中得到有效保障，基本文化权益得到更好的维护和实现，经济社会权利在全面加强社会建设中迅速发展，中国人权国际交流合作在和平发展道路中取得重要成果，中国人权事业步入历史最好时期。

科学发展主题突显了人权事业创新发展的时代内涵。实现科学发展是一个世界性课题，是当今时代的紧迫要求。"十二五"规划纲要明确指出，"当前和今后一个时期，世情、国情继续发生深刻变化"，"我国发展仍处于可以大有作为的重要战略机遇期"。这是深入分析时代特征，综合判断国际国内形势，准确把握发展方位，对未来发展提出的具有全局性、长远性和决定性意义的历史性判断，对于发展做好新时期新阶段的人权事业具有重要的指导意义。

从国际环境看，和平、发展、合作仍是时代潮流，摒弃对抗、平等对话、和谐交流、增进合作，已经成为国际人权进步事业的重要原则。伴随我国国际地位的逐步提高，我国对外部世界影响力进一步增强，人权领域西强我弱的总体态势在某些方面、某一问题上出现一些于我有利以及趋向

---

① 2004 年 3 月 14 日，十届全国人大二次会议通过宪法修正案，首次将"人权"概念引入宪法，明确规定"国家尊重和保障人权"。

② 2009 年 4 月 13 日，国务院新闻办公室发表《国家人权行动计划（2009—2010 年)》。这是中国首次制定以人权为主题的国家规划。

有利的态势，但在相当长的时期内难以实现根本改观；国际人权斗争在某些方面、某些问题上呈缓和态势，但总体状况依然严峻，多种不确定因素依然存在，并呈现交织发展交互作用的复杂态势。

从国内环境看，我国经济保持平稳快速发展，人均国民收入稳步增加，经济结构转型加快，体制活力显著增强，科技和教育整体水平提升，社会保障体系逐步健全，和谐社会建设全面展开，社会大局保持稳定。但由于受自然、历史、文化和经济社会发展水平等因素的影响和制约，国内经济社会发展不平衡、不协调、不可持续的问题依然存在，教育卫生、劳动就业、社会保障等领域还有不少问题亟待解决，人权事业还面临诸多挑战。

当前和今后一个时期，发展仍是解决我国所有问题的关键。这就更加需要坚持科学发展主题，牢牢把握重要的战略机遇期，坚定不移地走中国特色社会主义人权发展道路，加快推进人权事业持续跃上新台阶。

科学发展主题揭示了当代中国人权事业发展的基本走向。以科学发展为主题，是对以往实践经验的科学总结，也是对发展理论认识的进一步深化。坚定不移地以科学发展为主题发展人权，是当代中国人权事业发展的基本走向。

坚定不移地以科学发展观为指导。科学发展观是我国经济社会发展的重要指导方针，是发展中国特色社会主义必须坚持和贯彻的重大战略思想。从中华民族伟大复兴、人类文明不断发展的时代高度，以世界眼光、战略思维、求实作风，进一步深入贯彻科学发展观，必将引领中国特色社会主义人权事业不断取得新的伟大成就。

坚定不移地以改革开放为动力。改革开放是中国社会经济发展的活力源泉，是发展中国人权事业的必由之路。推动人权事业实现新跨越新发展，必须高举中国特色社会主义伟大旗帜，通过改革开放，进一步构建充满活力、富有效率、更加开放的体制机制，开拓中国特色社会主义人权事业更为广阔的发展前景

坚定不移地向科学目标迈进。中国人权发展的最终目标是实现人的全面自由发展。未来五年的目标，是转变经济发展方式取得实质性进展，综合国力、国际竞争力、抵御风险能力显著提高，人民物质文化生活明显改善，全面建成小康社会的基础呈现更加牢固的态势，为实现充分人权创造坚实基础。这远近结合持续发展的目标，对中华民族的文明进步，具有强大的凝聚力、感召力和推动力。扎扎实实做好五年阶段性目标的工作，就

是在为实现最终目标奋斗贡献。

坚定不移地以社会和谐为基本内容。和谐社会，是社会主义的本质特征。未来五年，中国人权事业发展将继续以保障和改善民生为着力点促进和谐，以社会主义民主法治保证和谐，以中华民族核心价值观念建设和谐，努力保障和发展人民的各项权利，促进社会更加文明进步、和谐发展。

二、转变发展方式是中国人权发展进步的主线

"十二五"规划纲要把加快转变经济发展方式作为新时期发展的主线，是贯彻落实科学发展观的内在要求和推动科学发展的重大举措，是适应全球需求结构重大变化、顺应我国社会发展新的阶段性特征的必然要求。加快转变经济发展方式，是综合性、系统性、战略性的转变，是中国经济社会领域的一场深刻变革。坚持以人为本、统筹兼顾、公平正义，把加快转变发展方式贯穿于人权事业的全过程和各领域，切实提高发展的全面性、协调性、可持续性，是当代中国人权发展的重要实践，也是确保我国人权事业沿着科学发展的轨道不断前进的重要动力。

坚持以人为本，在转变发展方式过程中全面发展人权。以人为本是科学发展的本质和核心。纲要全文16篇61章5.1万多字，聚焦的核心点就是以人为本。人民是历史的创造者，也是转变发展方式，维护、发展、享受人权的主人。加快转变发展方式，与人民群众的光辉前程、最终利益和人权价值息息相关，从本质上讲，是为了更加全面深刻地改善和发展人权。我们所谋求的人权发展，是以人民的根本利益和各项人权和谐发展为首位，以人的全面发展为最高价值目标，是从最广大人民根本利益出发谋发展、促发展，发展为了人民、发展依靠人民、发展成果由全体人民共享的重要人权实践。在加快转变发展方式过程中，坚持把经济结构战略性调整作为主攻方向，把科技进步和创新作为重要支撑，把建设资源节约型、环境友好型社会作为重要着力点，把这些涉及中国社会经济社会文化各个领域的战略举措认真付诸实践，其结果将会是在全体人民共享发展成果的同时，人民的生存权、发展权，公民权利、政治权利和经济、社会、文化权利以及环境权等各项人权得到相互协调的全面发展。

坚持统筹兼顾，在转变发展方式过程中协调发展人权。纲要强调转变发展方式，自始至终贯穿着统筹兼顾的思想方法，贯穿着统筹城乡发展、区域发展、经济社会发展、人与自然和谐发展、国内发展和对外开放，统

筹中央和地方关系，统筹个人利益和集体利益、局部利益和整体利益、当前利益和长远利益，统筹国内国际两个大局，贯穿着总揽全局、突出重点，正确认识和妥善处理中国特色社会主义事业中的重大关系，贯穿着实现社会主义现代化过程中必须长期坚持的战略方针，贯穿着党领导社会主义建设的重要历史经验。统筹兼顾是科学发展和推动人权事业科学发展的根本方法。我们所谋求的人权发展，毫无疑问地是总揽全局、统筹谋划，把握重点、兼顾各方，在市场经济体制、资源配置方式、国家政策导向，经济发展、结构调整、通胀预期管理，科技进步、劳动者素质提高、管理创新，人口生产、物质生产、环境生产，消费、投资、出口，利用外资、对外投资，两个市场，三个产业，城市、乡镇、农村建设，东、中、西部地区发展，工业化、城镇化、农业现代化等一系列关系的协调配合过程中，正确处理人民群众各项权利之间的关系，实现人权的普遍性和特殊性融合统一、权利与义务协调发展、集体人权和个人人权有序推进。

坚持公平正义，在转变发展方式过程中可持续发展人权。纲要强调转变发展方式，通篇贯穿了公平正义的思想要求。公平正义是中国特色社会主义的本质特征，是增强社会凝聚力、向心力和感召力的重要举措。中国社会实现可持续发展，需要政治、经济、文化、社会各个要素的综合作用，公平正义是贯穿始终的一条红线。转变发展方式，从根本上讲，是为了在更高层次、更广领域贯彻和实现公平正义，维护、改善和发展人权。我们所谋求的人权发展，毫无疑问，要体现和贯穿公平正义，一如既往地把生存权、发展权放在首位，妥善协调社会各方面的利益关系，努力推进人民群众的公民权利和政治、经济、社会、文化以及环境等诸项权利，在转变发展方式过程中渐次实现人与人、人与社会、人与环境的良性互动，进而有效地推进和实现人权的可持续发展。

三、保障和改善民生是中国人权发展进步的根本出发点和落脚点

民生问题是人民群众最关心、最直接、最现实的利益问题，事关国家发展大计和人民幸福安康。"十二五"规划纲要顺应全国各族人民过上更美好生活的新期待，把保障和改善民生作为规划的出发点和落脚点，描绘了一幅经济社会发展的新蓝图，勾画了未来五年我国人权事业发展的美好前景。"十二五"规划纲要与以往的纲要相比，保障和改善民生至少在八

个"首次"上，进一步深化、推进和完善了人权：

第一，**首次就合理调整收入分配关系提出明确指标优化人权。**纲要提出城乡居民收入与经济发展同步，劳动报酬的增长与劳动生产率的提高同步。首次明确宣示居民收入增幅将超 GDP 增幅，城镇居民人均可支配收入和农村居民人均纯收入分别年均增长 7% 以上，生动地展现了城乡居民生存、经济等权利强劲提高的巨大魅力。

第二，**首次明确提出实施就业优先战略推进人权。**纲要要求采取更加积极的就业政策，千方百计地扩大就业和创业的规模，重点解决高校毕业生、农村转移劳动力和城镇困难人员的就业问题，年均新增城镇就业 900万人，转移农村劳动力 800 万人，具体展示了维护、发展人权的信心和工作力度。

第三，**首次要求科技教育水平明显提升提高人权。**纲要首次要求九年义务教育质量显著提高，九年义务教育巩固率达到 93%，高中阶段教育毛入学率提高到 87%；首次要求研究与试验发展经费支出占国内生产总值比重达 2.2%，每万人口发明专利拥有量提高到 3.3 件，必将进一步大幅度地提高人权的质量和水平。

第四，**首次就单位 GDP 二氧化碳排放等提出约束性指标维护人权。**纲要提出了节能减排的约束性指标：非化石能源占一次能源消费比重达到 11.4%，单位国内生产总值能源消耗降低 16%，单位国内生产总值二氧化碳排放降低 17%，化学需氧量、二氧化硫排放分别减少 8%，氨氮、氮氧化物排放分别减少 10%。这是对人民群众环境、健康、生存等权利的切实保障，也是加强国际合作、应对气候变化挑战的积极举措。

第五，**首次明确提出健全覆盖城乡居民的社会保障体系深化人权。**纲要强调坚持广覆盖、保基本、多层次、可持续方针，加快推进覆盖城乡居民的社会保障体系建设，稳步提高保障水平，加快完善社会保险制度，加强社会救助体系建设，积极发展社会福利和慈善事业，突显了人权保障体制机制建设的实际进展。

第六，**首次明确提出完善基本医疗卫生制度完善人权。**纲要强调按照保基本、强基层、建机制的要求，增加财政投入，深化医药卫生体制改革，建立健全基本医疗卫生制度，优先满足群众基本医疗卫生需求。包括加强公共卫生服务体系建设、加强城乡医疗服务体系建设、健全医疗保障体系、完善药品供应保障体系、积极稳妥推进公立医院改革、支持中医药事业发展等，显示了对人民群众生命、健康等权利的高度关切和切实保护。

第七，首次提出大规模建设保障性住房保障人权。纲要要求未来五年，建设城镇保障性安居工程 3600 万套，使保障性住房的覆盖率达到 20%。明确提出对于城镇低收入住房困难家庭提供廉租房，实行廉租房制度；对城镇中等偏下收入住房困难家庭，提供公共租赁住房保障：对于中高收入家庭，实行租赁和购买相结合的商品房制度，有力地保证了人民群众的生存、居住等相关权利。

第八，首次明确提出减轻中低收入者税收负担维护人权。纲要提出合理调整个人所得税税基和税率结构，提高工资薪金所得费用扣除标准，减轻中低收入者税收负担，加大对高收入者的税收调节力度，逐步建立健全财产税制度，切实的维护和保证了人民群众的生存、发展、经济等诸多权利。

四、社会全面发展是中国人权发展进步的前进方向

"十二五"规划纲要适应我国改革发展的新趋势和新要求，对社会主义经济建设、政治建设、文化建设、社会建设和生态文明建设作出了全面部署，提出了一系列保障和完善人权的新概念、新举措，将有力地推动人权事业沿着中国特色社会主义道路不断发展，为全面建成小康社会打下坚实有力的基础。

积极推进经济建设，努力维护和发展人民的经济权利。纲要全文 16 篇中，至少有 7 个整篇集中阐述了经济建设问题。按照纲要要求，坚持完善社会主义市场经济体制，坚持公有制为主体、多种所有制经济共同发展的基本经济制度，加快财税体制改革，深化金融体制改革；进一步加强和改善宏观调控，保持经济平稳较快发展，实现城乡居民收入普遍较快增加；坚持扩大内需战略，建立扩大消费需求的长效机制，有效拉动经济增长；促进区域协调发展，加大强农惠农力度，推进城镇化健康发展；提高产业核心竞争力，调整优化投资结构，优化对外贸易结构等等，扎扎实实做好经济建设和与经济建设紧密相关的各项工作，进一步调动人民群众的积极性和创造热情，切实保障人们平等参与市场竞争、公平享受发展成果的权利。

积极推进政治建设，努力维护和发展人民的政治权利。按照纲要要

求，积极稳妥推进政治体制改革，进一步转变政府职能，推进行政体制改革，加快建设法治政府和服务型政府；健全科学决策、民主决策、依法决策机制，推进政务公开，增强公共政策制定透明度和公众参与度；加强行政问责制，改进行政复议和行政诉讼，完善政府绩效评估制度，提高政府公信力，保证人民赋予的权力始终为人民谋利益，切实保障人民享有充分的知情权、参与权、表达权、监督权等民主权利。

积极推进文化建设，努力维护和发展人民的文化权利。 按照纲要要求，加强人文关怀，建设社会主义核心价值体系，提高全民族文明素质；深化文化体制改革，推进文化创新，解放和发展文化生产力，增强文化发展活力；繁荣发展文化事业和文化产业，继续实施文化惠民工程，建设公共文化服务体系，繁荣社会主义文化市场，使社会文化生活更加丰富多彩，人民基本文化权益得到更好保障。

积极推进教育和人才建设，努力维护和发展人民的教育权利。 按照纲要要求，深入实施科教兴国战略和人才强国战略，加快建设创新型国家，深化科技体制改革，大力提高科技创新能力，完善科技创新体制机制；加快教育改革发展，贯彻党的教育方针，全面推进素质教育，增加教育投入，促进教育公平，保障公民依法享有受教育的权利；落实国家重大人才政策，营造尊重人才的社会环境、平等公开和竞争择优的制度环境，保障公民依法享有受教育的权利，推动人才事业全面发展，建设人才强国。

积极推进社会建设，努力维护和发展人民的社会权利。 按照纲要要求，实施更加积极的就业政策，促进和构建和谐劳动关系；合理调整收入分配关系，健全扩大就业增加劳动收入的发展环境和制度条件，促进机会公平；大力发展慈善事业，健全覆盖城乡居民的社会保障体系；健全覆盖城乡居民的基本医疗保障体系，满足群众多样化医疗卫生需求；切实保障妇女合法权益，加强未成年人保护，积极应对人口老龄化，支持残疾人事业发展，全面做好人口工作；加强和创新社会管理，畅通和规范群众诉求表达、利益协调、权益保障渠道；加大公共安全投入，切实保障人民生命财产安全，让人民更好地享有方方面面的社会权利。

积极推进生态文明建设，努力维护和发展人民的环境权利。 按照纲要要求，加快建设资源节约型、环境友好型社会，提高生态文明水平；积极应对全球气候变化，大力发展循环经济，加强资源节约和管理；以解决饮用水不安全和空气、土壤污染等损害群众健康的突出环境问题为重点，加大环境保护力度，改善环境质量；加强生态保护和防灾减灾体系建设，促进经济社会发展与人口资源环境相协调，人民的环境权以及与其相关的诸项权利得到进一步维护和发展。

随笔 ——思古及今　愿景成真

"十二五"规划纲要是引领中国人权发展进步的纲领性文献。学习这一文献，我情不自禁，浮想联翩：

此时此刻，我想起了春秋战国风云人物姜子牙，手有三宝：打神鞭、杏黄旗和四不像。这位周王朝功勋，运用三宝，叱咤风云，所向披靡，无敌华夏，协助文王夺取江山，稳步天下，树立起了一座文治武功、彪炳永世的历史丰碑。

今天，全党全国人民都在学习贯彻"十二五"规划纲要。这光耀中华的辉煌蓝图，也有三宝：主题、主线和重点。主题，是以人为本的科学发展，这是中华民族伟大复兴的重大战略举措，是引领中国特色社会主义从胜利走向胜利的根本指导方针。主线，是转变经济增长方式，这是站在新世纪新起点的中国人民，将要和正在进行的一场涉及政治、经济、文化和社会各方面的伟大革命和深刻变革，是关系中国经济社会发展"十二五"规划纲要能否实现的最关键所在。重点，是改善、发展和成就民生。这是全面建设小康社会的重大战略和重要目标，是中国共产党全部工作的根本出发点和落脚点。只要我们充分发挥这三宝引领全局、纵贯整体的作用，凝聚全党全国人民智慧力量的"十二五"规划纲要美好愿景，就一定会成为激动人心、永载史册的壮丽现实。

此时此刻，我想起了三国时期的诸葛亮。这位蜀国宰相和军师，未出茅庐，就已绘出三分天下的壮志宏图，进而协助刘备愿景成真，历经曲折，神机妙算，折服华夏，成为中华民族智慧的化身。

今天，我们制定和实施"十二五"规划纲要，所面对和应对的国内外复杂局面，远不是三国农耕社会所能比拟的。"十二五"规划纲要关系中国发展、影响世界局势，远不是诸葛亮三国战略的号召力、影响力所能企及。党和人民实施"十二五"规划纲要，全面建设小康社会，远不是诸葛亮的智慧和三国时期之国力所能胜任。如果诸葛亮在世，也一定会对我们

31

的发展规划和奋斗目标钦服不已，衷心盛赞。中国共产党凝聚了全中国人民的根本利益，代表和反映了中国社会发展的根本规律和根本方向，是中国历朝历代任何帝王君主及其代表的社会势力都望尘莫及、无法比拟的。而从一定意义上讲，中华民族智慧化身已经不是当年的诸葛亮，而是为中华民族伟大复兴奉献智慧力量的全体中国人民。当代诸葛亮们，一定会为实现"十二五"规划纲要谱写崭新篇章。

此时此刻，我还想起了文景之治①、贞观之治②、康乾之治③。这是中华民族发展史上公认的三个盛世。盛世的主要标志是社会安定，仓廪充实，人民富裕，疆界稳定。三世盛况，人民群众至今引为自豪，津津乐道。

今天，正值"十一五"规划完成之时，"十二五"规划开局之年，中国已呈盛世之态。总结过去，我们信心倍增，倍感自豪和骄傲；展望未来，我们斗志昂扬，深感责任重大，使命崇高。我们要坚定信心，科学发展，求真务实，大干五年，苦干五年，实干五年，坚决完成"十二五"规划纲要确定的各项任务。"十二五"规划完成之时，就是中华民族真正实现盛世之日。文景盛世、贞观盛世和康乾盛世，已经写就中华伟业历史篇章，21世纪的中华盛世将会创造我们民族崭新的时代辉煌。这一辉煌盛世，为中华民族历史上任何一个盛世都难以与之比拟争锋，因为它，是占世界五分之一人口的发展中大国努力奋斗、不断进取的伟大成果，是中华民族百年落后不屈不挠、重新崛起的伟大成果，是我们的人民在代表自己根本利益的中国共产党的领导下兢兢业业、奋力开拓的伟大成果，是中国特色社会主义与时俱进、勇于创新的伟大成果，归根结底一句话，是中华民族前无古人、崭新盛世的伟大成果。

---

① 西汉文帝、景帝统治时期，朝廷推崇黄老治术，采取"轻徭薄赋"、"与民休息"的政策，使得汉初衰弱的经济生产得到显著发展，被视为封建社会的第一个"盛世"。

② 唐太宗贞观年间，封建统治比较稳定，生产得到较快发展，民族融洽，社会升平的局面。

③ 清王朝前期统治下的繁盛社会，起于康熙二十年（1681）平三藩之乱，止于嘉庆元年（1796）川陕楚白莲教起义爆发，持续时间长达115年。

马克思主义人权观的重要文献

——学习马克思《哥达纲领批判》的体会

《**哥**达纲领批判》是马克思主义科学社会主义最为全面、最为深刻的重要著作，同时，也是马克思主义人权理论最为鲜明、最为权威的经典文献。原题为《对德国工人党纲领的几点意见》的文献，写作于1875年4月至5月，发表于1891年1月，因受到批判的纲领确定地点为哥达，所以又称《哥达纲领批判》。这一文献，第一次全面论述了共产主义社会两个阶段问题，精辟阐述了共产主义社会的主要特征，系统批判了拉萨尔机会主义的错误观点，阐述了一系列科学社会主义的基本原理和重要论断。在马克思主义充满生机活力的思想理论昭示下，中国特色社会主义人权事业的奋斗目标、内容原则、途径思路更加清晰明确，伴随中国特色社会主义伟大实践将日益显现出更加重要的意义作用和历史贡献。

一、学习马克思关于共产主义社会两个阶段的重要论述，中国特色社会主义人权事业的奋斗目标更加清晰明确

马克思在《哥达纲领批判》中设想，从资本主义社会到共产主义社会高级阶段，经历无产阶级上升为统治阶级的革命阶段后，也就是《共产党宣言》所说的工人阶级上升为统治阶级，建立无产阶级自己当家作主的国家政权后，还要经历一个革命转变时期、共产主义第一阶段和共产主义高级阶段三个相互衔接的发展阶段。马克思深刻阐述了这些不同发展阶段的主要内涵，同时，也昭示了我们人权发展的奋斗目标。

第一个阶段是革命转变时期，我们的人权目标是争得人民当家作主的**基本权利**。马克思在《哥达纲领批判》中指出："在资本主义社会和共产

33

主义社会之间，有一个从前者变为后者的革命转变时期。同这个时期相适应的也有一个政治上的过渡时期，这个时期的国家只能是无产阶级的革命专政。"马克思接着又说："但是，这个纲领既不谈无产阶级的革命专政，也不谈未来共产主义的国家制度。"这些论述阐明，无产阶级专政只存在于共产主义社会包括其第一阶段即社会主义社会之前，只存在于"革命转变时期"，即无产阶级社会主义革命时期，也即《共产党宣言》所说的"用暴力推翻全部现存的社会制度"的时期。

而作为共产主义社会第一阶段的社会主义社会，处于过渡时期之后，因而不存在无产阶级专政，它已经是无阶级社会。这里提出的"革命转变时期"和"过渡时期"，就是从工人阶级上升为统治阶级到社会主义社会制度基本确立的时期。实现这一转变的根本标志，是生产资料所有制社会主义改造的基本成功。从1949年到1956年，我国基本完成了对个体农业、个体手工业和资本主义工商业的社会主义改造，标志着社会主义制度在中国的确立，实现了由新民主主义向社会主义的转变，人民实现了当家作主的理想，争得和实现了基本的人权目标。

中国特色社会主义进一步丰富和发展了马克思关于过渡时期的重要论述。马克思认为，无产阶级专政只存在于共产主义社会，包括其第一阶段即社会主义社会之前，而中国特色社会主义道路和理论体系则生动具体地说明，无产阶级专政不仅存在于社会主义社会之前，而且存在于共产主义第一阶段，存在于整个社会主义初级阶段，存在于这个漫长的少则数十年、上百年甚至更长的历史过程。社会主义初级阶段的主要矛盾是人民群众日益增长的物质、文化需要和落后的生产力之间的矛盾，而不是敌我对立、尖锐对抗的阶级斗争。人民群众之间的矛盾是根本利益一致基础上的矛盾，完全可以在民主和法制的范围内解决。自1982年以来，我们在宪法、党和国家的文件文书中主要用词是人民民主专政而不是无产阶级专政。人民民主专政本质上就是无产阶级专政。毛泽东早就说过："对人民内部的民主方面和对反动派的专政方面，互相结合起来，就是人民民主专政。"1993年，邓小平说过："无产阶级专政，就是人民民主专政，讲人民民主专政，比较容易为人所接受。"

改革开放以来，中国特色社会主义各项事业蓬勃发展，各种矛盾也逐渐显现出来，社会进入了矛盾并发期、高发期和尖锐期，我们积极应对，有效妥善地化解和处理了一系列矛盾和问题，赢得了经济持续发展、社会安定团结、人民幸福满意的社会效果。根本原因之一是，我们坚持党的领导，坚持以民主、和谐、法制化解矛盾，解决问题，彰显了人民民主专政的历史作用。党的十七大报告清晰深刻地指出："要坚持中国特色社会主义政治发展道路，坚持党的领导、人民当家作主、依法治国有机统一"。这实质上是对人民民主专政内涵作出了新的阐释。坚持中国特色社会主义政治发展道路，就是坚持人民民主专政。党的领导是贯穿人民民主专政的核心内涵，是人民当家作主和依法治国的根本保证；人民当家作主是人民民主专政的本质要求，是党代表中国最广大人民的根本利益，支持人民作为主人依照宪法和法律，管理国家与社会事务，管理经济与文化以及各项事业；依法治国是党领导人民治理国家的基本方略，是社会主义民主政治的基本要求，是人民民主制度和法律的具体实践。坚持党的领导、人民当家作主、依法治国，三者相互依存、相互作用，统一于中国特色社会主义人民民主专政的伟大实践。

中国特色社会主义人民民主专政是我国的国体，这就决定了我国的政体必须是实行充分体现和反映人民利益、意愿的社会政治制度。人民代表大会制度成为党、人民、历史最为光荣正确、最具生机活力的政治选择。人民代表大会制度、中国共产党领导的多党合作和政治协商制度、民族区域自治制度以及基层群众自治制度构成为中国政治制度的核心内容。经过数十年尤其是改革开放以来的实践证明，这些制度本身与党的领导、人民当家作主、依法治国有机统一的人民民主专政的基本内涵血脉相连，是这些基本内涵的具体体现和生动实践，这些制度在发挥和展示作用的同时，也充分有效地服务、丰富和发展了人民民主专政，彰显了中国特色社会主义伟大事业的时代风采。

我国独具特色的人民民主专政同中国特色社会主义人权事业在本质内涵和全部外延上，有机融合，基本一致，两者相互依存、互为一体，共同体现和展现于中国特色社会主义的伟大进程。伴随中国特色社会主义的历史发展，人民民主专政同中国特色社会主义人权事业必将取得更大成绩和展现历史性发展。这是符合中国人民根本利益和信仰追求，顺应中国社会发展客观要求的历史必然。

第二个阶段即共产主义的第一阶段，人们通常称之为社会主义阶段，我们的人权目标是保障、改善和发展各项人权，努力实现全面充分的人权。马克思在《哥达纲领批判》中指出："我们这里所说的是这样的共产主义社会，它不是在它自身基础上已经发展的了，恰好相反，是刚刚从资本主义社会中产生出来的，因此它在各方面，在经济，道德和精神各方面都还带着它脱胎出来的那个旧社会的痕迹。""但是这些弊病，在共产主义社会第一阶段，在它经过长久的阵痛刚刚从资本主义社会里产生出来的形态中，是不可避免的。权利永远不能超出社会的经济结构以及由经济结构所制约的社会的文化发展。"

中国特色社会主义继承、坚持、丰富和发展了马克思关于共产主义社会第一阶段重要论述，以及由此阐述的一系列科学社会主义的基本原理和重要论断，是马克思主义中国化的具有伟大历史意义的宝贵实践。中国特色社会主义历经曲折探索、改革进取、继承发展的历史过程，认真总结、大胆超越了以往传统社会主义高度集中的政治、经济、文化体制的种种弊端；分析研究资本主义经济私有化、政治多元化的弊端和趋势，学习借鉴社会化大生产、企业科学管理以及实现工业化、城镇化等经验；抵制民主社会主义指导思想多元化等根本性、方向性的错误导向，学习借鉴亲近基层、团结群众等经验做法；消除化解中华民族传统文化中的"三纲五常"等消极因素，继承和弘扬进取、宽容、和谐等积极因素；注意学习借鉴世界上一切有益于建设中国特色社会主义的文明成果，努力把马克思主义同中国具体实践相结合，认真消除从殖民地半封建地脱胎出来的种种痕迹，以经济建设为中心，以发展为第一要义，以改革开放为发展动力，以阶段性目标体现和加快发展过程，以维护和平实现自身发展，取得了全面建设小康社会、为中华民族伟大复兴奠定坚实基础的历史性成就。

伴随中国特色社会主义的伟大实践，学习、继承、丰富和发展马克思关于共产主义社会第一阶段的一系列科学社会主义的基本原理和重要论断，中国人权的发展目标也更加清晰和明确，这就是进一步巩固和发展"过渡时期"的胜利成果，坚定不移地在党的领导下，坚持、发展和完善社会主义制度，不断地发展和完善人民民主专政，努力保障、改善和发展我们的各项人权，实现全面充分的人权，为进入共产主义高级阶段、实现人类最终的人权目标而奋斗。

第三个阶段即共产主义的高级阶段，我们的人权目标是在实现全面充分人权的基础上，实现人的全面自由的发展。早在《莱茵报》工作期间，马克思就将理论活动与现实斗争紧密结合起来，从追求人的自由升华为追求人类解放。在《1844 年经济学哲学手稿》中，马克思开始把人类解放与消灭私有制联系在一起，把人类解放和人的自由全面发展作为无产阶级的未来目标。从《神圣家族》到《关于费尔巴哈的提纲》，再到《德意志意识形态》，直到《共产党宣言》发表，是马克思唯物史观的形成时期，同时也是马克思人的自由全面发展理论的成熟时期，马克思直接把人的全面发展确定为未来理想社会的重要特征。马克思在《共产党宣言》中指出："代替那存在着阶级和阶级对立的资产阶级旧社会的，将是这样一个联合体，在那里，每个人的自由发展是一切人的自由发展的条件。"马克思在后续的研究中，继续完善着人的自由全面发展的理论学说。在《政治经济学批判大纲》中，马克思又提出了人的依赖关系，以物的依赖性为基础的人的独立性，建立在个人全面发展和他们共同社会生产能力成为社会财富这一基础上的自由个性，深刻阐发了人的发展主要是现实中个人个性自由发展的思想。马克思在《资本论》中又重申：未来共产主义社会是"一个更高级的、以每个人的全面而自由的发展为基本原则的社会形式"。

最为重要的是，在《哥达纲领批判》中，马克思把人的全面发展，提到了生产力极大发展、社会财富的一切源泉充分涌流的基础条件的历史高度来认识，并把这三者一同作为共产主义高级阶段的基本特征加以认识阐述。

中国特色社会主义以发展为第一要义，归根结底是以人的发展为第一要义，是以人为本，全面进步。认真学习领会马克思关于共产主义高级阶段的深刻论述，中国特色社会主义人权事业的奋斗目标会更加清晰明确，这就是共产主义的理想社会，全面充分的人权已经完全实现，人的全面自由发展已经完全实现，共产党人追求的崇高、伟大的人权目标，已经成为永驻人间的壮丽现实。这是全人类的尊严所在、光荣所在、使命所在，是任何人、任何社会势力、任何社会集团都无法阻挡的历史发展的必然趋势。

二、学习马克思关于共产主义社会两个阶段的重要论述，中国特色社会主义人权事业的基本内容和实践思路更加清晰明确

马克思在《哥达纲领批判》中从社会分工、脑力与体力两种劳动的质变状况，劳动职能的变化，个人的发展，生产力增长、集体财富的源泉涌

流以及按需分配等五个方面，全面论述了共产主义社会高级阶段的基本特征，同时，对共产主义社会第二阶段的特征也作了概括性阐释，清晰地昭示了社会主义初级阶段人权发展的基本内容和实践思路。

马克思阐释的共产主义社会高级阶段的第一个基本特征是，"迫使人们奴隶般地服从分工的情况已经消失，从而脑力劳动和体力劳动的对立也随之消失"。马克思阐释的共产主义社会第一阶段是，"刚刚从资本主义社会中产生出来"，在经济、道德和精神以及各方面都带有它脱胎出来的那个社会的痕迹。中国的社会主义是从殖民地半殖民地脱胎而来，需要从各方面消除从这个社会脱胎而来的各种痕迹。中国特色社会主义要用数十年时间跨越发达国家几百年发展的历史进程，矛盾问题层出不穷，发展进步持续不断，困难与进取并存，挑战与机遇同在。我们需要拼搏奋斗，更需要科学理智。协调发展、全面发展、科学发展的是中国特色社会主义的社会本色。我们要高度重视从政治、经济、文化、社会各个方面协调、全面、科学地保障、完善和发展人权，扎扎实实地推进中国特色社会主义人权事业。

马克思阐释的共产主义社会高级阶段的第二个基本特征是，"劳动已经不仅仅是谋生的手段，而且本身成了生活的第一需要"。马克思阐释的共产主义社会第一阶段，因为"还带着它脱胎出来的那个旧社会的痕迹"，所以，劳动还是谋生的手段，同时，这一社会阶段是"以生产资料公有为基础的社会"，劳动不仅是谋生而且还是为集体和社会奉献力量的手段。中国特色社会主义的劳动，同样具有这种性质。当今中国，以当代中国的马克思主义为指导，以实现共产主义为崇高理想，以中华民族伟大复兴为己任的先进模范人物，立足本职，勤恳工作，争佳创优，忘我奉献，受到社会的崇尚追寻和普遍赞誉，凸显了劳动光荣的社会风范，同时赋予了劳动和劳动权利新的时代内涵。我们要高度重视、尊重和保障人民群众的劳动权利，充分调动广大人民群众全面建设小康社会的创造激情和奋进热情，为中国特色社会主义伟大事业具有时代魅力的劳动贡献。

马克思阐释的共产主义社会高级阶段的第三个基本特征是，"个人的全面发展"。马克思阐释的共产主义社会第一阶段，由于它是"经过长久的阵痛刚刚从资本主义社会里产生出来的形态"，不可避免的带着那个社会的痕迹和弊端，但确定无疑的是具备了人的全面发展的本质条件和进一步发展的必然趋势，个人日益向着德育、智育、体育、美育以及劳动素质提高的全面发展的方向进步。中国特色社会主义正在全力以赴地创造着益于人民群众个体以及整体全面进步发展的物质和精神条件。中国特色社会主义的人权实践正在向着既重视公民、政治权利，也重视经济、文化和社会诸项权利，既重视集体人权，也重视个人人权全面进步的方向发展。

马克思阐释的共产主义社会高级阶段的第四个基本特征是，"随着个人的全面发展生产力也增长起来，而集体财富的一切源泉都充分涌流"。马克思阐释的共产主义社会第一阶段，随着个人正日益向着全面进步的方向发展，生产力和社会财富也日益增长。中国特色社会主义极其重要的本质内涵是解放和发展生产力。以经济建设为中心，坚持不懈地维护和发展社会生产力，是党和国家的路线、政策和主张，也是中国人民矢志不渝的行为追求和具体实践。中国特色社会主义的人权事业极其重视人民的生存权和发展权，把其放在首要人权的高度和战略地位来审视、研究和实施，成为最具中国气派、中国特色的人权发展模式。

马克思阐释的共产主义社会高级阶段的第五个基本特征是，"完全超出资产阶级法权的狭隘眼界，社会才能在自己的旗帜上写上：各尽所能，按需分配！"马克思阐释的共产主义社会第一阶段，"消费资料的任何一种分配，都不过是生产条件本身分配的结果"。

在生产资料公有制基础上，"生产的物质条件是劳动者自己的集体生产"，消费资料的分配同资本主义生产方式基础上的分配有所不同，是"以一种形式给予社会的劳动量，又以另一种形式领回来"，社会的旗帜上写的是：按劳分配，多劳多得。中国特色社会主义实行的是按劳分配、多种分配形式共存的分配制度，适应了中国社会生产状况自身分配的客观实际，顺应了人民群众追求收入不断提高、生活更加美好的幸福期待，有力地调动和发挥了人民群众的积极性和创造性，推动了社会生产力的发展和进步。中国特色社会主义的人权事业高度重视人民群众的劳动权、分配权和改革开放成果的共享权，彰显了中国人权发展的蓬勃气象和崭新面貌。

伴随中国特色社会主义的伟大实践，紧密联系中国特色社会主义人权实际，认真学习马克思关于共产主义社会基本特征的论述，给我们以清晰、深刻的人权发展基本内容和实践思路的重要启示，这就是坚持以邓小平理论和"三个代表"重要思想为指导，深入贯彻科学发展观，正确处理改革、稳定、发展的关系，以生存权和发展权为首要人权，高度重视人民群众的劳动权、分配权和改革开放成果的共享权，全面保障和发展人民群众的公民、政治、经济、文化、社会等诸项权利，权利与义务、个人人权与集体人权统一，彰显和推动中国人权实现彪炳史册的伟大历史性进步。

三、学习马克思批判拉萨尔机会主义所阐述揭示的科学社会主义的重要思想，中国特色社会主义人权事业的主要原则和基本途径更加清晰明确

马克思在《哥达纲领批判》中系统地批判了拉萨尔机会主义关于劳动是一切财富的源泉、关于废除"铁的工资规律"、关于所谓改良主义的政治策略路线以及政治纲领等一系列错误观点，阐明了劳动只有和自然一起才能创造价值从而成为一切财富的源泉；阐明了所谓"铁的工资规律"是资产阶级经济学家捏造出来的理论，社会主义革命的目的是消灭雇佣劳动制度，实质是人的社会解放，重要的是表现为无产阶级专政下人民的经济解放；阐明了工人阶级的解放只能靠无产阶级专政下的整个社会领域的革命变革，尤其是经济领域的革命变革才能真正实现；阐明了无产阶级革命的政治纲领是无产阶级专政等一系列科学社会主义的重要思想。

中国特色社会主义继承、丰富和发展了马克思关于科学社会主义的基本原理和重要思想，坚持实事求是，与时俱进，坚决抵制和消除种种错误思想的阻碍与干扰，经过"两个凡是"、姓资姓社、姓公姓私等思想交锋和理论讨论，坚定不移走中国特色社会主义道路的信念更加深入人心，中国特色社会主义伟大事业更加兴旺发达，中国特色社会主义人权事业更加蓬勃发展。

紧密联系当代中国的客观实际，认真学习马克思在《哥达纲领批判》中批判拉萨尔机会主义斗争所阐述揭示的科学社会主义的一系列重要思想，中国特色社会主义人权发展的主要原则和基本途径更加清晰明确：

第一，要坚持政治清醒维护人权。《哥达纲领批判》诞生的过程本身，就是马克思、恩格斯审时度势、政治清醒、高屋建瓴的全面论述科学社会主义，批判拉萨尔机会主义的种种错误观点，发展马克思主义基本原理的政治重要举措。在新的历史条件下，我们学习导师，实践经典，维护人权，一定要政治清醒、自觉、坚定，注重以政治视野、世界眼光、战略思维、求实作风，从中华民族伟大复兴、全面建设小康社会的政治高度，审视时局，研究问题，扎实做事，紧密团结在以胡锦涛同志为总书记的党中央周围，高举中国特色社会主义伟大旗帜，进一步发展中国特色社会主义

人权事业，对世界人权进步事业做出积极贡献。

第二，要坚持知行统一发展人权。知行统一，理论与实践相结合是马克思主义的重要原则。面对《哥达纲领》，恩格斯深恶痛绝，认为"差不多每一个字都应当加以批判"马克思气愤至极，明确指出："我的义务也不容许我即使只用外交式的沉默方式来承认一个我认为极其糟糕的，会使党堕落的纲领。一步实际运动比一打纲领更重要"。《哥达纲领批判》就是实践和弘扬理论与实践结合原则的典范之作。在新的历史条件下，我们学习导师，实践经典，发展人权，一定要一如既往地坚持理论与实践相结合的马克思主义原则，以邓小平理论和"三个代表"重要思想为指导，深入贯彻科学发展观，实事求是，一切从实际出发，一切从世情、国情和中国人权的实情出发，务求实效，稳步推进，进一步完善和发展中国特色社会主义人权事业。

第三，要坚持改革开放拓展人权。改革和开放是马克思早在《共产党宣言》、《德意志意识形态》等重要著作中，在分析社会发展历程、世界历史等过程中阐发昭示的重要思想。在《哥达纲领批判》中，马克思又通过批判拉萨尔机会主义，阐释了工人阶级解放、无产阶级革命政治纲领只有在无产阶级专政条件下，整个社会领域进行革命变革才能变为现实，阐释了工人阶级不能自我封闭，必须与其他阶层结成牢固联盟才能取得革命胜利等等，清楚地揭示了深刻的改革和开放的思想。在新的历史条件下，我们学习导师，实践经典，拓展人权，一定要坚持改革开放，用改革求人权发展，用开放求人权进步，用不断改革、持续开放赢得人权的创造性进展，向世界展示中国特色社会主义人权事业的时代形象。

第四，要坚持解放思想创新人权。解放思想是马克思主义的本质特征。《哥达纲领批判》就是解放思想的典范之作。文献中关于"革命转变时期"和"过渡时期"的论述，关于共产主义社会第一阶段和高级阶段的论述，关于批判拉萨尔机会主义所阐述的一系列科学社会主义的基本原理和重要论断等，都是解放思想的实际举措、有为举措。不仅如此，整个马克思主义的诞生、丰富、发展过程无不闪烁着思想解放的实践光辉。在新的历史条件下，我们学习导师，实践经典，创新人权，一定要坚持解放思想，进取开拓，积极主动地创新理论、创新实践，推动中国特色社会主义人权事业不断取得新成绩、新进展。

第五，要坚持循序渐进完善人权。循序渐进是事物发展的重要原则和内在规律。马克思在《哥达纲领批判》中，通过"革命转变时期"与"过渡时期"，向共产主义第一阶段和共产主义高级阶段发展；通过按劳分配、多劳多得向各尽所能、按需分配进步；通过资本主义社会所谓"平等权利"是形式上平等、事实上的不平等，向共产主义社会第一阶段和高级阶段"平等权利"形式与事实一致的公平社会升华等，深刻揭示了循序渐进的重要思想和行为导向。在新的历史条件下，我们学习导师，实践经典，完善人权，一定要坚持循序渐进，分步实施，精心细致地做好尊重和保障人权的各项工作，逐步实现人权发展历史与逻辑、现实目标与最高目标的统一，逐步进入中国特色社会主义人权事业持续发展、全面发展、科学发展的良佳境界。

第六，要坚持点面结合推进人权。马克思、恩格斯历来是既纵观整体，又善抓重点，以点带面，运筹全局。《哥达纲领批判》通篇贯穿了点面结合、运筹整体的思想方法。马克思在全面系统批判拉萨尔机会主义错误观点的同时，重点阐述了未来共产主义社会的美好理想，阐述了无产阶级专政的科学构想，还对劳动权、教育权和妇女儿童的权利给予充分关注。在新的历史条件下，我们学习导师，实践经典，推进人权，一定要一如既往地坚持以点带面的思想方法，以人为本，关切民生，在继续以生存权和发展权为首要人权的同时，进一步重视人民群众的公民、政治、经济、文化和社会等诸项权利，重视人民群众的劳动权和教育权以及妇女儿童的权益，全面深入地完善和发展中国特色社会主义人权事业。

第七，要坚持注重舆论传播人权。马克思、恩格斯是注重舆论、运用舆论、传播舆论的大家，《哥达纲领批判》的发表传播，就是与时俱进、运用舆论的典范之举。针对拉萨尔机会主义的错误举动，针对机会主义的《哥达纲领草案》，马克思义愤填膺、清醒理智、科学分析，于1875年4月至5月初，带病撰写了《哥达纲领批判》，从大局考虑，文献只在为数极少的相关人员中进行了传阅。《哥达纲领》正式通过后，马克思、恩格斯也没有公开发表不同意见。当时德国工人阶级对纲领作了共产主义的解释，没有理会文中的拉萨尔机会主义观点，马克思、恩格斯出于策略上的考虑，对纲领保持了沉默态度。在马克思逝世以及《哥达纲领批判》写作15年之后，为适应新的形势，恩格斯于1891年1月公开发表了马克思撰写的《哥达纲领批判》，及时批判了右倾机会主义，起到了传播舆论、引导舆论、批判错误观点、抵制错误思潮的良佳效果。在新的历史条件下，我们学习导师，实践经典，传播人权，一定要把学习、运用、传播舆论，作为学习、完善、发展人权的重要实践活动，努力创造益于人权发展的良好舆论环境，在中国特色社会主义人权事业伟大实践中开拓进取、建功立业。

第八，要坚持弘扬传统升华人权。弘扬传统，推陈出新，是马克思主义一贯倡导的优良作风和思维方法。马克思在《哥达纲领批判》中阐述的科学社会主义的一系列新思想、新观点，本质上就是在以实际行动弘扬传统、推陈出新。在新的历史条件下，我们学习导师，实践经典，升华人权，一定要在继承人本思想、和谐理念、坚毅精神等优良传统文化的基础上，紧密联系实际，刻意趋时更新，坚持马克思主义的科学引领，以优良传统与时代精神融为一体的伟大民族精神支持中国特色社会主义人权事业生机勃勃地发展进步。

第九，要坚持研究规律深化人权。马克思主义本身，就是思维规律、自然规律、社会规律尤其是无产阶级以及整个人类解放规律的结晶。马克思、恩格斯毕生都在为探索、实践、总结这些规律而舍身奋斗。《哥达纲领批判》是马克思晚年带病撰写的经典文献，马克思用毕生的知识积累和科学智慧，把马克思主义尤其是科学社会主义的基本原理提高到一个前所未有的崭新高度和时代水平，是人类解放历史逻辑、客观规律的创新性探索和历史性展示。在新的历史条件下，我们学习导师，实践经典，深化人权，一定要刻苦学习、矢志躬行马克思主义基本理论，簇拥着马克思主义中国化时代潮流，坚持不懈地学习和运用人权理论，探索和遵循人权规律，坚定、清醒、理智地开创中国特色社会主义人权事业的崭新局面。

第十，要坚持国际交流和谐人权。马克思主义追求无产阶级革命的最终目的是整个人类的解放和发展。马克思历来是以国际眼光、世界视野和整个人类解放发展的思维，审视时务，考虑问题。《哥达纲领批判》通篇贯穿了这样的思想方法。在新的历史条件下，我们学习导师，实践经典，和谐人权，一定要以国际、世界、整个人类发展的眼光、视野和思想方法，在国际人权领域，倡导对话，反对对抗，坦诚相待，平等交流，增进互信、合作和友谊。这是国际人权合作发展唯一正确的途径，是顺应和平发展时代潮流，推进世界人权进步事业最具活力、最为有效的实际行动。我们将为之努力奋斗，谱写中国积极倡导、主动参与国际人权交流合作的时代篇章。

人权情怀

马克思主义从本质上说，是从实践中提炼、升华，又到实践中检验证明正确，再回到实践中不断发展的伟大学说。

以我们正在做的事情为中心，加强马克思主义的学习。这是我们党的几代领导人，一以贯之、反复强调的学习马克思主义经典文献的基本态度。

学习马克思主义经典文献，要学传统经典，更要学现代经典。马克思、恩格斯、列宁的重要著作，要认真学习。这些经典文献，在指导科学社会主义的事业中已经发挥并且继续发挥着重要作用。我们尤其要着意学习毛泽东、邓小平、江泽民、胡锦涛等几代党和国家领导人的重要著作。刻苦学习中国特色社会主义理论，把学习传统经典和现代经典有机融合起来，不断提高学习的质量和水平。

学习马克思主义经典文献，要学原理，学精华。经典文献中，有个别结论，更有基本原理。对个别结论，要有分析、有取舍地学习领会。基本原理，是被实践证明长久起作用的正确论断和结论。对于世界的物质性及其发展规律的原理、生产力与生产关系矛盾运动规律的原理、人民群众是历史创造者的原理以及价值规律、意识形态、世界历史、人权进步原理等等，都要认真学习，真正把握，付诸实践，精心应用。

学习马克思主义经典文献，要学结合，学贯通。要把学习马克思主义经典文献同学习古今中外的优良传统文化，以及现代科学知识结合起来，像列宁所倡导的那样，坚持不懈地用全人类的文化知识武装自己。

学习马克思主义经典文献，要特别强调用心灵学，用生命学。用心灵学，才有益于真正领会文献精髓。同时，要用生命去学，把学习融入生活、工作中去，与我们中国特色社会主义事业息息相关，与我们的生命血脉相连。只有这样，才会推进我们经典文献的学习，真正步入佳境，彰显我们整个人生的壮丽风采。

老子的人本思想

——读 《老子》① 体会

老子②思想作为中华民族传统文化的重要渊源，核心和主线是以人为本。人本理念贯穿老子思想的各个方面，政治观念的本质是民生至上，社会观念的要义是国祥民安，和平观念的主旨是珍重生命，教育观念的重点是尊法崇德，处世观念的主题是和谐为先，这些无不彰显着与时俱进、博大厚重的智慧光彩。

一、老子政治观的本质是民生至上

老子政治观的主要内容是"无为而治"③："我无为而民自化，我好静而民自正，我无事而民自富，我无欲而民自朴。"

"我无为"的目的是："民自化"，"民自正"，"民自富"，"民自朴"，归根结底是关心百姓，重视民生。这是老子一以贯之的宝贵思想。

老子曰："故道大，天大，地大，人亦大。域中四大，而人居其一焉。"天地道人同大，这是敬重百姓。

老子曰："民不畏威，则大威至。"这是器重百姓。

老子曰："圣人常无心，以百姓心为心。"圣心民心同心，这是心系

---

① 《老子》：又称《道德真经》、《道德经》、《五千言》、《老子五千文》，传说是春秋时期的老子所撰写，是道家哲学思想的重要来源。本文有关老子的论述均引自《老子》。

② 老子：约公元前571—公元前471年，名李耳，是我国古代伟大的哲学家和思想家、道家学派创始人，其作品的精华是朴素的辩证法，主张无为而治，其学说对中国哲学发展具有深刻影响。

③ 无为而治：道家的基本思想，主张让事物按照自身的必然性自由发展，使其处于符合道的自然状态，不对它横加干涉，不以有为去影响事物的自然进程。

百姓。

老子曰："天地不仁，以万物为刍狗。圣人不仁，以百姓为刍狗。"这是关怀百姓。

民生至上，尊崇百姓，是老子思想宝库中最为崇高、最富魅力、最具特色的理念，至今仍充满活力，发挥着跨越时代、趋时更新的重要作用。

二、老子社会观的要义是国祥民安

老子社会观的重点内容是："小国寡民"。

老子怀着喜悦之情，用散文笔触抒情描述："小邦寡民。使有什伯之器而不用；使民重死而不远徙。虽有舟舆，无所乘之；虽有甲兵，无所陈之。使民复结绳而用之。甘其食，美其服，安其居，乐其俗。邻邦相望，鸡犬之声相闻，民至老死，不相往来。"

闻听老子动情诉说，我们仿佛看到，炊烟渺渺，万物寂静，国小人少，如若村庄，领国相望清晰，鸡犬之声相闻，人与自然浑然一体。我们仿佛看到，百姓生活安定，民风淳朴，敦厚恬淡，不见强取暴力，更无狡诈恶行，人与人自生至逝，互无冲突，寓情友善。

这景，静哉、淡哉、美哉，好一幅田园诗景；这人，悠哉、乐哉、安哉，好一派逸乐生活。这就是老子理想"国家"的美好蓝图。国祥民安，诗意生活，在崇尚资源节约型、环境友好型社会的今天，仍然魅力无穷，令人神往。

三、老子和平观的主旨是珍重生命

老子和平观的主要内容是反对战争，珍重生命。

老子认为，战争是人类最残酷的行为，"以道佐人主者，不以兵强天下。其事好还。师之所处，荆棘生焉；大军之后，必有凶年。"揭示了战争带来的严重后果。

老子认为，不要炫耀武力称王霸道，"善有果而已，不敢以取强。果而勿矜。果而勿伐。果而勿骄。果而不得已。果而勿强。物壮则老，是谓不道，不道早已。"揭示了滥用武力，违反自然与社会发展规律，最终只能归于灭亡。

老子认为，要慎用武器，更不能滥杀无辜，"夫佳兵者不祥之器，物或恶之，故有道者不处。""君子居则贵左，用兵则贵右。兵者不祥之器，非君子之器，不得已而用之，恬淡为上。胜而不美，而美之者，是乐杀人。夫乐杀人者，则不可得志于天下矣。"揭示了杀戮成性者，必然为人类、正义和历史所唾弃。

老子认为，要清醒、理智地分析和对待战争，"吉事尚左，凶事尚右。偏将军居左，上将军居右。言以丧礼处之。杀人之众，以悲哀泣之，战胜以丧礼处之。"用人道主义理念妥善处理战争问题。

四、老子教育观的重点是尊道崇德

老子教育观的主要内容是，强调"以万物莫不尊道，而贵德"，主张知行合一，倡导审美观念。

首先是尊道。老子崇尚自然法则，认为，"人法地，地法天，天法道，道法自然。"这种自然法则是"天之道"，比赋人类社会就是"人之道"，这是治国的行为准则。老子推崇作为自然法则的"天之道"效力广大，认为，"不争而善胜。不言而善应。不召而自来。禅然而善谋。天网恢恢，疏而不失。"老子深信自然法则是宽疏之法，益于包容天下，创造安详社会，同时，抨击人为的严刑峻法，认为，"天下多忌讳，而民弥贫。民多利器，国家滋昏。人多伎巧，奇物泫起。法令滋彰，盗贼多有。"由此结论：合于规律的自然法则，是万众遵循的"人之道"，也是至高至尊的"天之道"。

其次是崇德。老子认为，"爱国治民，能无为乎？天门开阖，能为雌乎？明白四达，能无知乎。""爱民""无为"是高尚道德。老子认为，"常德乃足，复归于朴。""质朴"为值得恒久坚持的道德。老子认为，"非以其无私邪！故能成其私。"正因为不谋私利，才益于实现自己的生命价值。"上善若水，水善利万物而不争。"正因为像水一样利万物而不争，才为上善。"夫唯不争，故无尤。"正因为与人无争，才无灾难。"信不足焉，有不信焉。"正因为诚信不足，才不为人所信任。"无私"、"不争"、"诚信"都是值得发扬广大的美好道德。

第三是主张知行合一。老子强调，要对事物进行观察，以了解"道"，认为"道可道，非常道。名可名，非常名。无名，天地之始。有名，万物之母。故常无欲，以观其妙。常有欲，以观其徼。"这是从万事万物的有无中领会"道"。老子强调，要运用抽象思维体悟"道"，认为"为学日益。为道日损。损之又损，以至于无为。"从感性到理性，从个别到一般，以至"无为"，从而至"道"。老子强调，要注重行动实践"道"，认为"圣人处无为之事，行不言之教。""吾言甚易知、甚易行。"希望"圣人抱一为天下式。"躬行"无为"之道。

第四是倡导审美观念。老子认为，"天下皆知美之为美，斯恶矣；皆知善之为善，斯不善已。故有无相生，难易相成，长短相形，高下相倾，音声相和，前后相随。是以圣人处无为之事，行不言之教。万物作焉而不辞。生而不有，为而不恃，功成而弗居。夫唯弗居，是以不去。"**这种美，在于自然无为，与善紧密关联**。在自然无为、美善一体的基础上，**老子倡导质朴之美**，认为，"信言不美。美言不信。善者不辩。辩者不善。"**老子倡导恬淡之美**，认为，"五色令人目盲，五音令人耳聋，五味令人口爽，驰骋畋猎令人心发狂，难得之货令人行妨。"**老子倡导社会之美**，认为，"江海之所以能为百谷王者，以其善下之，故能为百谷王。是以圣人欲上民，必以言下之。欲先民，必以身后之。是以圣人处上而民不重，处前而民不害。是以天下乐推而不厌。"**老子归根结底倡导的是民众乐生之美**，认为"甘其食、美其服、安其居、乐其俗。"这是一种普天之下最为重要的百姓之美、最富活力的生命之美、最撼人心的人权之美。

五、老子处世观的主题是和谐为先

老子处世观的主要内容是，善于守柔，尊崇和谐。

老子尊崇人与自然的和谐关系，认为，"有物混成先天地生。寂兮寥兮独立不改，周行而不殆，可以为天下母。"自然界是一种客观存在，是人类赖以生存的基础。

老子认为，"故道大、天大、地大、人亦大。域中有大，而人居其一焉。"自然界至高无上，人类必须并且与之和谐相处。

老子认为，"吾不知其名，强字之曰道。强为之名曰大。大曰逝，逝曰远，远曰反。"注意研究自然界和事物周而复始的规律，有益于与之和谐相处。

老子尊崇人与社会的和谐关系，认为"致虚极守静笃。万物并作，吾以观复。夫物芸芸各复归其根。归根曰静，是谓复命；复命曰常，知常曰明。""大成若缺，其用不弊。大盈若冲，其用不穷。大直若屈。大巧若拙。大辩若讷。静胜躁，寒胜热。清静为天下正。"追求清静，实践清静，清静之中出和谐。

老子认为，"是以圣人欲上民，必以言下之。欲先民，必以身后之。是以圣人处上而民不重，处前而民不害。是以天下乐推而不厌。以其不争，故天下莫能与争。""圣人不积。既以为人己愈有。既以与人己愈多。天之道利而不害。圣人之道为而不争。""天长地久。天地所以能长且久者，以其不自生，故能长生。是以圣人后其身而身先，外其身而身存。"与人着想，奉献他人，不争之中出和谐。

老子认为，"不自见故明；不自是故彰；不自伐故有功；不自矜故长；夫唯不争，故天下莫能与之争。""是以圣人自知不自见。自爱不自贵。故去彼取此。""故贵以贱为本，高以下为基。是以侯王自称孤、寡、不谷。此非以贱为本邪？非乎。至誉无誉。不欲琭琭如玉珞珞如石。"谦和、谦虚中出和谐。

老子尊崇人与人的和谐关系，认为，"人之生也柔弱，其死也坚强。草木之生也柔脆，其死也枯槁。故坚强者死之徒，柔弱者生之徒。是以兵强则灭，木强则折。强大处下，柔弱处上。""今舍慈且勇，舍俭且广，舍后且先，死矣！夫慈以战则胜，以守则固。天将救之以慈卫之。"以柔行事促和谐。

老子认为，"知常容，容乃公，公乃全，全乃天，天乃道，道乃久，没身不殆。""和大怨必有余怨，安可以为善。是以圣人执左契，而不责于人。有德司契，无德司彻。天道无亲常与善人。"以包容促和谐。

老子认为，"众人熙熙如享太牢、如春登台。我独泊兮其未兆，如婴儿之未孩；儽儽兮若无所归。""众人皆有以，而我独顽且鄙。我独异于人，而贵食母。"以恬淡促和谐。

老子认为，"知其雄，守其雌，为天下溪。为天下溪，常德不离，复归于婴儿。知其白，守其黑，为天下式。为天下式，常德不忒，复归于无极。知其荣，守其辱，为天下谷。为天下谷，常德乃足，复归于朴。"低调行事促和谐。

老子尊崇人自身的和谐，认为，"知人者智，自知者明。胜人者有力，自胜者强。知足者富。强行者有志。不失其所者久。死而不亡者寿。""含德之厚比于赤子。毒虫不螫，猛兽不据，攫鸟不抟。骨弱筋柔而握固。"提高修养争取自身和谐。

老子认为，"出生入死。生之徒，十有三。死之徒，十有三。人之生，动之于死地，亦十有三。夫何故？以其生生之厚。盖闻善摄生者，陆行不遇凶虎，入军不被甲兵。凶无所投其角。虎无所用其爪。兵无所容其刃。夫何故？以其无死地。"适度保养争取自身和谐。

老子认为，"宠辱若惊，贵大患若身。何谓宠辱若惊？宠为下。得之若惊失之若惊是谓宠辱若惊。何谓贵大患若身？吾所以有大患者，为吾有身，及吾无身，吾有何患。故贵以身为天下，若可寄天下。爱以身为天下，若可托天下。"爱惜生命争取自身和谐。

老子认为，"重为轻根，静为躁君。是以君子终日行不离轻重。虽有荣观燕处超然。奈何万乘之主而以身轻天下。轻则失根，躁则失君。""治人事天莫若啬。夫唯啬是谓早服。早服谓之重积德。重积德则无不克。"保持静定，养护身心争取自身和谐。

随笔 ——读《老子》秘诀

《老子》是中华民族传统文化的重要渊源，读《老子》一定要牢牢把握全局观、综合观和时代观。

全局观，就是要把握老子思想的主旨和要义，从全局和整体去看问题。像三国时期老子研究名家王弼[1]所说，要崇本息末。这样才有利于领略老子的思想精髓。

综合观，就是要从多角度、宽领域去学习研究老子思想。像毛泽东同志所说的那样，要四面八方研究问题。尤其要注意掌握老子思想形成的社会背景、延伸轨迹、各个时期发展的逻辑思路以及重要思想阐释和升华的主要脉络等等，真正深入到老子思想和文化里去读《老子》。

时代观，就是要用不断发展的当代视野、文化理念和价值取向去探索老子。像《黄帝内经素问·气交变大论》所说："善言天者，必应于人；善言古者，必验于今；善言气者，必彰于物；善言应者，同天地之化；善言化言变者，通神明之理。"与老子在当代握手请教，沟通思想，探讨问题，才能收到更大实效。

---

[1] 王弼（226－249）：三国时期魏国玄学家，字辅嗣，山阳高平（今山东金乡）人。著有《老子道德经注》2卷，把老子的宇宙生成论发展为有无何以为本的本体论玄学，对后世宋明理学影响很大。

读《老子》，我的体会是：切实把握全局观、综合观和时代观，具体实践尤其要注意：

联系实际读《老子》。联系和平与发展的时代主题，可以清晰认识老子整体观的深刻内涵；联系科学发展的中国特色社会主义，可以清晰领会老子治国观的根本要义；联系中国人权翻天覆地的历史性变化，可以清晰领悟老子人本观的核心价值等。联系实际，注重辨析，掌握精华，识别局限，不断提高和增强思想修养，才能真正领略实践权威的奇异魅力和时代风采。

结合学习马克思主义经典著作读《老子》。《共产党宣言》、《反杜林论》、《德意志意识形态》、《哥达纲领批判》等马克思主义经典著作，蕴含着丰富的人权思想，结合学习这些著作读《老子》，从文化角度看，可以领略像雨果所说的"并列高峰"的奇异风光，享受马克思主义经典作家和中国传统文化经典大师深刻而宏大思想的启示熏陶。

融合传统文化读《老子》。儒家、道家、释家、法家、墨家等经典文化，共同组成了源远流长、历久不衰的中华传统文化。读老子这一道家经典大师的思想，要与读其他各家经典文献结合起来，融会贯通，有益于更好地领会老子思想的深刻内涵和理论精华。

"马上"、"枕上"、"厕上"读《老子》。这"三上"是中国圣贤的经验之谈。在信息网络日趋发达的今天，这些做法也有启迪意义。《老子的人权思想》的主要观点，是我于2010年4月陪同全国政协副主席、中国人权发展基金会理事长黄孟复访问澳大利亚、新西兰途中读《老子》的成果。当时，我带了本《老子》，在飞机上读，在宾馆休息时读，抓住各种空隙时间读，读出了一点成效。实践再一次验证了"马上"、"枕上"、"厕上"读书的有效性。实践权威，永恒辉煌。

尊重生命、崇尚尊严的人权名著

——读《红楼梦》有感

《红楼梦》是一部前无古人、光耀后世，涉及政治、经济、文化、社会、历史、民俗以及艺术哲学等内涵极其丰富的伟大文学名著。毛泽东同志称其为封建社会的"百科全书"。鲁迅先生说，对《红楼梦》，"经学家看见易，道学家看到淫，才子看见缠绵，革命家看见排满，流言家看见宫闱秘事"①。从更宽阔的社会视野、更深刻的理性辨析看，它尊重生命，崇尚尊严，鞭挞邪恶，讴歌正义，阐示了内涵丰富的人权理念，揭示了生动具体的重要人权，昭示了诗意生活的人权目标，也是一部名副其实的伟大人权名著。

一、《红楼梦》阐示了内涵丰富的人权理念

《红楼梦》用精致细微、润人身心的文学笔触，阐释了自由、平等和尊严，这是最为核心和最具本质特性的人权理念。

《红楼梦》充盈着自由的人权理念。全书贯穿摆脱一切封建束缚，追求人生自由的进步思想。封建统治"存天理，灭人欲"，重点是以封建传统禁锢人的思想。《红楼梦》则反对"天理"，张扬个性。贾宝玉被人称为"愚顽"、"不通俗务"，甚至称其为"百口嘲谤，万目睚眦"②，他反叛封建礼教，粪土功名利禄，挣脱封建传统束缚，拒绝仕途经济诱惑，坚定不

---

① 参见鲁迅杂文集《集外集拾遗补编》之《〈绛洞花主〉小引》，人民文学出版社 1995 年版。

② 《红楼梦》第五回，人民文学出版社 2000 年版，第 59 页。

移地自由之路。他说，时文八股是"作后人饵名钓禄之阶"①，称读书求进之人为"禄蠹"。他对贾政"最要紧的"是读《四书》②的训斥置若罔闻，时常用读《四书》为掩饰而读其他被视为异端邪说的书。他读《南华经》③，决心"绝圣弃智"，"殚残天下之圣法"④。这充满庄周意趣的语言，宝玉倍觉"意趣洋洋"，自由的思想和行为洋洋洒洒，跃然纸上。这种自由理念书中随处可见，《红楼梦》就是一部倡导自由的大书。

《红楼梦》充盈着平等的人权理念。书之卷首声明："忽念及当日所有之女子，一一细考较去，觉其行止见识皆出于我之上。"⑤ 贾宝玉说："女儿是水做的骨肉，男人是泥做的骨肉，我见了女儿便清爽，见了男子便觉浊臭逼人！"⑥ 结论是："凡山川日月之精秀，只钟于女子，须眉男子不过是些渣滓浊沫而已。"⑦ 认为："老天老天，你有多少精华灵秀，生出这些人上之人来。"⑧ "这女儿两个字极尊贵极清净的，比那阿弥陀佛元始天尊这两个宝号还更尊荣无对的呢。"⑨ 这是男女平等的宣言。贾宝玉"每每甘心为诸丫环充役"⑩，经常为女婢的"过失"承担责任。宝玉为藕官在大观园烧纸钱担责，说是自己让她烧的，为了祈求病好得快。又为五儿、彩云、玉钏赠送和偷窃玫瑰露和茯苓霜担责，说是自己和丫环们玩悄悄偷了来的。袭人赞叹："也到是件阴骘事，保全人的贼名儿。"⑪ 他见龄官划"蔷"字，心想："可恨我不能替他分些过来。"⑫ 他劝麝月对那些所谓"不知礼"的女婢，"耽待他们是粗笨可怜的人就完了。"⑬ 对香菱，他想："没父母，连自己的本姓都不知道了，被人拐出来，偏偏卖给这个霸王！"⑭

---

① 《红楼梦》第七十三回，人民文学出版社2000年版，第821页。

② 《四书》：即《论语》、《孟子》、《大学》、《中庸》四部儒家经典著作的总称。

③ 《南华经》：本名《庄子》，是道家经文，是战国早期庄子及其门徒所著，到了汉代道教出现以后，便尊之为《南华经》，封庄子为南华真人。

④ 《红楼梦》第二十一回，人民文学出版社2000年版，第217—218页。

⑤ 《红楼梦》第一回，人民文学出版社2000年版，第1页。

⑥ 《红楼梦》第二回，人民文学出版社2000年版，第198页。

⑦ 《红楼梦》第二十回，人民文学出版社2000年版，第210页。

⑧ 《红楼梦》第四十九回，人民文学出版社2000年版，第528页。

⑨ 《红楼梦》第二回，人民文学出版社2000年版，第21页。

⑩ 《红楼梦》第三十六回，人民文学出版社2000年版，第378页。

⑪ 《红楼梦》第六十一回，人民文学出版社2000年版，第677—678页。

⑫ 《红楼梦》第三十回，人民文学出版社2000年版，第324页。

⑬ 《红楼梦》第五十四回，人民文学出版社2000年版，第591页。

⑭ 《红楼梦》第六十二回，人民文学出版社2000年版，第697页。

对平儿，他想："并无父母兄弟姊妹，独自一人，供应贾琏夫妇二人。"①对鸳鸯被迫害，他"只默默的歪在床上"②，"此时无声胜有声"，悲愤之状撼人心灵。这是主仆平等的诉说。这种平等理念书中随处可见，《红楼梦》就是一部倡导平等的大书。

《红楼梦》充盈着尊严的人权理念。婢女晴雯，无故被贾府统治者诬害。她为了维护自己的人格尊严，拼却一死，何等刚烈。鸳鸯，被老太爷看中，欲纳为妾。鸳鸯坚决维护人格尊严："别说老太爷要我做小老婆，就是太太这会子死了，他三媒六证的娶我去做大老婆，我也不能去！""我是横了心的，当着众人的面，我这一辈子，别说是宝玉，就是'宝金''宝银''宝天王''宝皇帝'，横竖不嫁人就完了！就是老太太逼着我，一刀子抹死了，也不能从命！"③ 人格的高贵和尊严，荡气回肠，气冲霄汉。这种尊严描写书中随处可见，《红楼梦》就是一部倡导尊严的大书。

《红楼梦》的这些人权理念，多种情况是相互胶着，融为一体。尊严，是贯穿这些理念的核心和主线。贾宝玉、林黛玉以及晴雯、尤三姐等人，追求自由、平等，无一不张扬着尊严的威严。桩桩事件反复证明，历史逻辑反复阐述，缺失尊严的自由、平等，沦为虚假、伪劣是必然结局。这是颠扑不破的至理名言。

二、《红楼梦》揭示了生动具体的重要人权

《红楼梦》揭示的具体人权主要有八种：

一是生命权。书中的林林总总，人人事事，从一定意义说，都是在为珍重和保护生命权益而博弈。冯渊为与薛蟠争夺英莲而死，晴雯"抱屈夭风流"④，鸳鸯殉主而去，金钏自杀身亡，是奴隶生命权脆弱真实写照。秦可卿、贾母等人豪华奢侈的死亡出葬，则是贵族与奴隶生命权极不平等的具体例证。

二是恋爱权。尤三姐暗恋柳湘莲未果自杀身亡，柳湘莲知此情悔恨不已遁入空门。司棋与潘又安追求自由恋爱，生死相许，感天动地；维

---

① 《红楼梦》第四十四回，人民文学出版社 2000 年版，第 478 页。
② 《红楼梦》第四十六回，人民文学出版社 2000 年版，第 501 页。
③ 《红楼梦》第四十六回，人民文学出版社 2000 年版，第 497—503 页。
④ 《红楼梦》第七十七回，人民文学出版社 2000 年版，第 873 页。

护自身权利，坚决果敢，可歌可泣。恋爱红楼，高奏的是人类人权的永恒恋曲。

三是婚姻权。贾宝玉与林黛玉，真挚相爱，被"棒打鸳鸯"，无情拆散，无法主宰自己的婚姻命运。妇女婚姻权深受"夫权"排斥，王熙凤强悍至极，最终无法逃脱被夫休弃的无奈命运。"如冰水好空相妒"① 的李纨则上演了夫亡而不许改嫁的人生悲剧。

四是经济权。贵族与百姓对照鲜明。"宁国府，荣国府，金银财宝如粪土。"② 贾家，吃一顿螃蟹，够"庄家人过一年"；精致大柜，比农民"一间房子还大、还高"；糊窗的软烟罗、霞影纱，农民"想他做衣裳也不能"。贾家内部，三春出嫁，丧失继承权，权归宝玉和贾琏；贾环虽为男性，因系庶出，也与继承权无缘。

五是政治权。呆霸王薛蟠打死冯渊、抢走英莲，杀死酒店"当槽儿"张三，证据确凿，无法抵赖，最后却"死罪撕掳开"。王熙凤贪图白银三千两，活活拆散地主女儿张金哥和长安守备儿子的婚约，俩人被逼自杀身亡。贾赦强卖石呆子家祖传古董扇子，致死人命，却逍遥法外。从本质看，这是政治黑暗、政治权利缺失造成的政治和生命悲剧。

六是文化教育权。"香菱学诗"③，说明大观园中无论贵族与否，都一定程度上享有文化教育权利。贾宝玉喜爱《牡丹亭》、《西厢记》等文学名著，只能偷阅行事，说明这种权利享有极其有限。

七是妇女权利。"女儿净水"，"男子污浊"，张扬妇女权益，无情鞭笞男权社会。金陵十二钗才华横溢，痛击了"女子无才便是德"封建礼教。"金紫万个谁治国，裙钗一二可齐家"④，是对妇女的礼赞和高歌。宁为穷人妻，不做富人妾的鸳鸯，以悲剧结局，昭示了女权的时代缺失。

八是老年人权利。贾母"老祖母"，贾府上下备受敬畏。贾琏和王熙凤请乳母赵嬷嬷吃饭，恐老人牙口不好，还特意让人拿了一碗从早晨就开始炖得烂烂的火腿炖肘子给她吃。这反映了老年人权利在一定程度上受到

55

---

① 《红楼梦》第五回，人民文学出版社 2000 年版，第 54 页。

② 《红楼梦》第八十三回，人民文学出版社 2000 年版，第 952 页。

③ 香菱：原名甄英莲，甄士隐的女儿，自幼被拐，后被呆霸王薛蟠强买为妾，改名香菱。香菱学诗，大致可分三个步骤：首先是拜黛玉为师，细品王维诗；其次是一边读杜甫诗，一边尝试作诗；其三是经历了两次失败，第三首诗终于成功。

④ 《红楼梦》第十三回，人民文学出版社 2000 年版，第 138 页。

尊重和保护。甄士隐所居之庙起火，无人抢救，被生生"火化"。宁国府老奴焦大，曾救主子与危亡之中，但直到老年终亡，主子也没给予合理的权益享受。这反映了老年人权利的严重缺失和时代扭曲。

《红楼梦》因所处的时代等多种和综合原因，对这些人权的描述，是因时、因事、因人而宜，显现了很强的技巧性和艺术性。总体上分三个层次：

首先是直接、公开描述恋爱权和婚姻权。《红楼梦》以贾、林、薛的婚恋为主线展开，而且恋爱婚姻是人类生活的永恒主题，对这种人权的描写，是浓彩重墨，淋漓尽致。

第二是时明时隐描述生命权、经济权、文化教育权和妇女及老年人权益。时而直叙胸怀，明显揭示，时而掩掩遮遮，引人遐想，给人以很强的审美艺术享受。

第三是隐语描述政治权。《红楼梦》对封建礼教、黑暗统治深恶痛绝，从人权角度看，是直指政治权利。但全书对其绝少直接描绘，绝大部分是隐喻意向，表现了很高的政治表达形式和政治艺术化的鲜明倾向。

三、《红楼梦》昭示了境况各异的人权目标

《红楼梦》通过三个世界的描写，向人们叙述了境况各异的人权追求目标：

通过"现实世界"的描述，展示了封建中国昏暗污浊的人权境况。以大观园建成前后大观园以外的社会状况为背景，叙写了贾雨村式的贪官、昏官胡作非为，薛蟠式的贵族无赖、地皮流氓横行霸道，老百姓备受欺凌奴役，皇宫内府昏暗无比，龌龊透顶，贾元春一语中的：那是个不是人去的地方。整个封建社会末期的中国社会，亵渎人权，泯灭人性，是一个黑暗腐朽、污浊没落的人权世界，与美好的人权追求形成了鲜明对照。

通过"净水世界"的描述，昭示了美好诱人的人权目标。"女儿是水做的骨肉，男人是泥做的骨肉，"女儿清爽，男子浊臭！这是贾宝玉经常挂在嘴边上的语言，实质上反映了一个鲜明的人权追求。它以大观园为舞台，以贾宝玉和金陵十二钗为主角众像，以贾政等没落贵族和封建卫道士为对象，以贾母等封建礼教拥护者为参与者，展开了一场场生动智慧、寓意深刻的交锋，这是尊重人权、弘扬人道与压制人权、泯灭人

性的斗争，展示了"净水世界"充分自由、保障平等、崇尚尊严的人权追求目标。

通过"虚幻世界"的描写，展示了人类最佳理想的人权目标。《红楼梦》的虚幻世界，是由顽石幻形入世，绛珠仙草泪还宿债，宝玉梦游、神游太虚幻境，秦可卿托梦凤姐等神话和梦幻故事构成，展示的是人与自然友好相处，人与人自由平等、友善相待的美好景象，昭示的是人类最富自由、最为平等、最具尊严的人权最佳目标。

《红楼梦》叙述人权目标，形成了一组鲜明对照系列体系：三个世界鲜明对比。"现实世界"、"净水世界"和"虚幻世界"，人权状况由差而好，水平由低而高，逐步演进，梯次进展。"现实世界"有"净水世界"的好人好事，但为数极少；"净水世界"有"现实世界"的丑恶现象和龌龊歹人，但为数也少；"虚幻世界"呈现的基本是"现实世界"和"净水世界"的美好事物和善良之人，因而成为最佳的人权目标。

随笔 ——人权红楼是诗、画、歌

"人权红楼"是诗，是画，是我心中的歌。

"人权红楼"是诗。"文学红楼"、"历史红楼"、"民俗红楼"、"经济红楼"、"政治红楼"、"考证红楼"等研究琳琅满目，令人应接不暇。"人权红楼"横空出世，富有新意，更富有诗意。贾宝玉及金陵十二钗，每个人都是一首诗，一首引人神醉的人权诗。"人权红楼"是值得人们反复玩味、永世吟诵的中国特有的诗！

"人权红楼"是画。人权是世界关注的焦点。"人权红楼"可以推动《红楼梦》更好地走向世界。一千个人读莎士比亚①，就会有一千个哈姆雷特②。同样，如果一千个人读《红楼梦》，就出现一千个贾宝玉的话，就会形成五彩斑斓的社会人生灵动画面。这可不是一般的画面呀，它就是中国特色的多姿多彩的人生画卷！

---

① 莎士比亚（1564—1616）：英国文艺复兴时期伟大的剧作家、诗人，欧洲文艺复兴时期人文主义文学的集大成者，代表作有《哈姆雷特》、《威尼斯商人》、《罗密欧与朱丽叶》等。
② 莎士比亚著名悲剧《哈姆雷特》的主人公，哈姆雷特的精神苦闷具有超越时空的意义，他已成为世界文学中不朽的典型形象。

"人权红楼"是歌。"人权红楼"成为人权文化，势必为中华文化增添新的风采，也将为世界文化增添新的神韵。五彩斑斓，韵味独特，行云流水，令人神往。我们将为之放歌，因为它，本身就是一首歌，一首洋溢着中华民族5000年历史文化韵律的歌，一首畅响在华夏子孙心中具有天籁之音的歌。愿"人权红楼之歌"唱遍中国，享誉世界！

2010年

对外宣传要创新发展
——在外宣工作务虚会上的发言

今天，我主要围绕创新问题，总结改革创新给外宣工作带来的新变化和新进展，以及给政治、思想、工作的深刻启示。

一、深入学习中国特色社会主义理论体系，不断获得创新的思想动力和理论指导

中国特色社会主义理论体系是马克思主义中国化的最新成果，是全国各族人民团结奋斗的共同思想基础。深入学习中国特色社会主义理论体系，对基金会的创新发展具有重要意义和作用。

一是深入学习中国特色社会主义理论体系，就要注意认真学习基本原理，因为马克思主义原理是中国特色社会主义理论最主要的理论来源。马克思主义揭示了人类社会发展的规律，它的诞生本身就是一件伟大创举，用列宁的话就是，它为无产阶级提供了认识世界和改造世界的伟大工具。这就是共产党人的"圣经"，我们应当崇敬神往，用心思悟，引领行言。十卷本《马克思恩格斯文选》和五卷本《列宁专题文选》已经出版，为我们学习马克思主义经典作家和马克思主义基本原理提供了十分良好的条件。我们要认真学习马克思主义经典作家的主要思想和所阐述的基本原理，尤其是要认真学习至今仍与我们工作密切相关的马克思主义生产力理论、世界历史理论、社会传播理论和人权进步理论，激发我们的创新热情，推动我们的创新工作。

二是深入学习中国特色社会主义理论体系，就要注意认真学习毛泽东思想，因为毛泽东思想是中国特色社会主义理论极其重要的理论来源。以

毛泽东同志为主要代表的中国共产党人，把马克思主义基本原理同中国实际相结合，实现了马克思主义中国化的历史性飞跃，在中国发展史上是一次伟大的创举。我们要认真学习毛泽东同志关于中国社会主义政治、经济、文化、国防、外交等各个方面的一系列重要思想，尤其是认真学习关于处理好社会主义建设的各种关系，关于正确认识和把握社会主义基本矛盾，严格区分两类不同性质的矛盾，正确处理人民内部矛盾等重要思想，这对我们各项工作更好地改革、创新和发展具有重要的理论引领和价值启迪作用。

三是深入学习中国特色社会主义理论体系，就要认真学习邓小平理论、"三个代表"重要思想和科学发展观等一系列马克思主义中国化的最新成果。我们要紧密联系实际，认真学习领会胡锦涛总书记关于国家形象、统筹两个大局、传播能力建设、以人为本、关注民生、发展和保障人权等一系列关于外宣和人权的重要思想，密切追踪把握国际人权舆论斗争的新动向和新特点，加强对外宣传基本理论、战略策略、方式方法等方面研究，不断提高工作能力和创新水平。

二、要进一步加强对外交流，在与世界的紧密联系中不断汲取创新发展的工作启示和思想启迪

保持同现有官方和民间组织交往的同时，要进一步拓展更广阔领域和更多的机构和组织的交往，形成一个更好的国际交流态势，争取更好的成效。同时，要保持高度警惕，头脑要始终处于冷静、清醒状态。

一是清醒认识到：两种社会制度、两种意识形态的较量和斗争，始终没有改变和减弱，有时甚至异常复杂和激烈，我们对此始终保持高度警惕。

二是清醒认识到：利用非政府组织向我演变渗透，是西方敌对势力对我进行"西化"、"分化"的重要举措，我们对此始终保持高度警惕。

在与各国各种机构以及非政府组织交往中，我们也注意及时汲取、借鉴他们的一些于我有利乃至给我们一些有益启示的思想、行为和做法。

在同西方国家尤其是美国的交往中，有三点值得我们认真思考甚至是一定程度上加以参考借鉴。

一是西方主要国家的大战略思维值得我们认真思考和借鉴。我们要实事求是，敢于面对和研究西方主要国家用大战略思维策划、实施外交、外

宣和国家发展的现实。美国从"五月花协约"① 到建国，再到今天几百年，就发展成为世界第一强国，与此有内在的难以割裂的关联。如今英国早已无当年世界第一强国之威风，但在国际舞台上有相当地位，与其外交、外宣大策略有一定关系。大战略思维，对于我们从战略高度谋划工作、创新发展有不可忽视的借鉴价值。

二是西方主要国家千方百计、不遗余力推销价值观念的做法值得我们深入思考。美国等西方主要国家文化思潮，表面看来纷繁多样，甚至令人眼花缭乱，其实作为国家一以贯之、宣扬推行的，归根结底最主要的就是两种文化价值观念：一是自由主义意识，二是基督教精神。这些国家的政府和政要更替交换，但在全社会推行这两种观念却始终如一。这已成为众所周知的事实。这些国家的这种几十年甚至数百年坚持不懈推行这一两种价值观念的做法，值得我们研究、借鉴。美国还有一种教育行为值得我们认真研究。这就是忠诚国家教育。美国是个移民国家，无论来自哪个国家，何种人种、肤色和民族，只要加入美国国籍，就是效忠这个国家。这种教育尤其值得我们深入索究。

我们作为一个拥有56个民族的国家，在强调加强民族团结的同时，是否也应当强调进行国家意识教育。无论是什么民族，只要生长在中国这个国度里，就要忠诚和服务于这个国家。这种教育要从少年儿童抓起，使之成为无论年龄老幼，无论何种民族，中国公民共同的行为规范。这种教育持之以恒，对我们国家保持社会稳定、持续发展将大有裨益。

三是西方主要国家非政府组织的一些有效做法值得我们学习借鉴。如美国卡内基国际和平基金会发挥政策研究人员作用，建设智库型基金会的经验；洛克菲勒基金会注重建设产业基地，扩大经济实力的做法；法国戴高乐基金会、南非曼德拉基金会利用名人效应开展活动的举措；葡萄牙古本江基金会公益事业产业化运作的举动等，都为我们扩展影响、壮大实力、创新发展提供了很好的借鉴模式。

三、正确处理六大关系，促进创新实践取得更大成效

处理和实现外宣工作的各种关系的和谐统一，对于创新实践具有积极

---

① 五月花协约：1620年11月11日，正在向北美航行的五月花号帆船上的英国移民签订的协议，其内容为：组织公民团体；拟定公正的法律、法令、规章和条例。此公约奠定了新英格兰诸州自治政府的基础。

促进作用。

一是世界眼光、国际意识和中国实际、科学思维的统一。坚持以科学发展观统领全局、指导全局、发展全局，统筹协调两个大局，扎扎实实地把创新实践推向新境界，提到新水平。

二是开门办会、广泛交流与以我为主、为我所用的统一。坚持以党和国家利益为最高准则，灵活运用利益、实力和时机等国际交流的通用规则，以更加包容的心境、更加宽阔的胸怀、更加开放的姿态，同世界各国及其非政府组织交流、合作，广交天下朋友，开展公共外宣，努力探索一条既坚持原则又灵活有效的公共外宣创新之路。

三是突出重点与全面推进的统一。抓好重点工作，同时弹好钢琴，抓好各项工作，我们的外宣工作才能进入新的境界。

四是人权外宣和公益外宣的统一。搞好人权外宣是我们的职责，非政府组织开展好公益活动，扩大对外影响，形成良好的舆论态势，是我们应尽的责任。实现两方面的统一，我们外宣工作将会取得更大的工作成效。

五是社会效益与经济效益的统一。人权交流项目，国家利益至上，中国形象第一，始终是我们坚持的根本原则。公益项目，我们也始终注意政治影响力领先、公信力第一的原则，在确保社会效益的基本前提下，努力取得更好的经济效益。

六是站在记录历史的角度总结工作和站在时代的高度总结经验的统一。总结工作，一定要站在记录历史的角度，实事求是，保持事物的真实性。总结经验，一定要站在时代的角度，趋势更新，探索事物的逻辑发展和趋势。要注意两者的统一，处理好各种关系，尤其要注意正确处理理论研究与具体实践、战略布局与有序实施、整体与局部、长远与当前、继承与创新等诸多关系，不断开创外宣工作新局面。

（2010 年 2 月 26 日）

心之鹰，冲上九天云端，
俯瞰神州山川，
郁郁葱葱，虎踞龙盘，
林林总总，气象万千，
几千年积淀裂霄汉，
三山五岳争雄，
大河奔流竞先，
英豪志士涌动前行博圣贤。

幸福感，谁来评鉴？
绿水青山，轻舟车辇，
楼亭水榭，饭菜茶盐，
讯息潮涌，网络争先，
万千事物竞相发言，
人民微笑、满意、幸福，
这就是伟岸，这就是人权，
苍穹大地尊崇为最高圣坛。

人权、文化和公益事业的创新实践

——在"亲子关系国际交流论坛"上的总结发言

由中国人权发展基金会、和谐家庭专项基金、《时尚健康》、《时尚家居》和新浪传媒共同举办的"社会转型期的亲子关系建构"的国际研讨会，在大家的共同努力下，历时两天已经顺利完成各项议程。我们可以有把握地说，会议已经取得了圆满的成功。

我们这次会议时间比较短，但内涵丰富，认真总结可以得出许多宝贵启示。最主要的，我认为是，我们大家用战略眼光、战略思维、求实作风作了一次人权、文化和公益事业的创新实践。

首先，我们的会议是一次学习人权，宣传人权，躬行人权的创新实践。我们的会议大家开诚布公，自由讨论，平等切磋，显示了学术与理性的魅力，人格和人性的尊严，而自由、平等、尊严则是人权最基本、最重要、最核心的要素，我们研究的亲子关系建构问题，则时时处处洋溢着平等的气息，使人权理念在亲子教育和行为引导领域的形象展现。我们研究亲子关系建构，紧紧扣住了转型期这个历史大背景，就更加凸显了人文关怀和人权关注这样一个时代的特色，这从一个侧面和一定意义上彰显了当代中国尊重和保障人权已经成为社会发展的主流意识，成为最具权威的国家和人民的行为规范。

第二，我们的会议是一次中华民族优秀文化传统与当今世界文明的亲子教育和行为引导方式有机融合的创新实践。从我们会议的主持人殷智贤的开幕祝词中，从与会嘉宾、专家方新女士、杨凤池先生、关鸿羽先生、田惠萍女士、蔡敏莉女士、谢丽华女士、小巫女士、徐岫茹女士、王行娟女士、李子勋先生、刘丹女士、孙瑞雪女士富有人性的演讲中，我们可以感受到中华民族优秀文化的传承和学术素养。当代中国的宽以待人的思想观念，贯穿在世界文明理念和行为方式的融合中，展现了鲜明的中国修养，中国气派和中国特色。

几位外国嘉宾也情不自禁地融入了这种浓郁的中国元素氛围中，甚至在发言中，不时地使用中国话语，使人感到分外亲切。

第三，我们这次会议是一次人权组织现代传媒、学术专家和慈善贤士同心合作，共行善举的公益创新实践。中国人权发展基金会作为人权领域唯一的基金会组织，我们的工作宗旨是维护和发展中国的人权事业，为世界人权进步事业贡献力量。

我们的工作目标是：在基金会领域，要建成世界著名的智库型、公益型、实力型基金会；在社会领域，要建设成为国内著名、世界知名的公共外宣，公共外交，公共外贸的重要平台。我们这次会议可以说，履行了宗旨，向发展目标进步之举。我们邀请了20多位专家与会，为亲子关系献计献策，这本身就是实践。邀请专家学者本身就是为亲子教育奉献智慧，这也是理论上的公共外宣和民众外交行为。我们的会议，专项基金的资助者是闻名全国的红星美凯龙集团公司，这也体现了中国企业家的善举和公益之心。我们在此，呼吁更多的企业家、慈善家和社会各界人士为这一基金增砖添瓦，投放爱心，努力把这项工作做强做大，做出更好的成效。

我们也真诚地希望与会专家、学者和社会各界人士携起手来，把本次会议的活动做得更好，争取用几年时间做成国内外知名的品牌项目。

（2010 年 11 月 6 日）

随笔 ——为孩子着想

聚焦先辈目光，
寄托进取志向，
簇拥几代志士美好期望，
壮阔天际，高远深思，
为孩子着想，
就是为历史、现实、未来着想。

携手自然，

呵护奇思，

海阔天空游览，

宇宙八方观颜，

为孩子着想，

鼓励自由创造，放歌信马由缰。

学习品味奉献，

搏击奋斗人生，

高擎崇高信仰，

紧扣发展，创新时尚，

为孩子着想，

模范规范自己，追寻时代榜样。

绿水青山，

目悦心赏，

资源倾心守望，

大业歌声嘹亮，

为孩子着想，

改革开放胸怀宽广，科学发展铸造富强。

建设公共外宣、公共外交、公共外贸的互动平台

——在中非合作圆桌会议上的发言

不久前召开的中共十七届五中全会是中国全面建设小康社会的关键时期召开的一次重要会议，对"十二五"时期中国经济社会发展作出全面部署。进一步高举和平、发展、合作旗帜，加强同发展中国家的团结合作，是会议提出的一项重要任务。我们纪念中非合作论坛成立十周年，紧扣和平与发展的时代主题，服务中国特色社会主义事业和中非合作发展的大局，顺应非政府组织在国际舞台上日趋活跃的发展趋势，举行"中非合作圆桌会议"，向全社会展示落实中央全会精神的行动举措，与金秋十月的美好季节，与人民大会堂庄严、吉祥、喜庆的氛围环境，与中非友好合作和乃至求和平、谋合作、促发展的世界进步潮流融为一体，是一件必将在历史上留下美好印迹的实事、好事和幸事。

作为全国性的非政府人权组织，中国人权发展基金会之所以积极热忱地参与"中非合作圆桌会议"的发起工作，最重要、最基本、最核心的是因为这一会议与我们的根本宗旨、发展目标和工作内容基本吻合，在政治、思想及文化内涵上可以说是血脉相连。

首先，我们之所以积极参与圆桌会议，是因为它与我们基金会的宗旨本质契合。中国人权发展基金会的根本宗旨是维护、发展和完善中国人权事业，为促进世界人权进步事业贡献力量。中国和非洲作为最大的发展中国家和发展中国家最为集中的大陆，我们都坚持不懈地把生存权和发展权作为首要人权。举办十年的中非合作论坛为促进中非经济社会及人权事业发展发挥了重要作用，尤其是 2006 年中非合作论坛北京峰会，胡锦涛主席和非洲国家领导人一致同意建立和发展中非新型战略伙伴关系，宣布了一

系列加强对非务实合作、支持非洲国家发展的政策措施，对中非关系和人权事业发展产生历史性推动作用，具有重要的里程碑意义。今天的圆桌会议是对中非合作论坛的呼应、支持和在非政府领域的延伸升华，必将有力地增进人民福祉，为中非人权事业产生积极推动作用。这次会议，从本质上讲是一次学习人权、展示人权、躬行人权的创新实践活动。

第二，我们之所以积极参与圆桌会议，是因为它与我们基金会的发展目标完全一致。我们的社会发展目标是，用几年的努力把基金会建设成为国内外知名的公共外宣、公共外交、公共外贸重要平台。圆桌会议倡导友谊、合作、发展，以实际行动展示了中国坚持和平发展、开放发展、合作发展、和谐发展的良好形象，这就是在进行公共外宣。圆桌会议欢迎中非社会各界积极参与，努力推动民间各领域的交流合作，有利于进一步夯实中非关系的社会基础，这就是在开展公共外交。圆桌会议将为中国企业与非洲国家间的互利合作提供便利，协助更多中国企业赴非洲投资，同当地人民和睦相处，这就是实施公共外贸。历史将会证明，圆桌会议是进行公共外宣、公共外交、公共外贸的良好平台。

第三，我们之所以积极参与圆桌会议，是因为它与我们基金会的工作内容趋于相同。中国人权发展基金会是一个智库型、公益型、实力型基金会。作为智库型基金会，我们建立了一支在人权、经济、法律、国际关系等领域有着较深造诣的研究员队伍，有能力为促进中非合作、为"中非合作圆桌会议"的发展完善贡献智慧。作为公益型基金会，我们将推出"中非人权事业合作基金"，一是用于支持中非间互访、会议等多形式多层次的交流活动；二是用于资助中非间有关国际和社会问题的学术研究；三是在农业、教育、卫生、减贫等领域开展对非公益项目。作为实力型基金会，我们有着良好的社会声誉和较为雄厚的项目基金，理事单位中有相当数量的国有大型企业和民营企业，有能力为圆桌会议和中非发展多做好事和善事。

中国圣贤孔子曾说，君子周而不比。强调社会交往既要保持自身特点和可贵思想，又要注重友好相处，和谐和睦。我想，中国和非洲朋友的兄弟关系将永远是如此佳境。中国人权发展基金会愿与各位同事携手并肩，协力办好"中非合作圆桌会议"，为中非的友谊、合作和发展做出更大贡献。

（2010 年 11 月 10 日）

随笔 ——神往非洲

我没触摸过非洲那一望无垠的广袤大地，
但我早已亲吻过它的绿树、鲜花和那透亮的空气，
坐神毯飞抵，
驾祥云而至，
魂牵梦绕，忘情奔波，
诱人风韵，双手采集，
我拥抱着大自然的万般灵性自然神往，
真切感受了它的神奇魅力。

非洲先人喜爱智慧鸣镝，
美妙传说
摧毁了锋利难挡的刀枪剑戟，
神奇之旅，
化解了时时可致人毙命的恐怖之敌，
趣事丛生收获胜利，
刀耕火种品尝新喜，
物质和精神早已联姻成家，
喜气洋洋捧上幸福厚礼。

中国曾被铁幕遮挡，铁壁阻隔，
拨开遮拦，除掉碍障，
拥抱天坛，饮马长江，
非洲兄弟硬是抬着几亿人的中国进了联合国殿堂，
力大无比，情重泰山，
三山五岳肃然起敬，
大河阔江神情颂扬，
中国万众永刻心上。

人类的祖先在非洲，

我在议论纷纷中投票赞成，
兄弟，你有资格有能力亲续祖先的直接传承，
祭祖，全球习俗，永恒传统，
携手浇灌非洲之树，
应是整个人类的本能，
建设和谐世界的真诚，
涌动着先祖的血脉，
神往非洲的根本所在，
我忘情地拥抱新非洲、新世界！

充满时代气息的崭新期待

——在第九届历史认知与东亚和平论坛开幕式上的致辞

第九届东亚和平与历史认知论坛，在收获硕果的金色时节，沐浴着首尔的温和清风，如期开幕了。在此，请允许我代表中国代表团向论坛表示热烈祝贺！向出席会议的嘉宾朋友表示热忱欢迎！向为论坛付出辛劳的韩国亚洲和平与历史教育协会以及为论坛提供资助的韩国东北亚历史财团表示诚挚感谢！

不久前刚刚结束的二十国领导人峰会，发表了旨在维护和平、加强合作的《首尔宣言》，国际社会给予积极评价。中国国家主席胡锦涛在峰会上发表了重要演讲，表达了中国政府和人民爱好和平、躬行合作、宽容和谐的意愿和行动，赢得国际社会的高度赞扬。这一演讲，同样表达了我们中国代表团的心声和意志，毫无疑问这也应当是我们参加这次论坛的基本理念和行动意愿。

历时九年的东亚和平与历史认知论坛，已经无可争议地发展为中日韩三国非政府组织正确认识东亚历史，促进东亚和平的重要平台。中国人权发展基金会作为中方代表团的主要牵头机构，始终倾心关注和积极参与论坛的组织及相关工作。对于这一论坛，我们始终怀有充满历史责任、时代激情、世界视野、战略思维和进取理念的深情期待。

第一，我们希望紧扣时代脉搏的论坛宗旨更加鲜明突出。和平与发展是时代的主题。我们的论坛，始终坚持和贯穿这一主题。在鲜艳耀世的论坛的旗帜上，镌刻和飘动着"和平、正义、人权、进步"的字样，这已经成为而且理所当然的应当是引领论坛健康、稳步、持续发展的根本宗旨。

第二，我们希望充盈着时代精神的论坛理念更加深入人心。论坛倡导的求真务实、直面历史，相互尊重、平等讨论，求同存异、友善相处等重要思想，已为与会者普遍接受。"以史为鉴，面向未来"，"以人为本，珍重人权"，"以和为先、增进理解"这三大理念，在大家的倡导和实践下，也一定能够逐渐成为论坛的核心理念和人们自觉追求的行为规范。

第三，我们希望凝聚着历史、现实、未来的论坛发展目标更加清澈明晰。我们建议，论坛的近期目标应当是：用三年左右时间，办成在东亚具有重要影响的著名论坛；中期目标应当是：用大体五年的奋斗，办成影响亚洲、辐射世界的知名论坛；远期目标应当是：再用十年的努力，办成在世界上有一定影响力和话语权的重要论坛。只要大家同心协力，奋进前行，我们的目标一定能够达到。

第四，我们希望彰显聪颖睿智的论坛策略更加切实可行。论坛问世，本身就是政治社会文化智慧的创举。论坛的发展过程中，显示出的"以史论理，以理鉴史"，"立足当前，目标长远"，"突出重点，兼顾全面"，"注重细节，着眼全局"，"循序渐进，依次发展"等策略原则，也充满着智慧的理念和追求。可以预料，我们未来的论坛，必将是智慧相继展现的宽阔舞台和宏大世界。

第五，我们希望蕴含发展契机、文明进步的论坛论题研究更加深入推进。论坛当前有两个重要问题亟需重点攻关：一是论坛面临的形势和战略研究，这是事关论坛深度发展的重大课题；二是德日对二战态度的对比研究，这是事关历史公正、正义曲直、人权尊严的重大课题。作为中方代表团我们还有一个重要问题需要研究，这就是涉及二战对日劳工诉讼中，日本一直以中国政府放弃赔偿和日本政府无责任为理由，拒绝对曾遭奴役的中国劳工还以公道。我们要联合日本、韩国，以及美国、欧洲等专家学者，从法理、道义等多方面进行研究，力争尽快拿出更有法理依据、更能说服人的研究成果，坚决维护中国劳工的合法权益，倾力张大我们论坛的政治和国际影响。

第六，我们希望展示形象的论坛传播工作更加生动有效。在信息日趋发达的现代社会，我们必须进一步加强与国际传媒的交流合作，加强与国际社会的互动联系，加大对论坛影响的传播力度，增强论坛的国际感召力、社会影响力和亲和力。建议论坛尽快采取三项措施：一是筹备召开一次推介论坛的国际会议，二是筹备拍摄一部反映中韩两国民间对日开展诉讼的纪录片，三是筹备举办一个有关论坛成果的国际展示会，并且在世界各主要国家巡回展出，以使论坛得到国际社会更多的政治关切、道义关心和舆论关注。

时代赋予了我们论坛以重大责任和庄严使命，同样赋予了我们求索勇气和奋斗热忱。中国人权发展基金会愿与诸位朋友一道，同心奋斗，为实现论坛的宏旨远志而竭诚奉献。

（2010 年 11 月 20 日　韩国首尔）

随 笔　——愿和平之声永恒

赴首尔参会刚回北京，闻听朝鲜半岛发生炮击事件，有感而作。

呼吁和平的声音还未落地，
惊魂炮声刹时响起，
这不是预设的演习，
真是突如其来的实弹炮击，
期盼着啊，和谐和睦施展神力，
垒筑起阻制摩擦、永世和平的铜墙铁壁。

高规格　高走向　高区位

——在第二届中美司法与人权研讨会上的祝酒词

第二届中美司法与人权研讨会以今天晚宴为标志，实际上已经拉开了序幕。在此，我受中国人权发展基金会理事长、全国政协副主席黄孟复先生委托，代表中国人权发展基金会，对各位领导和各位中外来宾表示热烈欢迎！对厦门市委、市政府的热情帮助和大力支持表示衷心感谢！

此时此刻，我作为此次会议的主要服务和工作人员，有责任客观、真实地向领导和嘉宾叙述我们会议平稳进展情况和发自肺腑的美好期待。我认为，我们会议现已呈现出高礼遇、高规格、高区位、高走向的趋势和状态。

一是高礼遇。黄主席作为国家领导人亲赴厦门出席会议，风尘仆仆刚下飞机就赶来赴宴。

国务院新闻办公室非常重视此次会议，新闻办副主任董云虎出席晚宴并将出席会议开幕式，秘书长冯希望也将出席闭幕式，9日上午新闻办主任王晨同志还要会见全体美方代表，9日下午最高人民法院副院长万鄂湘同志也将会见美方代表。这已经超过了去年的首届会议政府给予的礼遇。

今天晚上，厦门市委、市政府在此举行宴会款待与会代表。福建省委常委、厦门市委书记于伟国，市委常委、宣传部长洪碧玲等领导同志出席宴会，这也清晰地表达了厦门市对中美与会代表很高的待客礼遇。

二是高规格。我们出席会议的中国代表规格很高。有多名国家相关部门和机构的司局长，其他的专家学者均为中国学术界著名和顶尖人物，有些人可以说是水平至高，名播华夏。从这次与会中方代表的职务级别和整体水平看，已经超过了上届会议。

美方代表在美国都卓有名望，尤其在法学和中美关系研究领域屡有建树，令人钦佩。

三是高区位。我们会议的召开地厦门，可以说是中国东南地区的璀璨明珠。

这里，人杰地灵、英才辈出，郑成功、陈嘉庚、林巧稚等名人贤士就诞生于此。

这里，充满活力、蓬勃进步，是中国改革开放最早的四个特区之一，是全国为数极少的计划单列市，也是福建省唯一的副省级城市，可以说是名副其实、闻名全国的开放之城、创新之城和文明进步之城、科学发展之城，已经成为我国海峡西岸的中心城市。

这里，人文荟萃、殊荣耀世，曾多次荣获全国文明城市、卫生城市、园林城市、国际花园城市，是为世界所瞩目的联合国人居奖获得城市。我们这两届会议所在地江苏南通和厦门，可以说都是独具特色、各有千秋，同样是中国的名城、富城和美城，但仅就品质和区位而言，厦门更可以大笔书写、放怀述说。

四是高走向。中美两国是最大的发展中国家和最大的发达国家，两国有着广泛的共同利益。尽管两国关系发展中会遇到曲折和障碍，但友好进步、合作发展是一种任何人、任何社会势力都无法阻挡的根本走向。这是一种高屋建瓴、纵观全球的高走向。我们这次会议具体体现了中美两国人民的友好交往，是符合社会发展规律和中美两国根本利益的有为之举，必将在中美司法与人权交往史留下深刻印迹。我们在座的诸位嘉宾都已经和正在为之做出了奉献，有理由感到欣慰和自豪。

此时此刻，我想起了一件事，美国耶鲁大学 300 年校庆之际，校长致辞，只有短短 156 个字。我的意思十分明确，就是要追寻榜样，改革会风，简约发言。我的祝福词到此结束。

（2010 年 12 月 6 日）

随笔 ——用事实说话

2010 年 12 月 6 日晚，第二届中美司法与人权研讨会欢迎晚宴即将举行。上午，美方一代表认为我方对会议重视不够，产生某些误会。作为中方主要工作人员，我有责任和义务把中方重视此次会议的情况如实转达给中美双方与会代表。晚上，我作了《用事实说话》的祝酒词，取得超乎意料的良佳效果。美方代表化解误会，心情愉悦。双方代表和谐交往，为开好会议创造了良好氛围。

祝酒词用**典型事实**说话。中方非常重视此次会议。中国国务院新闻办公室正副主任和秘书长、高级法院副院长等领导拟先后出席会议、发表讲话、会见代表，美方代表闻之十分高兴，感受到了中方的重视和诚意。

祝酒词用**本质事实**说话。中美友好交往，符合双方共同利益，顺应和平与发展的时代潮流。我们的会议高屋建瓴、与时俱进，是紧扣时代脉搏的有为之举。美方代表十分赞同我们对会议的分析和评价。

祝酒词用**感人事实**说话。全国政协副主席、中国人权发展基金会理事长黄孟复六点刚下飞机，就风尘仆仆赶来出席七点的晚宴，令双方尤其是美方代表感动不已。

中美双方代表都认为祝酒词语言悦美，激情洋溢，思想深刻。我为之喜，而感言之。

新特点　新收获　新期待
——在第二届中美司法与人权研讨会上的总结发言

第二届中美司法与人权研讨会在中国国务院新闻办公室的关心、支持、指导下，在福建省委、政府，厦门市委、政府的支持、帮助下，全体与会人员共同努力，即将完成各项议程，胜利闭幕。这次会议以"加强法治，维护人权"为主题，围绕政务公开、开放社会、司法规范、律师作用问题，从理论与实践的结合上进行了坦诚、热烈的讨论，有分歧，更有共识，可以说是取得了积极的成果。

刚才，美国美中关系全国委员会会长欧伦斯先生作了一篇简短而精彩的总结，对此我表示由衷的钦佩。

我作为中方主办单位的主要工作和服务人员，有责任和义务对会议总结稍稍讲多一些但还算是简约之言。我认为，还是大家对会议评价更为实际和准确。大家普遍认为，我们这次会议开得平稳、顺利、精彩和成功，有三个方面尤其值得精心叙写，着意总结：

一、我们这次会议，高屋建瓴，顺应大势，彰显出一些具有丰富内涵和时代风范的新特点

第一个新特点是我们的会议，紧紧抓住了中美关系发展的根本走向并且努力付诸实践。中美两国是最大的发展中国家和最大的发达国家，两国有着广泛的共同利益。尽管两国关系发展中会遇到曲折和障碍，但友好进步、合作发展是一种任何人、任何社会势力都无法阻挡的根本走向。我们这次会议具体体现了中美两国人民的友好交往，是符合社会发展规律和中美两国根本利益的有为之举，必将在中美司法与人权交往史留下深刻印迹。

第二个新特点是我们的会议，紧紧抓住了中美法治建设的根本走向并且努力付诸实践。大家一致认为，法治的精髓、本质是人权。人权是法治的基本价值和根本目标，法治是人权的根本保障，保障人权和建立法治是人类政治文明进步的重要标志。尊重和保障人权是法治建设的核心价值、行为追求和根本走向。我们这次会议讨论的所有法治问题，实质上都是人权问题，都体现了法治对人权的关切、维护和保障，必将在中美法治和人权建设中留下深刻印迹。

第三个新特点是我们的会议，紧紧抓住中美民间交流的根本走向并且努力付诸实践。中美民间学术交流现已呈现出平等性、包容性、开放性、多样性交流的良好态势。从事物本质和规律看，这是一种我们民间学术交流的根本走向。我们这次会议将进一步促进这一趋势朝着更为深入、更加深刻和更高水平、更大范围拓展。我们有理由相信，这对整个中美民间学术交流乃至中美关系友好发展都将产生积极影响。

二、我们这次会议，承传求是，务实创新，奉献出了凝聚大家智慧和努力的新成果

我们会议新成果，我认为，最主要的是体现在两个方面：一是问题研讨有新收获，二是与会人员有新交往。

首先是问题研讨的新收获。我们今年的会议共讨论了四个问题，其中政务公开和律师作用是在去年会议上就已讨论的两个老问题。老问题，我们今年有新见解。**关于政务公开**，大家继续着眼于讨论完善保密制度与履行公开义务的关系，从认定保密的主体以及保密和公开的实践中存在的困难和问题等方面进行了深入研讨。这具体体现了对公民知情权、表达权、参与权、监督权的尊重，有利于扩大公民有序的政治参与，推动社会公平和正义的渐次实现。**关于律师作用问题**，会议就律师在维护司法公正、推动法治建设中所起的重要作用进行深入讨论。大家一致认为，律师的作用，体现了对公民应享有的生存权、平等权、人身自由、言论自由、劳动权、受教育权和环境权等诸多基本权利的尊重。有的学者认为，更为有效地维护和保障人权，就要充分发挥律师的作用。这种观点，颇有建树。

开放社会和规范司法问题是今年大家讨论的两个新问题。**关于开放社会**，大家集中讨论了官员财产申报问题。中方一些代表认为这里既存在理

论问题，也存在实践的问题，而实践问题将在短期内难以解决，这一问题的真正彻底解决之日，就是中国法治和人权将会进入更高水平之时。这一认识比较尖锐但也确实有些新意。**关于规范司法问题，**大家集中讨论了非法证据的获取问题，出现了一些不同见解。我认为，这是研讨会的正常现象，是中美学者平等相待、坦诚交流的形象体现。具体情况和对这个问题的认识，大家可以各抒己见，历史、未来将会作出评判。

其次是与会人员有新交往。我们的与会代表有不少人是第二次参加会议，大家老朋友见面，分外亲切，是老朋友又增加新友情。与会代表中有一些人是首次与会，美方代表中有两位是新朋友。中国代表中有来自全国人大、中国社会科学院、中国政法大学、首都师范大学等单位和机构的10多位新朋友。我们对与会的新老朋友再一次表示衷心感谢！同时，请允许我代表全体与会代表对中美双方的主持人科恩教授、贺诗礼教授、陈泽宪研究员、黄太云主任表示深深的感谢和敬意。

三、我们这次会议，进取开放，意求开拓，展现出了大家着眼当前，面向未来的新期待

这次会议，会上会下中美代表都对会议发表了一些建设性的意见和建议。中国人权发展基金会作为会议的主办方之一，始终倾心关注和积极参与会议的组织及相关工作。对于这一会议，有我们始终怀有充满历史责任、时代激情、世界视野、战略思维和进取理念的深切期待。

第一，我们希望会议的宗旨更加鲜明突出。我们的会议，始终坚持和贯穿着"和平与发展"这一时代的主题。我们的旗帜，始终飘动和闪烁着"法治、人权、友好、进步"的鲜亮字样。我们认为，这应当成为会议健康、稳步、持续发展的重要宗旨。

第二，我们希望会议的导向更加切实可行。从中美双方的角度看，最重要的是三条：一是平等交流、增进互信的导向；二是各自尊重对方核心利益和重大关切的导向；三是共同建设积极、合作、全面的中美关系的导向。这些导向的正确性、可效性早已为实践所逐渐和充分证明。

第三，我们希望会议的理念更加深入人心。会议倡导的求真务实、相互尊重、平等讨论、求同存异、友善相处等重要思想，已为与会者普遍接受。"以法为先，加强法治"，"以人为本，珍重人权"，"以和为重、推进理解"、"以诚为信，增进互信"，这四大理念，在大家的倡导和实践下，

也一定能够逐渐成为会议的核心理念和人们逐步自觉的行为规范。

第四，我们希望会议的发展目标更加清澈明晰。我们建议，会议的近期目标应当是：用两年左右时间，办成中美两国非政府组织学术交流的知名会议；中期目标应当是：用大体四年的进展，办成影响中美、辐射世界的较为著名会议；远期目标应当是：再用六年左右的努力，办成在世界上有更大影响力和话语权的重要会议。我相信，只要大家同心协力，奋进前行，我们的目标一定能够达到。

（2010 年 12 月 8 日）

随笔——太阳每天都是新的

太阳每天都是新的，这富有诗意的语言，令我心醉神往，这不仅是因为它语美言新，而且最主要的是因为它蕴含神韵、意境高远，给人以智慧启迪和审美情致的享受。

2010 年 12 月 8 日清晨 5 点 30 分铃声响起，我从酣睡中醒来。下午 4 点就要做会议总结，至今还只字未写，心中自然焦急。急有何用，新一天开始了，会议必须圆满结束，生活照常进行。太阳每天都是新的。啊！这诗意盎然的语言，顿时，令我豁然开朗，思如泉涌。

这是一个崭新的黎明。此时，我想起了泰戈尔诗一般的语言："黎明笑吟吟的，臂膀伸向苍穹，指向无穷的未来，为世界指路。""黎明是世界的希冀、慰藉，白昼的礼赞"。"黎明是人世旅程的祝福，真心诚意的祝福。"

此时，太阳并未升起，但我仿佛看到，阳光普照，万物更新。是啊，我们的会议也要在"新"字上做文章。于是，我几乎是一挥而就，一小时就写就总结的一部分，上午边开会边拟文，又写了两部分，最后结晶出新特点、新成果、新期待的会议总结。

太阳每天都是新的，我礼赞你，你为我们的会议做出了奉献！我讴歌你，希冀你，每天都给万众带来新智慧、新启迪、新进步！

2009年

向给予中国汶川地震国际援助的朋友致敬

——"中国汶川地震国际救援致谢碑"志

汶川地震周年之际，中国人权发展基金会制作了"中国汶川地震国际救援致谢碑"，向给予汶川地震人道主义援助的外国救援队和医疗队再次致谢！

汶川地震震惊世界，古巴、法国、德国、印度尼西亚、意大利、日本、韩国、巴基斯坦、俄罗斯、新加坡、英国等11国的救援队、医疗队紧急施救，凸显了对中国人民的友好情谊。胡锦涛主席为此多次表示感谢，代表和体现了中国人民的感激意愿。作为非政府组织，中国人权发展基金会制作汶川地震国际救援致谢碑，很有意义。致谢碑5月11日已送抵印度尼西亚和古巴驻华使馆，并将陆续送达其余9国驻华使馆。

致谢碑造型为五双巨手相互紧握的青铜质圆环，置于黑色大理石基座上，寓意五大洲团结一致、心手相连、共渡难关；圆环中心为中国地图，以抽象地震波形式突出世人关注的汶川地理位置。致谢碑融中国特色和国际元素于一体，充盈着丰富的思想、文化和社会内涵，承载着中国人民与世界人民的友谊和对国际援助的感激之情，蕴含着人民群众对党和政府的信赖和对中国特色社会主义的认同，昭示了中国建设和谐社会、和谐世界的历史责任感和使命感，表达了一种加强合作，创造未来，具有中国特色和世界进步理念的历史、社会和价值追求。

致谢碑手手相连、心心相印，凝聚着以人为本、抗震救灾的奋进历史。历史是教科书。一部汶川抗震救灾史，波澜壮阔，撼天动地，见证了中国政府以人为本、执政为民的基本理念和实践，彰显了改革开放30年取得的巨大成就和中国人权的崭新形象，书写了国际社会人道主义援助的动人篇章。汶川抗震救灾史，正续写新篇，灾后重建全面推进，灾民生活妥善安排，整个灾区生机勃勃。中国《国家人权行动计划（2009—2010年)》，明确再用两年左右时间完成灾区恢复重建的主要任务，向世界宣示重建灾区美好家园的坚定信心和发展蓝图。汶川抗震救灾史，启迪心智，激人奋进，中外携手抗震救灾的动人事迹、抗震救灾的伟大精神、凝聚史实的地震遗址和抗震救灾各种文物，逐渐升华为中华民族乃至世界人民奋斗进取、开创未来的精神财富和宝贵动力，也必将在建设和谐社会、和谐世界的历史进程中发挥更大作用。

致谢碑五手紧握、以环造型，标志着五洲同力、共克时艰的国际友谊。汶川地震国际救援队、医疗队、志愿者勤恳努力，救死扶伤，各国政府和人民纷纷捐款捐物，四海一家，休戚相关，携手同心，共抗灾难，至今仍感动和激励着中国人民。抗震救灾的重大胜利，是中国人民团结奋斗的胜利，也是世界人民友谊合作的胜利。友好交往，加强合作，在国际事务中也至关重要。当今世界多极化、经济全球化深入发展，国际形势总体稳定但仍不安宁，局部冲突、热点问题、传统安全威胁和非传统安全威胁相互交织，自然灾害频频发生，世界和平与发展面临诸多难题和挑战，更需要我们加强沟通，增进互信，深化合作。当前，国际金融危机仍在蔓延和深化，给各国尤其是发展中国家造成严重冲击。中国积极承担国际责任，推动国际合作，开展对外援助，努力减轻金融危机的不利影响，促进世界经济逐步回暖和健康发展。

致谢碑石基铜形、天圆地方，象征着百折不挠、昂扬向上的人文本质。这一本质，体现在中国党、政府和人民同心同德、抗震救灾上，也体现在国际社会爱心奉献、真情援助上。这一本质，在感天动地、可歌可泣的中国抗震救灾中，演化为一种独特的文化形态，伴随着中国与世界关系的历史性变化，为中华文明乃至世界文明增添了新的内涵和时代品格，将在中国特色社会主义事业和世界和平、发展、进步的历史进程中得到进一步印证、丰富、深化和升华。滴水之恩，涌泉相报，是中华民族的传统美德。愈挫弥坚，多难兴邦，是人类生存发展的真实写照。挑战与机遇并存，困难与希望同在，是世界进步发展的客观现实。我们向给予汶川地震救援的国际友人致谢，就是要表达这样一个意愿：与世界各国人民携手并肩，团结奋斗，建设和谐世界，创造美好未来。

（2009 年 5 月 11 日）

随笔 ——张冠李戴

张冠李戴一语，出自明代田艺蘅《留青日札》卷二十二《张公帽赋》："谚云：'张公帽掇在李公头上。'有人作赋云：'物各有主，貌贵相宜。窃张公之帽也，假李老而戴之。'"把姓张的帽子戴到姓李头上。比喻认错对象，弄错事实。

我这里说的张冠李戴，指的是《向给予中国汶川地震国际援助的朋友致敬》一文，本来是给领导准备的讲话稿，却成了我的署名文章。这与《张公帽赋》所说的同一成语虽有区别，但同样有些趣味。

2007年5月12日发生的汶川地震震惊世界。古巴、法国、德国、印度尼西亚、意大利、日本、韩国、巴基斯坦、俄罗斯、新加坡、英国11国的救援队、医疗队紧急施救，凸显了对中国人民的友好情谊。作为非政府组织，中国人权发展基金会制作了汶川地震国际救援致谢碑，拟在汶川地震周年前夕，于2008年5月11日举行仪式，向11国大使馆赠送致谢碑，再一次表示我们的感谢之意。我们的相关领导同志也应允出席仪式并讲话。此文就是为领导准备的讲话稿。

天有不测风云，此话千真万确。5月8日我们正积极筹备赠碑仪式的会务工作，突然被告知取消仪式。最后，改为亲去每个大使馆赠送致谢碑。结果，这些大使馆给我们以热烈欢迎和积极评价，收到了出人意料的良好社会效果。原来给领导的准备讲话稿，自然就成了我的署名文章。这也是一种张冠李戴。

延安精神是彰显时代价值的当代精神

——中国延安干部学院第五期专题培训班

我们第五期"加强党性修养、坚定理想信念、保持优良作风"专题培训班，共46名学员，来自中央办公厅、中央纪律委员会、中央组织部、国务院研究室等中央和国家机关的 16 个部委办，晋、皖、辽、甘、桂、赣、渝、黑、豫、贵、宁、苏、湘、藏等14 个省、市、区。大家怀着崇敬、激动的心情，来到革命圣地延安，这一中国共产党人的精神家园，度过了7 天的学习生活。7 天来，我们认真学习了胡锦涛总书记的重要讲话，参加了以"弘扬延安精神，增强党性修养"为主要内容的 3 次课堂教学，参加了凤凰山、杨家岭、枣园、王家坪革命旧址等10 次现场体验教学和 1 次音像教学，参观了昭示中华民族勇于斗争、一往直前的壶口瀑布，进行了两次紧密联系实际的专题讨论。

大家一致认为，受到很大的教育和启发，受到了一次心灵的洗礼，进行了一次生动具体的延安精神的再学习、再认识、再教育，进行了一次生动具体的马克思主义中国化的再学习、再认识、再教育，真切地体验到延安精神是当代中国最富生机活力、最具时代价值、最有重要影响、最为世人敬仰、践行的伟大精神，进一步增强了党性修养、坚定了理想信念，促进了优良作风的保持和发扬，圆满地完成了学习任务，达到了预期的目的。

我们这次学习，自始至终贯穿了实事求是的思想路线，贯穿了理论联系实际的优良作风，贯穿了学习、认识、理解和体验延安精神。总结起来，主要有三个特点：

一、我们坚持用延安精神，学习领会延安精神的基本内涵，从总体上加深对延安精神的理解

延安精神是我们党的伟大创造，内容极其丰富。大家认为，延安精神基本内涵，主要有三种表述：

一是四方面说：（1）坚定正确的政治方向；（2）实事求是的思想路线；（3）全心全意为人民服务的根本宗旨；（4）艰苦奋斗创业精神。

二是六方面说：以上四个方面再加上2条：（1）爱国主义优良传统；（2）理论联系实际，密切联系群众，批评与自我批评的优良作风。

三是十方面说：具体就是一个本质，十个方面的体现。

一个本质是：全心全意为人民服务。这是延安精神最重要、最核心、最本位的内涵。其他十个方面都是这一本质的展开和体现。

十个方面的体现是：（1）坚定正确的政治方向；（2）实事求是的思想路线；（3）人民至上的重要思想；（4）三大作风的优良品格；（5）民主法治的社会风尚；（6）崇尚学习的价值导向；（7）尊重人才的大局方略；（8）不断创新的发展理念；（9）勇于开放的进取意识；（10）艰苦奋斗的创业精神。

这种对延安精神的多层次、多方面的理解，在一定程度上反映了学习的深度和广度，是我们学习取得良好效果的鲜明标志。

二、我们坚持用延安精神，紧密联系实际，从理论与实践的结合上，加深对延安精神的理解

大家主要从三个层次来紧密联系实际：

第一个层次是：紧密联系中国特色社会主义全局，加深理解延安精神。大家一致认为，要增强理论意识、道路意识和旗帜意识。

中国特色社会主义理论体系，包括奋斗目标论、根本任务论、思想路线论、初级阶段论、发展战略论、发展动力论、经济建设论、政治建设论、文化建设论、社会建设论、生态建设论、人权发展论、国防和军队建设论、和谐社会论、和谐世界论、依靠力量论、祖国和平统一论、外交和国际战略论、领导核心论等理论，都蕴含、宣示着延安精神的理念和追求。

坚持中国特色社会主义就是要坚定不移地以人为本科学发展，就是要解放思想、实事求是；就是要坚持改革开放；就是要建设和谐社会、建设和谐世界。所有这些，都渗透、体现和发展了延安精神本质上的发展精

神、求是精神、创新精神、开放精神与和谐精神。

坚持中国特色社会主义理论体系和道路，就是坚持马克思主义，就是高举中国特色社会主义伟大旗帜。当年，在毛泽东旗帜下，我们从胜利走向了胜利；今天，我们高举中国特色社会主义伟大旗帜，中华民族也一定会更加繁荣富强。这是延安精神最具时代价值的宝贵实践。

第二个层次是：**紧密联系社会问题，加深理解延安精神。**结合世界多极化、全球化日趋加深，我国社会矛盾伴随社会发展纵横交织、错综复杂的形势，大家紧密联系社会的热点、难点、焦点和深层次问题，深入学习讨论。比如，整个社会意识呈现多元化趋势，而指导思想不能搞多元化的问题；坚持公有制为主体，多种所有制经济共同发展的基本经济制度，而不能搞私有化的问题；坚持全国人民代表大会制度，而不能搞"三权分立"的问题；坚持共产党领导的多党合作和政治协商制度，而不能搞西方多党制的问题；金融危机下采取积极措施，拉动内需、促进就业的问题；金融危机凸显中国特色社会主义优越性，资本主义社会消极和弊端明显暴露的问题等。联系这些问题进行学习，进一步加深了大家对延安精神的理解。尤其是联系近年来，社会上出现的一些贬低、诬蔑改革开放的错误倾向，大家一致表示，要坚定不移学习、弘扬延安精神，坚定不移地推进改革、扩大开放。

第三个层次是：**紧密联系党的建设实际，加深理解延安精神。**党的建设伟大工程，同延安精神一起形成于延安时期，发展深化于改革开放新时期，今天被称为新的伟大工程。

大家认为，要全面加强党的政治、思想、理论、组织、作风、制度和反腐倡廉建设，同时，也要特别重视发挥党员尤其是党员领导干部的模范带头作用。

延安时期，毛泽东等老一辈无产阶级革命家严于律己、率先垂范，为我们树立了光辉榜样。他们用中国共产党人高尚的人格魅力，影响、教育和带动了千千万万人民群众与我们党同心同德，努力奋斗。我们一定要恭恭敬敬、老老实实地学习和实践这种行为风范，真正树立正确的政治观、利益观、业绩观，真正解决好世界观、人生观、价值观问题。

三、我们坚持用延安精神，引领课堂学习、现场体验、专题讨论，从学习的全过程，加深对延安精神的理解

大家认为，延安时期的人、事、物都已经演化一种文化形态。这样一

种充满坚强党性、崇高信仰、优良作风的文化，从延安时期传承于今，仍生机勃勃，在延安干部学院得到生动体现：教学目标清晰明确，教学内容深刻生动，老师授课深入浅出，现场体验撼动人心，专题讨论思想活跃，班主任和跟课老师兢兢业业，学院专门征求学员对教学的意见，学员提出的增强延安精神授课的时代性，增加《改造我们的学习》等重要文献，适当增加学习时间等建议，都及时给予认真恰当的回应等。所有这些，点点滴滴，昭示延安精神；时时处处，展现延安文化。延安精神、延安文化将永远与我们同行，成为中国共产党人和中华民族伟大复兴的强大精神力量。

（2009 年 6 月）

 随笔 ——感受魅力

汹涌澎湃，是海之力；云水翻腾，是风之能；森林叠翠，是树之威；稳如泰山，是山之尊。大自然的力量，每人都有切身感受。我在延安却感受到了一种超乎寻常、超乎自然的力量，这就是延安精神之魅力。

延安精神的本质是全心全意为人民服务，最生动、最直接、最重要的理念是艰苦奋斗精神。

这一精神，鞭策、激励、鼓舞着我，忠实履行了第五期专题培训班班长的职责，较好地完成了担负的各项任务。

积极配合学校和班主任，顺利完成了 3 次课堂教学、10 次现场体验教学、1 次音像教学和 2 次专题讨论。

用晚上时间，写出了《高举中国特色社会主义伟大旗帜，是弘扬延安精神最具时代价值的崇高实践》、《中国延安干部学院第五期专题培训班小结》两篇文章。

聊感欣慰的是，《第五期专题培训班小结》在结业大会上交流后，大家给予良佳评价。这是班主任和全班 50 多名同学共同努力的结果。我也由衷地而真切地感到，这最主要的是延安精神引领启迪、延安精神力量凝聚的结果。

延安精神，魅力永恒，永远是中国共产党人的奋进之魂。

理论与战略思考
——关于外宣和人权工作的思考

外宣和人权工作要注意理论和战略思考。我主要就以下三个问题谈一下有关的想法和思索。

一、关于外宣及人权理论的思考

我们认为，外宣及人权理论，具备自成体系的三个基本要素：一是具有要解决的主要问题，这就是如何向世界介绍中国、怎样维护和发展中国人权；二是具有相对独立的范畴，如外宣的意义、地位、任务、目标、对象、内容、途径、方法、评估等，人权的基本内涵、权利与义务、普遍性与特殊性、集体人权与个人人权等重要范畴；三是具有系列化的概念，如国家形象、舆论环境、国际话语权和人权理念、民主法治、社会公正等基本概念。

我们要认真学习马克思主义经典作家关于社会传播和人权的基本理论，学习党的几代领导人，尤其是胡锦涛同志关于外宣与人权的一系列重要思想，总结正反两方面的经验教训，进一步锤炼富于世界眼光、时代精神的中国特色社会主义外宣及人权理论体系。

二、关于大外宣格局建设的思考

从外宣和人权的理念上看，需要进一步强化服务中国特色社会主义的大局意识、围绕中心的协调意识、科学发展的责任意识。

从外宣和人权的运行机制看，外宣和人权专门工作机构需要进一步充实力量，增加财力；协调机制，需要全面定位，突出重点，尤其要在工作信息协调、力量组织协调机制上下大气力；活动组织，需要分工明确，分层实施，形成上下配合、目标集中、同心协力的良好局面。

从外宣和人权的工作评估看，需要予以重视，提上议程，加强系统定位研究；需要在重视领导评估、自我评估的同时，重视社会评估、民意评估，促进工作评估逐步系统化、规范化、科学化。

三、关于国际话语权的思考

我们从外宣角度所说的国际话语权，应当主要是指在国际舆论以及国际活动中的发言权和影响力。当前，应重点做好三项工作：

一是从中国特色社会主义事业全局出发，敢于从经典作家句句神圣的"老教条"、西方专家句句权威的"洋教条"、我国传统理念句句有用的"土教条"中解放出来，打破不合时宜的条条框框，加强国际话语权研究，为建设国际传播新秩序，创造有利于我的良好舆论环境，提供决策服务。

二是利用多种方式，争取更多国际话语权。其一，设置议题影响舆论。这次黄孟复理事长率中国人权发展基金会代表团访德、英两国，主动设置议题，所到之处，大力宣传"中国高度重视金融危机下人权保障"，受到受众和相关方面的称赞。其二，先发制人引导舆论。去年抗震救灾、今年西藏问题宣传，就是先发制人取得良好效果的具体例证。其三，利用比较优势扩大舆论影响力。我们同西方国家比较，有和谐发展、和平发展的道义优势，有人民代表大会制度、中国共产党领导的多党合作和政治协商制度的政治优势，有马克思主义中国化主导社会意识、中华传统文化充满活力的文化优势，有中国特色社会主义逐渐成为全体中国人民的共同理想和行为规范、能够集中力量办大事的社会优势，还有中国特色社会主义市场体系宏观调控和市场取向相结合的经济运行等优势，我们要充分利用和发挥这些优势赢得一定时间、地点、范围的"时期优势"、"局部优势"、"区域优势"取得更好的外宣效果。

三是协调多种力量，赢得更多国际话语权。做大做强我国对外宣传媒体。在加强政府参与国际活动的同时，组织更多的非政府组织参加、拓展各类国际活动。把我国驻外的各类办事机构和几千万华人华侨组织起来。要多组织一些社会经济实体包括民间经济组织参加国际交往活动。我们应当选择适当时机在美、英等国设立办事机构，这对我们外宣事业包括人权外宣将有积极的影响和作用。

（2009 年 7 月）

 随笔——心系一处

名家建言：
心系一处，
守口如瓶。
启人实践，
心智灵验，
规律露出笑脸。

心系一处，
热爱外宣；
守口如瓶，
机密安全。
实践开颜，
笑迎世界多彩蓝天。

执著工作，
心系一处，正确；
不开尊口如何外宣，
守口如瓶，欠缺。
教条主义呆头呆脑，失灵，
求是主义紧扣实际，活跃。

心系一处，
务必联系实际，探索规律；
守口如瓶，
当说则说，不当说不说。
实事求是真经，
趋势更新真灵。

倡导节能环保、绿色出行、积极健康的生活方式

——在全国公共自行车免费服务系统试点工作
会议上所作的总结

我们这次会议，在国务院新闻办公室的重视和指导下，全体与会人员共同努力，对公共自行车免费服务系统项目进行了总体研究和规划，对其实施的主要环节进行了具体研究和论证，完成了各项议程，取得了圆满成功。总结会议，主要有四个特点：

一、大家从统筹国内国际两个大局的战略高度，认真谋划研究公共自行车免费服务系统项目

统筹两个大局，是胡锦涛同志在党的十七大提出、这些年来一直反复强调的重要理念，是对全体共产党人和各级党组织提出的基本要求和一以贯之的行为规范，各行各业、各个单位也都应当自觉领会，努力实践。

当今世界的主题是和平与发展。绿色环保、节能减排、应对气候变化，已成为世界大格局包括国际政治博弈和经济竞争的热点与焦点问题。当今中国的大局是，全党全国人民同心同德建设中国特色社会主义，其中包括人与自然和谐相处，建设环境友好型和资源节约型社会，生态文明建设同物质文明、精神文明、政治文明建设等并列为党和全国人民的共同任务等。

公共自行车免费服务系统项目既顺应了绿色环保、节能减排的进步潮流和社会发展的必然趋势，又紧紧围绕党和国家中心工作，以人为本，深入贯彻科学发展观，以实实在在的行动贯彻落实中央建设两型社会、建设包括生态文明在内的四大文明共举的战略举措，尤其是以实际行动贯彻落实胡锦涛同志最近在联合国气候变化峰会上向世界庄严宣示的节能减排的

目标要求，是统筹两个大局具体有效的实际举措。

二、大家从维护和发展中国人权事业的战略高度，认真谋划研究公共自行车免费服务系统项目

公共自行车免费服务系统项目具有丰富的人权内涵。从生存权说，衣食住行是人的基本生活要素，免费自行车服务，维护发展的是人民群众生存所必需的道路出行权、交通财产使用权等。从环境权说，免费自行车服务保护城市环境，展示绿色环保，是对人民群众环境权益的维护和促进。从健康权说，免费自行车服务对人民群众强身健体具有重要的保障和推动作用。从发展权说，免费自行车倡导积极健康的生活方式，对促进人与社会的和谐发展具有积极作用。我们还可以从人民群众的经济权、社会权、文化权等方面做更多的人权解读。

公共自行车免费服务系统作为中国人权发展基金会的公益项目向社会推广，是中国特色人权事业发展进步的鲜明标志。维护和保障人权，是中国共产党人的光辉旗帜。但曾有很长一段时间，人们把人权视为资产阶级专利，避讳谈及。改革开放后，人们才逐步敢讲人权，大讲人权。尤其是党的十六大以来，尊重和保障人权写入党章、载入宪法，人权事业取得了举世瞩目的伟大成就。今天，我们把公共自行车免费服务系统作为人权组织惠民利众的大型公益项目，在全社会推广实施，使之进一步彰显人权事业蓬勃发展的时代特色。

三、大家从建设大外宣格局的战略高度，认真谋划研究公共自行车免费服务系统项目

公共自行车免费服务系统项目，为大外宣格局建设增添了新的内涵。

一是从大外宣的宣传领域看，我们把公共自行车免费服务系统项目纳入外宣系统的工作，开辟了一个新的外宣领域，这就是公益外宣。这里包括现在推进的公共自行车免费服务系统，也包括我们即将在全国准备试点的生物制气农家清洁燃气工程。这两个项目，一城市一农村，并驾齐驱，比翼双飞，将成为独具外宣特色、外宣风格、外宣气派的公益项目。我们要把这两个项目很好地实施起来，宣传出去。同时，我们还要在城乡，逐步推广高性能电池、太阳能等项目，使我们的公益活动更加多姿多彩、富有成效。

二是从大外宣的宣传内容看，这一项目，本质上是在贯彻中央建设两型社会的战略部署，是在落实胡锦涛同志向国际社会的庄严承诺，将会为政治外宣增添新亮点；这一项目，有利于节能减排，会给经济外宣增添新内涵；这一项目，是完完全全的利民工程，事关百姓，惠及民生，为社会外宣增添了新天地；这一项目，倡导实践科学的生活方式，会逐渐从一种文化行为转化为一种文化形态，为文化外宣增添了新生机。

三是从外宣的工作方式看，公共自行车免费服务系统项目展拓了外宣工作的渠道和领域。这一项目，涉及范围广大，交通线路、学生校园、居民社区，甚至行政机关及其家庭居住区域也囊括其中。我们的外宣品随着自行车站点的建立，可以进入这些区域。外宣品的发放，借用毛泽东同志一句话，就是"广阔天地大有作为"。

四是从外宣工作者本身看，以往我们外宣工作者往往以中国特色社会主义宣传者的身份出现。今天我们直接参与公共自行车免费服务系统项目，既是宣传者，也是实践者，是两种身份，多重职责。我们要抓住机遇，拼搏奋斗，叙写光荣，赢得崇高，为中国特色社会主义伟大事业做出新的贡献。

五是从外宣的评价体系看，我们以往对外宣的评价，从一定意义上讲，主要是领导评价、体系内自我评价。今天，我们公共自行车免费服务系统项目涉及千家万户，亿万群众将是评价者、裁判员。这一项目立足国内，关系百姓，将会波及世界，带来一个国际社会的评价问题，为我们的外宣评价体系增添新的要素。

四、大家从求真务实、抓好落实的工作角度，认真谋划研究公共自行车免费服务系统项目

抓好落实分两层次：

从试点单位层次讲，重点抓好三个环节，**一是抓好规划**。一定要集中力量、全神贯注地拿出一份科学合理、切实可行的规划。**二是抓好公关**。公关就是生产力。要有大谋略、大智慧，善于通过程序，请领导支持、帮助；同时也要善于通过各种正当渠道和合法方式与领导沟通，取得支持。**三是抓好细节**。天下大事，必作于细。一定要盯住关键环节、重点内容，抓紧抓好抓细，切实把公共自行车免费服务系统项目落实好。

从我们基金会的层次看，试点阶段主要需抓好三个环节：**一是服务**。

要全方位、立体化服务，具体就是资金服务、咨询服务、落实服务、宣传服务。**二是督促**。要及时检查、监督各试点城市工作进展情况，适时解决遇到的各类问题。**三是评选**。时机和条件成熟，对工作努力、成就突出的单位给予奖励。在此基础上，我们将在成效显著的城市召开现场会，推广经验，以利再战。在大家的共同努力下，我们的公共自行车免费服务系统项目一定会取得群众称赞、政府满意的良好实效。

（2009 年 10 月 14 日）

随笔 ——亮丽风景线

2009 年 10 月 14 日公共自行车服务系统试点工作会议在北京成功召开，这预示着祖国大地上将会建造起一道亮丽的风景线。

这道风景线向世界展示了中国绿色环保、低碳出行的崭新形象。中国北方璀璨明珠山东烟台，拟率先启动公共自行车服务系统试点工作，为齐鲁大地华夏神州增添了新鲜色彩和勃勃生机。

这道风景线向世界展示了利民惠民的公益善行。公共自行车服务系统是名副其实的慈善项目，利在社会，惠及百姓，必然受到广大人民群众的欢迎和称赞。

这道风景线向世界展示了我国外宣工作的崭新形象。传播中国发展，展示中国形象，是外宣工作的主要任务。外宣系统实施公共自行车服务系统项目，要求我们既是宣传员，又是实践者。双重角色、多重职责，独具特色、创新价值，必然受到国际社会的关注和赞扬。

这道亮丽的风景线，归根结底，是以人为本、民生至上的具体体现，闪烁着中国共产党全心全意为人民服务根本宗旨的思想光辉。

亲近蓉城

——在首届人权文博论坛欢迎晚宴上的祝酒词

作为"首届人权文博国际论坛"的一位出席者，能够在风景秀丽、气候宜人，人民生活舒适美好、幸福徜徉的蓉城，与历史对话，与现实握手，与友人共品人权文博文化的美食大餐，同样感到分外荣幸。

许多来过蓉城的人都会用一个字表情达意，这就是"美"。有些人总结了蓉城有"四美"，这就是：景美、食美、酒美、人美。在我们中国，曾经有过一个具有美好、深刻、广泛影响的五讲四美活动。我当时在团中央宣传部"五讲四美"活动办公室工作，直接参与这一活动的启动和实施，对"四美"感情至深。当时活动的"四美"是：心灵美、行为美、语言美、环境美。

蓉城的"四美"与"五讲四美"活动的"四美"内容虽有不同，但异曲同工，本质一样，这就是传扬美好、张扬魅力。至此，我建议，为了蓉城的四美更加富有时代魅力，为了与会者在蓉城生活的愉快幸福，为了我们的会议圆满成功，请大家在成都市对外文化交流协会会长何华章先生提议的干杯中，自觉加入美好、幸福、魅力的内涵元素，使蓉城之美沁入友人心田，使与会嘉宾铭心刻骨、永世难忘。

（2009 年 11 月 9 日）

随笔 ——似酒醇香

祝酒词文，似酒醇香。这是首届人权文博国际研讨会欢迎晚宴上，我所作的祝酒词力求达到的效果。

"闻酒淡香"是祝酒词的开篇效果。我首先表达了能够与记叙历史、启人心智、预示明天的文博工作者共聚一堂感到荣幸之至的心情，介绍了中国成都蓬蓬勃勃的发展景况，以及暖人心灵的蜀中乡情，未听下文，使人已身润热情，满目友谊，未品佳酿，使人已闻香醉心，其乐融融。

"品酒醇香"是祝酒词的中篇效果。两个"四美"构成了美妙的品酒内涵。一是20世纪80年代在华夏神州普遍开展的"五讲四美"活动，心灵美、语言美、行为美和环境美，深入人心，影响和引领了整整一代人的思想行为。二是成都的"四美"，美酒、美食、美景和人之美，成为蓉城的亮丽名片。从本质上看，成都的"四美"仍有以往"四美"活动的自然痕迹、行为映象以及历史踪影。这酒之醇香，如涓涓细流沁人心田；这美之神韵，如淡淡薄云润然身心。

"回味犹香"是祝酒词的结篇效果。真情、暖情、热情，美意、美酒、美食，还有即将召开的"尊重历史，珍重和平，维护人权"的会议，还有"相互尊重，平等相待，真诚切磋"的讨论，都将使人尝上佳好酒，品醉人醇香，难以忘怀，久久回味。

雅哉、美哉，祝酒词文，似酒醇香。

和平与人权是战争博物馆的灵魂主题

——在首届人权文博论坛上的总结发言

我们这次首届人权文博国际论坛在国务院新闻办公室指导和支持下，在四川省委和省人民政府、成都市委市人民政府、成都市对外文化交流协会，以及建川博物馆的积极协助和辛勤努力下，全体与会人员齐心协力，即将胜利完成各项议程，胜利闭幕。两天来，全体与会人员考察了成都大熊猫繁育研究基地、金沙遗址博物馆、都江堰向峨乡灾后重建新村，参观了建川博物馆聚落，了解了成都市政治、经济、社会、文化发展和人权进步的实际情况，围绕"尊重历史、珍爱和平、维护人权"的主题，进行了热烈讨论，取得了积极成果。

一、顺应了中国和世界的进步潮流，较好地实现了中国传统文化所说的天时、地利、人和的有机融合

所谓天时，就世界而言，就是顺应世界进步潮流。我们这次论坛，以人权理念贯穿始终，而人权则是当今世界进步的代表性和主导性理念。联合国始终强调三大理念，这就是：和平、发展、人权。和平、发展的最终目的，其本质也是维护发展和升华人权。我们这次论坛弘扬的就是人权，是顺应世界进步潮流的有为之举。就中国国内而言，则紧紧切合了中国特色社会主义的一个核心理念，这就是科学发展观的核心和本质即以人为本的理念。以人为本，尊重和保障人权已经写入党章、载入宪法，成为党的规范和国家的基本理念及行为规范。

所谓地利，主要是两个方面：一是我们的会议所在地风景秀丽、气候宜人，给人以舒适、温暖、亲切之感。二是我们参观考察了一些博物馆，

尤其是建川博物馆，给人以启迪、教育甚至是震撼之感。我们在这样一个由民营企业家全额投资的博物馆参观，切身感受到中国公民的收藏权、创作权以及公民、政治权利以及经济、社会、文化权利等诸项权利得到了切实保障。建川博物馆实际上是樊建川先生生命的张扬和人权尊严的生动展现。外国代表颇有感触地说，这也反映了中国人权在各方面都取得了巨大进步。我们的战争类博物馆已经成为宣传人权理念，展示人权成就的平台和窗口。

所谓人和，大家更是感受至深。成都人的亲切、热情，周到安排；全体与会人员的同心协力、密切合作，整个会议洋溢着人与人之间和顺、和美、和谐相处的良好气氛，洋溢着一种热烈讨论、彰显人权、宣示和平的浓厚气氛。正因为如此，我们的论坛圆满成功则成为题中之义。

二、交流了进行人权、和平教育的做法和经验，对进一步发挥战争类博物馆作用和功能进行了积极探索

与会的战争类博物馆介绍了一些和平、人权教育的好的做法和经验，比如注重收藏历史、研究历史、宣传历史的有机结合，注重用现代手段传播历史史实，注重青少年教育，注重国际交流等。

这些战争类博物馆介绍的情况和经验，本质上是对如何发挥战争类博物馆作用和功能的探索和阐释。大家认为，这类博物馆应当主要发挥五方面的作用和功能：一是政治宣示。中国和世界人民进行的反法西斯战争必胜。中国人民的抗日战争为世界反法西斯战争做出了举世瞩目的历史性贡献。二是教育启迪。以史施教，启人心智。用历史事实，进行人权、和平和爱国主义、优良传统教育。三是文化传播。要把教育从一般的历史教育活动，逐步发展升华为文化形态，只有成为一种文化，才能普及大众，影响久远。四是旅游参观。使广大群众在旅游之中，自然而然地启迪心智、接受教育。五是团结统战。就国际社会来讲，就是加强交流，增强合作，融合情感，增进友谊。就国内来讲，就是要发挥统战效能，诸多博物馆，如建川博物馆既有展示共产党领导抗战的"中流砥柱"馆，也有反映国民党抗战状况的"正面战场"馆，就较好地发挥统战的作用。

三、人权与文博有机融合，开启了国内乃至国际社会人权文博理论实践与研究的新探索

任何理论，一定要以实践为基础。任何科学理论，一定要从实践到理

论，再从理论到实践，循环往复，升华提高。我们这次论坛虽然与会人员有限，时间较短，但从一定意义上说，我们实质上是做了一件文博和人权领域石破天惊的大事。这就是大家齐心协力，开启了人权文博理论科学的崭新历程。

大家都知道，学术界普遍认为，一个科学理论的形成一般有三个基本要素：

一是这一理论，必须有一个要解决的基本问题。我们人权文博理论所要解决的基本问题，就是尊重历史，以史为鉴，珍爱和平，维护人权。战争类博物馆的主题必然是人权。这是一种历史事实，也是一种客观现实，更是一种昭示未来的必然趋势。

二是这一理论，必须有相互关联的范畴。人权文博理论中的一些范畴，如和平战争与人权、生命权与和平权等，已经初见端倪。

三是这一理论，必须有一些基本概念。人权文博理论现已有一些比如战争、和平、人权、文物博览等基本概念。

现在完全可以预言，在将来人权文博科学理论趋于完善之际，再回顾今天的论坛，我们就一定会具有更多的历史自豪感和成就感。

四、提出和探讨了人权文博的一些重要理论与实践问题，形成了一些共识和趋于一致的思考与看法

一是关于战争与人权问题。战争是对人的生命和生命权的践踏和摧残。反对和摒弃战争，就是珍爱和维护人权。人权是战争类博物馆的主题和灵魂。中外代表都表述了这样的观点。

二是关于战争记录问题。实事求是地讲，有选择地记录、叙述历史，在一些国家是一种客观事实。从一定意义上说，这完全可以理解甚至说它有一定的必然性。但从科学意义上讲，记录历史，一定要真实、全面。只有零星、局部的真实而不是全面的真实，很可能是本质意义上的不真实。日本学者野田正彰先生说得好，对于日本广岛、长崎的原子弹事件，必须把它放在整个世界和二战的大背景下认识，才能认清这一事件的真实本质。否则，则极易得出不正确甚至荒谬、可怕的结论。

三是关于战争责任问题。这实质上是对一个国家、民族乃至整个人类的责任问题。拒不承认侵略战争史实，拒不反省战争之责，就是对自己国家和民族的极不负责，也是对人性、人权、良知、道义乃至全人类尊严的

践踏和亵渎。中外代表都用不同方式和语言，表达了这样的分析和认识。

四是关于战争研究问题。 凡是历史，包括古代、近代、现代的历史，毫无疑问也包括从古至今的战争历史，用全面、联系、发展的眼光看，它一定是一种蕴含某些现代意念的历史。就战争史而论，它一定是一种蕴含某些现代意念的战争历史。也就是说，研究历史一定要着眼过去、立足当前、目标未来，要正视历史，尊重历史，以史为鉴，以史育人。唯有如此，才能更好地胸怀长远、开辟未来，真正发挥历史研究的历史性作用。

五是关于战争遗产问题。 从某种意义看，人类的历史就是一部战争史，更确切地说，是一部反对战争、珍爱和平、维护人权、弘扬尊严的历史。因此，我们要以对历史、现实、未来，对国家、民族乃至对整个人类高度负责的精神，来认真、精心地记录历史、收藏历史，保护各级各类战争类文物和历史遗迹。中外代表一致表示，要努力保护好这些战争遗产，为人类文化的传承和弘扬做出更大贡献。

（2009 年 11 月 12 日）

随笔 ——"书"予智慧

"书"予智慧，至理名言，已为"首届人权文博国际论坛"所验证。

"论坛"于 2009 年 11 月 11 日至 12 日在成都成功举行。乌克兰、波兰、韩国、日本、缅甸等国家，以及中国人民抗日战争纪念馆、四川建川博物馆聚落等国内外十余家博物馆负责人和相关专家学者 60 余人与会。会议把人权与文博融为一体，在中国和国际社会均为首次，国内外相关人士和媒体给予积极评价。

中国圣贤历来倡导读有字之书，更要读无字之书。"尊重历史，珍爱和平，维护人权"的论坛主题，就是书给予的智慧启示。

《1848 年至 1850 年的法兰西阶级斗争》、《德国农民战争》、《1852 年神圣同盟对法战争的条件与前景》、《新的对华战争》、《路易·波拿巴的雾月十八日》、《法兰西内战》、《纪念巴黎公社十五周年》等马克思、恩格斯关于战争问题的著作，贯穿了科学社会主义关于阶级斗争的光辉思想，我认为，归根结底也是在阐释无产阶级争取和平、维护人权的问题。

《井冈山的斗争》、《中国革命战争的战略问题》、《中国共产党在抗日时期的任务》、《论持久战》、《抗日游击战争的战略问题》、《中国共产党在民族战争中的地位》、《战争战略问题》等毛泽东关于战争问题的著作，论述了中国革命和战争的根源、现状、发展趋势以及最终结果，我认为，归根结底也是在阐述中国人民争取和平、维护人权的问题。

《钢铁是怎样炼成的》、《静静的顿河》、《日瓦戈医生》、《飘》等世界战争文学名著，尤其是被誉为"世界战争英雄史诗"的《战争与和平》，激荡山河，震撼人心，其中最关键、最核心、最摄人的还是绕不开、脱不了、时时依缠、事事存在的和平与人权问题。

《世界战争史》、《中国近代史》、《中国抗日战争史》、《中国解放战争史》等关于战争历史的图书，尤其是反映中国人民解放军四个野战军战史之书，让人读后如临战场，荡气回肠，萦绕脑际的最后始终还是和平与人权问题。

览阅亲历战争之人口述和撰写的书，就仿佛置身于火与血的战争之中。亲与经历战争的人交流，就仿佛直接看到了两军搏杀的血火战场。我心在震颤，思绪万千：和平啊，来之不易，你要永驻人间；人权啊，得之艰难，你要永葆庄严。

中国博物馆、中国军事展览馆、中国人民抗日战争纪念馆、东北抗日战争纪念馆、沈阳"9·18"纪念馆、日本侵略军屠杀南京同胞纪念馆、重庆红岩纪念馆和四川建川博物馆聚落等，事件叙述、人物诉说、实物出证，生动具体地展现着中国抗日战争和解放战争的历史史实。每每亲临参观，我都心潮澎湃，浮想联翩：中国的和平与人权，渗透着几千万人的生命和鲜血，我们要永远珍惜，永世维护。

牢记尊重历史，保卫珍爱和平，维护发展人权，是论坛的主题，更是我们的矢志不渝的价值理念和行为追求。

共商发展大计
——在首届大型基金会北京高峰论坛上的总结发言

首届世界大型基金会北京高峰论坛在中国政府和相关部门的关心、支持、指导下，全体与会人员共同努力，即将完成各项议程，胜利闭幕。

参加我们这次论坛的有来自世界五大洲的 19 个国家和地区的 26 个基金会，涉及的地域、工作范围广、类别多、规格高、代表性强。两天来，大家以饱满的热情和高度的责任感，围绕和平发展、和谐进步这样一个关系世界发展前途和人类命运的重大问题进行了深入思考和热烈讨论，表达了对世界未来和人类命运的由衷关切，同时对基金会发展的诸多问题进行研讨和磋商。大家一致认为，我们这次论坛是一个高起点、高质量、高水平的论坛，是世界基金会加强交流、深化合作的盛会，是凝聚国际社会智慧、共谋世界发展大计的盛会。

总结这次论坛，大家认为有三个突出特点：

一、顺应大势，紧紧扣住和平发展的时代主题

以持久和平、共同发展为基本标志的和谐世界是人类社会孜孜以求的美好愿景。本届论坛"和平发展、和谐进步"的主题得到与会者的一致认同和积极回应，反应了和谐、发展已经成为各国非政府组织乃至国际社会的共同追求，成为一个不可逆转的必然趋势。与会者对当今世界发展趋势的认真探究，对关乎人类命运重大问题的热烈研讨，超越了国籍、信仰、文化的界限，渗透和展现着和平与发展的时代风貌。

大家密切关注国际金融危机应对问题。妥善应对国际金融危机是世界

各国的当务之急，也成为世界基金会组织的关注焦点。参与本届论坛的各国基金会为保障公民的基本生存权、发展权策划、实施了一系列项目，如中国扶贫基金会、中国残疾人福利基金会、葡萄牙古本江基金会等都在这些方面进行了有益的尝试，这具体体现了我们基金会组织在重大国际问题面前勇于担当、积极进取的责任感和使命感。

大家密切关注应对气候变化问题。应对气候变化和环境保护是我们这次论坛关注的热点之一。与会基金会本着对人类社会负责任的态度，立足现实、着眼未来，围绕气候变化问题发表了富有成效的意见，对清洁能源、低碳经济、生态文明等给予极大关注，并在实践中采取了一些积极的应对措施。如我们中国人权发展基金会的公共自行车免费服务系统、农村生物质集中气化工程，中国妇女发展基金会、新加坡连氏基金会开展解决水资源短缺和洁净化活动等就具体、生动地体现了全球基金会组织在这方面的实际努力和积极贡献。

大家对消除贫困、艾滋病、粮食、种族以及性别、宗教歧视等问题也给予了充分关注。与会的各基金会尤其是印度团结基金会、南非曼德拉基金会、印度尼西亚社会基金会等都对此发表了一些建设性意见。与会的各基金会还对其他一些全球性问题发表了很好的意见和建议。

二、着眼大局，密切关注世界基金会发展的趋势

当今世界正处在大变革大调整之中，世界多极化不可逆转，经济全球化深入发展，求和平、谋发展、促合作已经成为不可阻挡的时代潮流。大家紧密联系世界发展趋势，对世界基金会的发展发表了许多真知灼见，进行了有益探索。大家一致认为，基金会的发展应当遵循三个方向：

第一，基金会发展应是开放的发展。美国盖茨基金会、德国艾伯特基金会、瑞士文化基金会等认为，要尊重文明多样性，在相互尊重的基础上，以开放的胸襟、兼容的态度和科学的精神，与不同制度、不同民族、不同文化背景的基金会发展友好关系，取长补短，相互借鉴。

第二，基金会发展应是合作的发展。联合国儿童基金会、法国戴高乐基金会、俄罗斯世界基金会、韩国国际交流财团代表认为，当今世界，合作发展已经是一种历史潮流。要提倡包容协作，在相互尊重、平等相待的基础上加强交流与合作，以加深了解、增进共识，以实现优势互补、协调发展。

第三，基金会发展应是和谐的发展。日本财团代表认为，财团创始人的"世界是一家，人类皆兄弟"的座右铭，值得推广实践。大家普遍认为，要超越社会制度与意识形态的局限，着眼发展、尊重差异、致力和谐，在竞争比较中取长补短，在求同存异中共同发展，在和谐的氛围和环境中实现互利共赢，不断激发基金组织的创造和发展活力。

　　基于上述认识，大家对本届论坛给予充分的肯定和认同，认为论坛的举办，为世界基金会组织搭建了一个交流信息、汇聚共识的平台，架起了增进互信、深化友谊的桥梁，成为世界各国基金会加强合作、共谋善举的纽带。许多基金会本想参会，但由于种种原因未能与会，在论坛期间，纷纷与我们联系，建议明年继续举办第二届世界大型基金会北京高峰论坛。会上也有不少代表表达了这种意愿。我们根据大家的意见和建议，经过慎重研究和考虑，初步拟定明年十月或十一月召开第二届世界大型基金会北京高峰论坛。我们诚挚邀请出席本届论坛的各基金会嘉宾作为高峰论坛的基本参与单位，届时应邀赴会。同时我们也就论坛的具体议题、组织方式、保障机制等问题继续与各基金会保持沟通，以尽快形成方案，早作准备，确保论坛按时顺利召开。这次论坛的文字、图片等资料，以及全体与会基金会的联系方式等，我们将在会后通过不同方式尽快发给大家。

三、着眼实际，努力探索基金会在各自国家发展的基本做法和主要经验

　　参加我们这次论坛的基金会，虽然国度不同，发展模式有所差异，关注重点也不尽一致，但总结各自发展实践，具有以下八条基本做法和主要经验：

　　一是服务国家发展大局。世界上没有放之四海而皆准的发展模式，也没有一成不变的发展道路，基金会要有所作为，有大作为，必须立足本国国情，结合自身实际，适应形势，与时俱进，服从和服务于国家战略部署和工作大局，探索适合自身发展的道路和模式，有针对性地策划和实施项目。这是我们与会所有基金会最成功的做法和经验。

　　二是切合社会公众意愿。基金会的工作以服务公众利益为使命，以促进社会和谐发展为目标，必须反映群众意愿，符合公众期待。才能获得各界的理解、支持、参与，获得发展动力。与会基金会介绍的情况都反映了这一经验。

三是量力而行，渐进发展。基金会选择发展模式一定要与本国的发展水平相适应，要从实际出发，根据自身人力、物力、财力条件允许的程度来开展工作，保证循序渐进，逐步发展。南非曼德拉基金会、印度尼西亚社会基金会、俄罗斯世界基金会介绍的这方面经验值得学习借鉴。

四是持之以恒，形成特色。基金会实施公益项目，要注意把握优势，长期坚持，才能取得良好实效。盖茨基金会的防治艾滋病项目，法国戴高乐基金会、意大利意中基金会、印度团结基金会、澳大利亚全球基金会、韩国国际交流财团、瑞士文化基金会的国际交流项目，葡萄牙古本江基金会的科教文卫体育项目，中国香港霍英东基金会的区域开发项目，中国澳门基金会的支持社会经济发展项目等都很有特色和实效。与会的中国内地基金会也都实施了诸多公益品牌项目，为社会做出了积极贡献。

五是开拓进取，不断创新。创新是一个国家、一个民族不断发展的灵魂，也是各国基金会不断深化发展的灵魂。与会的基金会一致认为，基金会要有所发展进步，就要与时俱进、立志创新、勇于开拓，这是基金会做强做大的基本经验。

六是广泛交流，加强合作。在地球村成为现实的今天，基金会的相互交流、合作共进尤为重要，这也是与会基金会的一个重要品格和主要经验。

七是加强资产管理和运营。加大筹资力度，强化资本运营，实现资金的保值增值，逐步走公益事业产业化之路，给基金会的发展提供强大实力。这是基金会发展最具核心价值、最具生命力的做法和经验之一。

八是保持良好的公信力。用良知、机制，用正义、制度，管好用好每一分善款，让捐赠人、受捐人，让人民、社会和历史放心、满意。这是基金会的立会之本、发展之本、强盛之本。

在大家的共同努力下，我们举办了一次卓有成效的论坛，达到了总结经验、交流思想、研究问题、汇聚共识、增进了解、深化友谊的目的。我们相信，在全球基金会组织的共同努力下，我们以后的论坛一定会越办越好，一定会成为联结世界大型基金会的纽带、促进人类发展进步的桥梁。

我们期待明年在北京与诸位以及更多的基金会同仁齐聚一堂，共商基金会发展大计。

（2009 年 12 月 10 日）

随笔 ——托起七色彩虹

首届世界大型基金会北京高峰论坛于 2009 年 12 月 9 日至 10 日成功召开。19 个国家的 26 个基金会聚集北京，共商基金会发展大计。在全球基金会的天空中，托起了一道七色彩虹。

七色彩虹为蓝天增添了喜庆气氛，展示着吉祥成功。论坛之所以能在中国胜利举行，根本原因是华夏神州经济发展、社会稳定、国泰民安、中国特色社会主义的影响力和吸引力日益增强。中国符合社情民意、代表中华民族的根本利益、顺应世界进步潮流的发展模式，越来越受到国际社会的关注、肯定和赞扬。

七色彩虹为蓝天增添了生机活力，预示着创新发展。论坛为全球基金会领域的首创之举。美国盖茨基金会、法国戴高乐基金会、德国艾伯特基金会等世界大型基金会，踊跃与会，交流信息，了解中国，洽谈合作。民间外交活跃，经贸会谈频繁，整个论坛成为公共外宣、公共外交、公共外交的重要平台。这是全球基金会的新气象，也是中国基金会和非政府组织的新气象。

七色彩虹为蓝天增添了盎然春意，昭示着和谐友谊。作为论坛的主办者中国人权发展基金会同与会的基金会相互尊重，坦诚交流，加深了解，增进友谊，建立良好的互信关系；同时，还与世界 100 多个国家 200 多个基金会和非政府组织建立和保持着友情交往。这为进一步办好论坛创造了更为良好的条件，奠定了更为坚实的基础。

七色彩虹喜气洋洋，春意融融，生机勃勃，向世人传递着信息：世界大型基金会北京高峰论坛将会越办越好、彰显创新；公共外宣、公共外交、公共外贸重要平台的作用将会日益展现，书写辉煌。

情漫南通

——在首届中美法治与人权研讨会欢迎晚宴上的祝酒词

此刻，中外嘉宾欢聚一堂，共叙友情，其乐融融，乐溢宴厅，漫及南通。我们大家之所以欢聚于此，很重要的是一种情结，这是一种人权情结、人文情结、名片情结。

首先是人权情结。南通经济社会全面发展，人权事业全面进步。在此召开人权研讨会，是在亲历人权、品味人权、享受人权，是一件好事和幸事。

二是人文情结。南通人杰地灵，名人辈出。张謇等大家名播天下。我们在此开会，就仿佛在与这些名人交流对话，实在是荣幸之至。

三是名片情结。南通文明，闻名全国。南通就是一张精美名片，是中国改革开放的名片，是中国社会进步的名片，是中国人权发展的名片。我们在此开会感到自豪和骄傲。

此时，相信大家都已感到情满宴厅，情漫南通，请允许我在这情意融融的氛围中祝愿今晚的宴会和我们的会议圆满成功，祝美国朋友在南通、在中国心情舒畅，万事如意！

（2009 年 12 月 12 日）

随笔 ——欢宴

仿普希金诗而作

我喜爱今晚的宴饮，

欢乐是宴会的主人，
席间的立法者是，
和谐和美的女神，
宾客的席位没有越来越宽，
酒瓶的地盘没有越来越紧，
是友好的交谈声，
降服了杯声阵阵。

　附：普希金《欢宴》
我喜欢黄昏的宴饮，
欢乐是宴会的主人，
而席间的立法者是，
自由——我崇拜的女神，
直到天亮，干杯的欢呼声，
淹没了高亢的歌声阵阵！
宾客的席位越来越宽，
酒瓶的地盘越来越紧。

（人民大学出版社 2000 年 7 月版，第 144 页）

中美人权法治交流的新渠道

——在首届中美法治与人权研讨会上的总结发言

首届中美法治与人权研讨会在中国国务院新闻办公室的关心、支持、指导下，在江苏省委、政府，南通市委、政府的支持、协助下，全体与会人员共同努力，即将完成各项议程，胜利闭幕。我们这次会议是近年来中美两国非政府组织交流的进一步深化和发展，参会人员的专业水平和代表性在两国人权组织、学术界都引人注目。大家以"加强法治，维护人权"为主题，围绕政务公开、审前羁押、行政处罚、律师作用问题，从理论与实践的结合上进行了坦诚、热烈的讨论，加强了沟通，增进了互信，扩大了共识，深化了友谊，取得了积极的成果。大家一致认为，这是一个高起点、高质量、高水平的会议。

总结这次研讨会，大家认为有四个突出特点：

一、顺应中美关系、中美人权交流日趋发展的良好态势

美国美中关系全国委员会会长欧伦斯先生在开幕式上的致信说得好，我们这次会议开得恰逢其时。德高望重的科恩教授说得同样精彩，他认为，我们这次会议合于中美发展大势。许多代表都认为，我们这次会议开得及时、开得很好。

我们认为，会议之所以开得好，这个好的核心内涵是切合大局，顺应大势。处在大变革大调整之中的当今世界，和平与发展是时代主题，求和平、谋发展、促合作，已成为不可阻挡的时代潮流。中美两国是世界上具有重要影响的大国，中美关系是世界上最重要、最富有活力的双边关系之一。两国在事关全球稳定与繁荣的众多重大问题上加强交流，符合中美关系发展的主题。中美两国在彼此尊重的基础上加强对话、交流、发展友好

关系是两国人民的共同愿望。近年来，胡锦涛主席已多次访美，两国领导人频频会晤，中美各个层面交往频繁。中美人权交流也已形成了官民结合、上下互动，虚实交融、远近相映的发展态势。前不久，美国总统奥巴马成功访华，双方签订了联合声明，在法治与人权问题达成了合作交流的共识，为中美两国的人权交流合作注入前所未有的生机和活力。我们这次会议，客观上、本质上就是在实践中美最新联合声明的相关精神，是这些精神的精细化、具体化、生动化，对促进中美两国人权事业必将产生积极影响。

二、揭示了法治和人权最核心、最本质的关系

我们这次会议代表认为，法治的精髓、本质和真谛是人权。学界不少人士认为，人权是法治的基本价值和根本目标，法治是人权的根本保障，保障人权和建立法治是人类政治文明进步的重要标志。尊重和保障人权是法治建设的核心价值和行为追求。在应然人权、法然人权、实然人权的体系中，进入实然人权的境界，有效路径唯有法治。人权只有通过法律的确认，才能从应然权利，转变成法定权利，上升为法律规范，得到有力的保障；人的诸项权利既是人权的主要内容，同时也是法治的主要目标，法治如果离开了保障人权的目标，就不成其为真正的法治。同样，离开了法治，即使至善至美的人权理念也肯定难以完全实现。我们这次会议讨论的所有法治问题，实质上都是人权问题，都体现了法治对人权的注目、关切、呵护和保障。

我们讨论的政务公开，是人权问题。大家着眼于完善保密制度与履行公开义务的关系，要求要从程序、观念以及制度上处理好保密和公开的关系。这就体现了对公民知情权、参与权、监督权的尊重，有利于扩大公民有序的政治参与，推动社会公平和正义的实现。

我们讨论的审前羁押，也是人权问题。大家致力于探讨保障诉讼职能的同时保护犯罪嫌疑人权利，要求引入司法审查、明确羁押期限、设立保释制度、建立复查制度、完善被羁押人权利，这是对协调个人权利和国家权力关系的积极思考和探索。

我们讨论的行政处罚，同样是人权问题。尽管与会代表对劳动教养是否是行政处罚有分歧认识，但并没有影响对这一敏感问题的研讨、磋商。大家探讨了劳教制度的形成、发展的特殊背景及与人权保障的关系，探讨

了实现司法公正、保障基本人权与控制犯罪滋长、维护法治秩序的关系。大家还对行政处罚中精神病者处理等问题进行了讨论，体现对人权的充分尊重。

我们讨论的律师作用，仍然是人权问题。许多代表认为，律师在维护司法公正、推动法治建设中所起的重要作用，就体现了对公民应享有的生存权、平等权、人身自由、言论自由、劳动权、受教育权和环境权等诸多基本权利的尊重。一些代表说，律师是人权卫士，是社会公平正义的使者。这种观点是颇有道理，为事实所证。

三、反映了中美两国法治和人权发展各自鲜明的特点

我们这次会议，中美双方与会代表各抒己见，讨论热烈，有分歧、更有共识，具体生动地从一定程度上显现了中美两国法治与人权发展各自鲜明的特色。这是多种因素综合作用的结果，这里包括经济状况、历史传统、政治制度、宗教信仰、文化观念的诸多方面交错影响、相互作用的结果。

有些代表认为，中美两国最大的不同，就是美国是世界上最大的发达国家，而中国则是世界上最大的发展中国家，人口多、不发达，是中国的两大基本国情，目前还有 4000 多万贫困人口。同时，经过 200 多年的建设，美国已成为一个较为成熟的法治国家，拥有较完善的法律程序和司法系统。而中国改革开放开启了中国法治建设的历史进程，由于起步较晚，与西方发达国家比，中国的法律体系和司法系统还不很健全。同时，美国有着深厚的自由主义和法律至上的传统。而中国尽管传统文化中包含丰富的法制思想和人权内涵，但现代法治与人权观念形成和发展的历史则也相比较而言是短一些，诸如此类的不同还有一些。

正因为有这些差异，中美两国的民主法治建设和人权发展道路呈现出不同特点，则是顺其自然的事情。比如，美国更多地强调公民、政治权利，崇尚个人自由。个人人权也自然摆在了突出位置，表现在审前羁押问题上，我觉得，不见得准确，美方代表，更多地重视被羁押的犯罪嫌疑人的法治人权保障。而中方代表则更加关注被羁押的犯罪嫌疑人容易对更多人的人权造成危害，这就从一定意义上，体现了中国人权强调集体人权的同时，也注意个人人权的统一。在行政处罚、律师作用等问题上，也体现和反映了这样一种现象。

在讨论中还可以从一定程度上看到，在权利和义务问题上，美方可能强调权利更多一些，而中国在过去强调义务比较多，现在也注意强调权利；在公民、政治权利和经济、社会、文化权利问题上，美方代表有强调公民、政治权利更多一些的现象，中国在过去强调经济、社会、文化权利更多一些，现在也注意强调公民、政治权利。由于中美所处的背景有较大差别，出现这些不同之处是自然的。我相信，只要我们多沟通、多交流、多理解、多包容，我们在尊重法治与人权发展道路上，会有更多的共同认识。这次会议已经证实这一点。

四、展示了中美双方对多元文化的包容与尊重

文化多样性是人类社会的宝贵财富。"和"是中国传统文化的重要特征。和的思想，是中国古已有之，至今仍是魅力无穷的重要理念。美方不少代表对此也予以认同，并给予积极实践。我们这次会议，本质上是贯穿了这样的理念，并且这种理念具体呈现为四种状态：

一是人权意识。我们会议从主题到具体议题；从会上讨论，到会下切磋；从会议代表认真参会，到工作人员热心服务，各个方面，各个环节，都体现了尊重和保障人权的宗旨。科恩教授在主持会议时，说得精当、深刻：我们要保证每个人都要有发言的机会，这就是人权。可以说，尊重和保障人权也浸渗了会议的方方面面。

二是友好情感。中美双方都为友谊而来，为人权而来，更为正义而来。尤其是美方代表对中国的真情实感，希望中国不断发展进步的友好情义，令人感动。正因为中美双方彼此都有友好情感，所以才能够理智地赞扬对方的成绩，清醒地指出对方的不足。和谐、友好成为会议的靓丽景观。

三是学术理念。与会代表基本都是中美两国知名的专家学者与法律工作者。讨论中，用语规范严谨，论理深刻精准，论据确凿扎实，学术气氛浓郁，求实之气充盈，会议自始至终贯穿理论与实践紧密结合的良好学风。

四是南通氛围。南通人杰地灵、风光秀丽、舒适宜人，是闻名全国的国家文明城市、卫生城市、环保模范城市、园林城市、历史文化名城，是全国地市级最平安城市；具有浓郁的平安文化、纺织文化、旅游文化、建筑文化、教育文化、体育文化；从一定意义上可以说是一张精美名片，是

中国改革开放的名片，是中国社会进步的名片，是中国人权发展的名片。在这样的城市召开人权会议，顺其自然地浸渗在南通特色的氛围之中。南通基层的大调解机制、南通人民的亲和力、南通经济社会文化的发展状况，都给中美代表留下了深刻印象。南通人民对我们会议的精心、细致、完美的服务，也使中美代表感受极深，用约翰·沃克先生的话说，就是像到了自己家一样温暖、温馨。在此，请允许我代表主办单位，代表全体与会者，向南通市委、市政府、向为大会热忱、细心服务的全体工作人员，向各位翻译朋友表示衷心感谢。

我们的会议取得丰硕成果中还有一项重要成果，这就是大家都赞成欧伦斯先生提出这一会议要形成年会的建议。会议期间，柯恩教授进一步建议会后我们设立几个小组，就有关问题进行研究，提交报告供下次会议讨论。这一建议，已经得到许多代表的认同。中美主办方都已下决心努力把会议持续举办下去，使之成为促进中美人权交流、增进两国相互了解的重要渠道。

（2009 年 12 月 13 日）

随笔 ——战略举措

积极、合作、全面的中美关系，符合中美两国人民的根本利益，是具有全局、世界和战略意义的大事、大理、大计。

首届中美司法与人权研讨会就是以实际行动，建设积极、合作、全面的中美关系。

会议由中美非政府组织联合主办，中国国务院新闻办公室大力支持，江苏省和南通市积极协作，开创了官方与民间同力合作、专题研讨司法与人权问题的先河。

会议揭示了法治与人权最核心、最本质的关系，从保障人权、建设法治是人类政治文明进步重要标志的理性高度，展示了中外携手，官民配合，直击人权，探究法治的崭新研究形态。

会议反映了中美法治与人权发展的各自特点，贯穿了对多元文化的理解、尊重和包容，顺应了求和平、谋发展、促合作的时代潮流。

总之，这次会议是两国非政府组织参与建设积极、合作、全面中美关系的重大战略举措。这是理论与实践结合、现实与未来展望、中美视点与世界视野透析，所得出的富有历史内涵的重要结论。

2008年

中国人权的崭新形象
——国家哀悼日志

公元 2008 年 5 月 19 日至 21 日 3 天，为中国国务院决定的全国哀悼日。

公元 2008 年 5 月 19 日 14 时 28 分至 30 分 3 分钟，国旗低垂，汽笛呜咽，举国悲恸，华夏同哀。

这 3 天和 3 分钟，是最圣洁最庄严最难忘的时刻。它是 13 亿中国人民永载史册的致哀仪式：是对灾难中寂灭生命的哀悼，是对与死神不屈抗争生命的礼赞，是对人世间大亲大爱大惠的崇敬。

3 整天哀悼，3 分钟默哀，为历史长河短暂瞬间，但永远记载了中华民族几千年文明发展、中国共产党矢志履行根本宗旨、中国人权历史性进步和在国际社会获得充分尊重的崭新时刻。

三整天哀悼，三分钟默哀，为历史长河短暂瞬间，但永远记载了中华民族几千年文明发展的崭新时刻。

这是一个值得永远记忆的时刻。我国是一个自然灾害频发的国家。据权威机构统计，近 300 年来全球发生的 50 起特大自然灾害中，中国就占了 26 起。新中国成立后，自然灾害也频频发生，但灾害死亡人数大幅度下降。中国历史上任何一个时代，都无法与共产党亲民爱民惠民的社会主义制度相比拟。我们的党和政府为自然灾害死去的人民群众以不同形式进行了追思和悼念，而哀悼日则把这种追思和悼念确立为国家行为和中华民族的整体行动，这在中华民族五千多年历史上还是第一次。13 亿中国人民将铭记在心，永世不忘。

这是一个值得永远记忆的时刻。人民是历史的主人和创造者，这是马克思主义的基本原理。中国人民是中华人民共和国的伟大主人，是我们国家历史的伟大创造者。人民的生命也是我们国家和历史的生命。在漫长的封建王朝和殖民地半殖民地社会，只有帝王将相、达官贵人才能举行隆重的哀悼仪式，只有最高统治者才享有全国性的哀悼礼遇。社会主义的新中国，人民当家作主。国家曾为领导人逝世和在北约轰炸中遇难的普通公职人员下过半旗，举行过庄严隆重的哀悼仪式。这次为地震遇难的普通民众设立哀悼日，在中华民族五千多年历史上是第一次。我们以13亿中国人民的名义由衷地向伟大的党致敬，向以胡锦涛同志为总书记的卓越的党中央致敬，向蒸蒸日上的中国特色社会主义致敬。

三整天哀悼，三分钟默哀，为历史长河短暂瞬间，但永远记载了全心全意为人民服务的党和政府关爱生命、珍重人权的崭新时刻。

这是中国共产党以人为本执政理念、全心全意为人民服务根本宗旨形象展示的时刻：人的生命高于一切、人民利益高于一切、中华民族和整个人类的前途命运高于一切，是我们党矢志不渝的追求。

胡锦涛总书记在地震发生的第一时间就做出重要指示，要求尽快抢救伤员，保证灾区人民生命安全；连续主持召开三次政治局常委会，全面部署抗震救灾；亲赴灾区慰问灾民、指导工作；专程视察救灾帐篷和过渡安置房的生产情况，心系灾区、心忧灾民。敬爱的总书记，人民感谢您！

温家宝总理震后仅仅两小时就飞赴灾区，提出早一秒进入受灾地区，就能早一秒抢救生命；一直走在抗震救灾最前线，灾后72小时内，前往7个重灾区视察；连续主持召开十多次总指挥部会议，直接指挥抗震救灾；心忧灾区人民生命安全，回京几天后又重返灾区，忙碌工作。敬爱的温总理，人民感谢您！

震后第一时间，四川省委、省政府立即启动应急预案，迅速形成抗震救灾指挥系统；北川县委、县政府在办公楼完全损毁情况下，当即在空地处成立应急救援指挥小组；在理县杂谷脑镇，200多名党员在地震不到30分钟后就自发集结，4小时内救出26名受灾群众。可敬的人民公仆，人民感谢您！

在党中央统一领导下，各地党委、政府和军队紧急行动起来，迅速启动应急机制，立即派出救援队伍，全力搜救受困人员，无偿调拨救灾物资，协助打通交通、通信、电力等生命线，转移接受救治受灾群众。可敬的人民公仆，人民感谢您！

三整天哀悼，三分钟默哀，为历史长河短暂瞬间，但永远记载了中国人权历史性进步的崭新时刻。

　　这一时刻，彰显了党和政府对人民生命权的高度珍重。人的生命至高无上，生命权是最基本的人权。对人权的尊重，首先表现为对生命权的尊重。这是维护和保障人权的基本前提。国家对地震遇难同胞的悼念，体现了对公民生命权的尊重。

　　这一时刻，体现了党和政府对人民政治权利的切实尊重。国家对地震遇难同胞的悼念，既是对生命的尊重，也是对作为国家主人的遇难同胞公民尊严和政治权利的尊重。震情发生后，许多社会有识之士倡议设立哀悼日。党和政府采纳这种建议，本身就是尊重公民政治权利的体现。

　　这一时刻，展示了党和政府对人民文化权利的着力维护。敬畏尊重生命，为死者庄严举哀，是中华民族的传统习俗，是人民群众行已久远的价值理念，本质上是一种文化和文化权利的实践。设立哀悼日，就是对这种文化和文化权利的尊重和维护。

　　这一时刻，包含了中国人权历史、现实、未来极其丰富的内涵。社会各界可歌可泣的救援行动，在党和政府的组织引导下有序进行，这与灾害本身的震撼和召唤密切相关，更与中华民族同舟共济、万众一心的行为追求血脉相连，这实际上也是人民群众经济、社会及诸多权利的生动实践和具体表现。

　　三整天哀悼，三分钟默哀，为历史长河短暂瞬间，但永远记载了党和政府领导人民维护人权、战胜灾难的信心和决心的崭新时刻。

　　这个时刻，哀痛庄严表达。"5·12"汶川大地震中遇难者的第一个七日，举国降半旗致哀。这是人民表达追思、哀思、深思的一种神圣仪式，昭示了党和政府对人民群众生命的尊重和关爱，彰显了公民尊严和人性光辉。

　　这个时刻，力量更加凝聚。抗震救灾、重建家园，是一项长期艰巨的任务。党和政府在紧张有序的抗震救灾过程中，为罹难者举行隆重悼念仪式，向全世界展示了中国人民战胜灾害、重建家园、创造幸福的信心、决心和能力，宣示了中华民族的坚韧不拔和刚毅伟大，收获了全民族的凝聚和团结，这无疑成为抗震救灾的一次新动员、新起点、新行动。

　　三整天哀悼，三分钟默哀，为历史长河短暂瞬间，但永远记载了中国人权在国际社会获得充分尊重的崭新时刻。

123

这是中国人权广受关注和支持的时刻。哀悼日的设立，本身就是中国人权前所未有的历史进步，它以实际行动宣示了生命至上、人性至尊的人类共同价值观，赢得国际社会的广泛认同。秘鲁、科摩罗、佛得角也确立了全国哀悼日，为中国地震遇难者下半旗致哀。无论是发达国家还是发展中国家、世界大国还是中小国家、政界要人还是普通民众，甚至那些对中国有误解、抱有敌意的媒体都给予积极评价。

这是中国人权广受肯定和赞誉的时刻。善行天下，广得人心。美国总统布什表示，非常钦佩中国人民的"慷慨互助精神"和"坚强品格"；英国首相布朗说，中国人民表现出的顽强精神是伟大的；法国外长库什内形容，那是"充分体现人性光辉的救援活动"。数以千万计的国际友人都对哀悼日赞不绝口，这不仅是出于人道主义的赞许，更重要的是对正义、光明、进步的赞同，这实质也是对中国人权的进一步理解和肯定。

（2008 年 5 月 28 日）

随笔 ——为"补篮"喝彩

篮球运动有"补篮"一说，一球未中再补一球，即为"补篮"。这一补之技，往往凸显技艺，最具品位；这一补之景，往往迅夺眼球，最挠人心。此景此况，我们会击掌呼好，叫绝喝彩。这就是"补篮"的魅力、喝彩的动力，这就是大千世界"补篮"、喝彩的舞台风采。

《中国人权的崭新形象》就是"补篮"之作。

震惊世界的"5·12"汶川大地震发生后，党和政府在第一时间采取了一系列救援措施。在遇难者的第一个七日，国务院又决定从 5 月 19 日至 21 日三天为全国哀悼日，同时，决定 5 月 19 日 14 时 28 分至 30 分三分钟，国旗低垂，举国默哀。这是人民表达追思、哀思、深思的一种神圣仪式，昭示了党和政府对人民群众生命的尊重和关爱，彰显了公民尊严和人性光辉。

三整天哀悼，三分钟默哀，这三天和三分钟，是最圣洁最庄严最难忘的时刻。它是 13 亿中国人民永载史册的致哀仪式：是对灾难中寂灭生命哀悼，是对与死神不屈抗争生命礼赞，是对人世间大亲大爱大惠崇敬。

为了永远记载中华民族几千年文明发展、中国共产党矢志履行根本宗旨、中国人权历史性进步和在国际社会获得充分尊重的崭新时刻，我们决定编辑出版《哀悼日》一书。责任编辑紧张忙碌，很快就把书的小样稿送到我的面前，并说少一篇起劲的文章。我看了一下稿子，言之有据，确实如此。我又问，你认为什么样的文章才有劲？编辑说，思想深刻，语言优美，言之有理。再请别人来写，已来不及。我们自己写吧。于是，我和同事利用周日半天时间写就了这篇文章。编辑一看，连声叫好。"补篮"初显成功！

　　图书发行后，读者连连称赞，各方给予好评，被国家相关部门评为优秀图书。"补篮"大获成功！

　　这是两次"补篮"，编辑发现问题为一，我们迅急拟文为二。两次"补篮"，两投两中，百发百中，精彩！

　　这是两次喝彩，编辑赞誉为一，读者称赞为二。两次喝彩，惠及社会，精彩！

　　我衷心希望各行各业、各项工作、各位同志，都一投即中，一举成功；也衷心希望一投有失，再投必成！同时，衷心希望不屈不挠，直至成功！

　　我们为"补篮"成功喝彩，也为"补篮"有失喝彩，因为它，勇气可嘉，激情可嘉，精神可嘉，给自己与他人以成功的希望可嘉！

　　我们高举双臂，放喉高歌，为"补篮"喝彩！为普天之下的"补篮"行为、追求和企盼喝彩！

抗震救灾彰显中国人权崭新形象

2008 年 5 月 12 日 14 时 28 分，汶川发生特大地震，数万人罹难，数十万人受伤，举国震惊，举世关注。从地震发生的那一刻起，党和政府领导中国人民展开了一场气壮山河、撼天动地的伟大斗争。

与巨大灾难的殊死搏斗，展现了我们党以人为本、执政为民的执政理念，人民利益高于一切、全心全意为人民服务的根本宗旨；展现了中华民族万众一心、众志成城、百折不挠、英勇奋斗的伟大精神；展现了改革开放 30 年来中国人权的历史性进步以及国际社会对中国人权进步的理解和肯定，闪烁着人性、人权、文明、进步的光辉。

一、抗震救灾体现了人民的生命权至高无上

人的生命高于一切，生命权是最基本的人权。尊重和保障人权，首要的是尊重和保障生命权。抗震救灾彰显了在共和国的土地上，人的生命权至高无上。

心系 13 亿人民的党和政府，时刻关怀着每一个中国人的疾苦和生命安危。胡锦涛总书记在地震后第一时间作出重要指示：尽快抢救伤员，保证灾区人民生命安全；连续主持召开中央政治局常委会议和政治局会议，反复强调只要有一线希望，就要尽一切努力抢救被困群众；迅速亲赴灾区第一线，直接指挥，抢救生命，慰问受灾群众。温家宝总理震后两小时就飞赴灾区，中央其他领导同志也迅速奔往灾区，指挥救灾。

中央和地方各级党委、政府紧急行动抢救生命，速度、力度和规模前所未有。第一时间，国务院第一次启动Ⅰ级救灾应急响应，地震、民政、

军队、政法、卫生、交通、水利、电力、通信等系统迅即行动；第一时间，四川、陕西、甘肃等灾区的各级党委、政府迅速部署救灾，组织群众自救自助；第一时间，其他省市区积极行动，一支支救援队伍、一批批救灾物资以最快速度运往灾区。如此迅速反应和紧急部署，不仅展示了党和政府强有力的执政能力，而且体现了对人民生命的尊重、人权的珍爱。

解放军和武警部队官兵云集灾区抢救生命，规模之大、速度之快前所未有。14 万官兵从四面八方昼夜兼程、多路突进，迅速抵达救灾一线，创造了我国军队紧急集结和航空运输的新纪录。近 400 支专业救援队奋战第一线，全力搜救被困群众。医疗救治队伍覆盖灾区每个村镇，9 万多名医护人员紧急救治几十万伤员，向 20 个省区市转运 1 万多名重伤员。

20 多万志愿者奔赴一线抢救生命前所未有。在废墟上、公路旁、医院里，在任何与抢救生命有关的地方，到处都有志愿者忙碌的身影。在灾区和祖国各地，无数志愿者默默奉献，维持秩序、疏导心理、组织募捐、运送物资。这一我国历史上规模最大的志愿者行动，体现了中国公民强烈的社会责任意识，彰显了人道主义光辉。

接纳境外救援队前往灾区抢救生命前所未有。允许台湾地区在海峡两岸没有直接通航的情况下，派出救援队专机直抵成都。同意日本、俄罗斯、韩国、新加坡派遣专业救援队奔赴灾区。俄罗斯、日本、意大利、德国等 11 个国家和地区的数百名医疗队员赶赴灾区，实施人道主义援助。

为自然灾害中的遇难者设立全国哀悼日前所未有。为深切哀悼汶川大地震遇难同胞，国务院决定 5 月 19 日至 21 日为全国哀悼日，全国和各驻外机构下半旗致哀。5 月 19 日 14 时 28 分起，全国人民，上至党和国家领导人，下至黎民百姓，默哀 3 分钟。这在共和国历史和中华民族历史上都是第一次，充分体现了对生命的崇敬。

二、抗震救灾展示了人民群众的政治权利得到切实保障

人民群众在抗震救灾中享有充分的知情权。地震后 10 多分钟，我国媒体就发布信息。《人民日报》、《新华社》、《光明日报》、《经济日报》、中央人民广播电台、中央电视台、中国国际广播电台等中央主要媒体和各地方媒体全方位播发抗震救灾信息。国务院新闻办公室和四川省人民政府连续 20 多天每天召开新闻发布会，及时、准确、全面、透明地向国内外公开救灾信息。

人民群众在抗震救灾中享有充分的表达权。从中央到地方，从政府到人民团体、社会组织采取多种措施，让人民群众充分表达抗震救灾的意愿和建议。各类媒体大篇幅、广角度、多层面反映人民在抗震救灾中的感想和意见。2亿多网民通过博客、论坛等方式，直接表达抗震救灾的所思所想，成为中国言论自由的生动展现。

人民群众在抗震救灾中享有充分的监督权。全国人大、全国政协及时召开会议，听取审议国务院有关情况报告，邀请社会各方面人士共商抗震救灾大计。人民群众采取多种形式监督各级公务人员在抗震救灾中的所作所为，监督救灾款物的管理使用。中央有关部门顺应群众意愿，定期公布捐赠款物的监督检查情况。

人民群众在抗震救灾中享有充分的参与权。依据《突发事件应对法》、《防震减灾法》等相关法律法规，人民群众在党和政府的领导下，从实际出发，积极主动地了解情况、表达意愿、监督公务人员和相关工作的进展状况，全力以赴地参与和做好抗震救灾工作，表现出良好的法律意识和强烈的社会责任感。

三、抗震救灾彰显了人民的经济权利得到有力保障

国家投入巨额款物，保障人民的基本经济权益。截至6月25日12时，中央财政投入抗震救灾资金496.05亿元，地方财政投入50.67亿元，共计546.72亿元。危难时刻，党和政府源源不断向灾区运送帐篷、被褥、衣物、燃油、煤炭等物资，缓解了灾区群众的燃眉之急。

经济权利得到保障的人民群众踊跃捐献。从政府官员到普通百姓，从城镇市民到农村居民，从退休老人到稚幼孩童，踊跃捐献，争相奉献。这是人道主义精神的崇高展现，也是人民群众享有广泛经济权利的生动体现。

灾区全力开展生产自救，保障群众基本经济权利。灾区各级党委和政府迅速调运种子、化肥等农用生产资料，组织部队官兵和党员干部协助农民抢收抢种；保障能源、原材料等生产物资供应，推出减免受灾企业税费的优惠政策；实施就业援助和培训制度，组织多批务工人员前往外省市就业……这有力维护了灾区经济社会稳定，保障了人民劳动权、获得报酬权等经济权利。

灾后重建促进人民群众基本经济权利的实现。着眼灾区人民的长远生

计和发展，中央明确要求"举全国之力"进行灾后重建。中央财政今年安排灾区恢复重建基金700亿元，明后两年将继续作出相应安排。有关地方财政也将相应建立灾后恢复重建基金。中央决定建立对口支援机制，组织东中部的19个省市对口支援四川省18个重灾县（市）和甘肃、陕西两省受灾地区。

四、抗震救灾反映了人民的文化权利得到显著提高

以人为本的社会主义核心价值理念得到升华。胡锦涛总书记和其他中央领导同志亲临灾区第一线，慰问灾民，指挥抗震救灾。党和政府组织社会各方面力量，抢救生命，救治伤员；想方设法，安置群众；组织自救，恢复生产；抢修校舍，恢复教学；科学规划，重建家园。抗震救灾的全部工作前所未有地诠释着以人为本的社会主义核心价值。

中华民族优秀传统发扬光大。灾难发生，多少人失去亲人，流着眼泪投入救灾；多少人担起遇难同事的工作，日夜操劳奔波；又有多少人冒着余震，清理废墟重建家园。化悲痛为力量，顽强生活，创造未来，是中华民族对逝者最好的纪念。

思想文化活动有效开展。中央和地方的各种媒体，及时传播党、政府和整个社会对灾区的关怀，浸润和温暖着受灾群众的心灵。心理专家循循善诱，疏导群众情绪，医治精神创伤。文艺工作者用歌声、真情，慰问灾民，传递爱心。抗震救灾的一册册图书，一个个展览，一场场英模报告，反映了撼天动地、气壮山河的这场伟大斗争，展现了中国人民的英雄本色。

五、抗震救灾展现人民享有广泛的社会权利

救助和抚恤体现了人民群众享有的社会权利。保障几千万受灾群众的吃、穿、住、行，任务艰巨。国家在3个月内，向灾区困难群众每人每天发放1斤口粮和10元补助金，为孤儿、孤老和孤残人员每人每月提供600元基本生活费。截至6月25日，政府已向灾区调运帐篷150多万顶、被子480多万床、衣物1410多万件，安装33万多套过渡安置房。

卫生防疫保障灾区群众的健康权。党和政府把卫生防疫工作作为一项重大任务，确保大灾之后无大疫。民政部、公安部、卫生部联合提出遇难者遗体处理方式和卫生防疫的明确要求。农业部全力防控灾区动物疫情。

国家药监局实地协调救灾急需药品及医疗器械的问题。至今没有发生重大传染病突发事件。

及时复课保障灾区学生的受教育权。党和政府优先安排教学用房，使灾区学生尽快复课。东中部各省市热情欢迎灾区转读学生。教育部门宣布重灾区延期举行高考；对考上大学的孤残学生免收学费，提供生活费补助；对没能考上大学的孤残学生，实行免费就读中等职业学校。

民间救援行动体现群众积极参与公共事业的社会权利。中国红十字会总会及地方各级红十字会接收捐赠款物百亿元人民币，超过新中国成立后该会募集金额数的总和。中华慈善总会已接收各界捐赠款物近10亿元。中国人权发展基金会等人权组织捐款捐物，编印抗震救灾的系列图书，组织精干文艺团队赴灾区慰问演出。各种志愿者团队、网络社群、企业协会等新型民间组织第一时间奔赴灾区，搜救生命，安置灾民，慰藉心灵。

六、抗震救灾增进了国际社会对中国人权的认识和理解

汶川地震震惊世界，中国政府以人为本，迅捷、高效、强有力的救援行动，展现了生命至上、珍重人权的崭新形象，赢得了国际社会的理解和肯定。

联合国秘书长潘基文说，中国表现出的力量、韧性和勇气给世界留下了非常深刻的印象。印度国大党主席索尼娅·甘地认为，胡锦涛总书记和中国政府在抗震救灾中起到了无可挑剔的表率作用。新加坡《联合早报》评论说，中国政府的举动显示出"人民利益高于一切，以人为本的理念正在扎实推进"。德国《明星》周刊指出，中国因为这次救灾中表现的人道主义光芒、勇敢与毅力而赢得了世界的尊敬。

中国及时透明公开灾情，尊重人权，受到国际社会好评。英国广播公司认为，中国媒体对伤亡人数、救援进展、潜在危险、八方援助等许多方面作了详细报道，十分透明。《国际先驱论坛报》称，中国对地震的反应不同寻常的公开。《金融时报》说，中国政府丝毫不掩盖地震的严重程度，值得称赞。日本《每日新闻》指出，中国政府正以一种前所未有的包容度来支持信息的流通。

中国接受国际援助，珍爱人权，博得国际社会赞许。西方媒体评论到，中国不拒绝外国援助，体现出大国的自信和人道主义精神。当中国向国际社会发出"需要330万顶帐篷"呼吁时，法国《费加罗报》说，这证

明了中国政府把受灾群众需要放在首位，中国以一种更开放的态度接受援助，国际对中国的信任不断增强。

七、抗震救灾彰显中国人权历史性进步的启示

汶川地震特大灾难，无疑给中华民族带来巨大悲伤。同时，抗震救灾蕴含着中国政治、经济、文化、社会发展进步的新契机，展示出中国人权历史性进步，再次彰显了党的领导、社会主义制度、改革开放和民族精神，是我们事业前进的根本保障。

根本所在是党的领导。在这样短的时间内，我们能够取得抗震救灾斗争的重大阶段性胜利，彰显出中国人权的历史性进步，根本原因在于以胡锦涛同志为总书记的党中央坚强领导，在于各级党组织砥柱中流，在于广大共产党员充分发挥先锋模范作用。实践再一次证明，坚持党的领导，是夺取抗震救灾全面胜利、不断推进中国特色社会主义伟大事业的根本所在。

根本保证是社会主义制度。抗震救灾中，救援队伍快速集结，各种资源有效调配，巨额款项及时拨付，社会秩序总体稳定。这生动地体现了高举旗帜，服从大局；一方有难，八方支援；纪律严明，政令畅通；团结协作，步调一致；动员迅速，讲究时效的社会主义制度的政治、组织和效率优势，也进一步彰显了社会主义尊重保障人权，举全国之力办大事、办难事的优越性。实践再一次证明，坚持社会主义制度，是夺取抗震救灾全面胜利的根本保证。

坚实基础是改革开放。30 年的改革开放，中国面貌发生历史性变化：经济总量跃居世界第四，综合国力不断增强，科技水平显著提高，人民生活总体实现小康，政治、文化、社会建设取得举世瞩目的成就。这为我们战胜一切困难和自然灾害，奠定了坚实基础。实践再一次证明，坚持改革开放，是夺取抗震救灾全面胜利、发展中国特色社会主义的关键所在。

凝聚力源自伟大的民族精神。惊天地、泣鬼神的抗震救灾斗争充分展现出中华儿女巨大的凝聚力和向心力。这场伟大斗争弘扬了万众一心，众志成城；不畏艰险，百折不挠；舍己为人，无私奉献；自力更生，艰苦奋斗的以爱国主义为核心的民族精神。这场伟大斗争彰显了文明进步，民主开放；和谐合作，和平发展；公开公正，崇尚法治；珍爱生命，尊重人权的以改革创新为核心的时代精神，为我们的民族精神注入了新的生机和活

力。实践再一次证明，继承和发扬伟大的民族精神，是凝聚中华儿女夺取抗震救灾全面胜利，乃至实现中华民族伟大复兴的力量源泉。

（《人民日报》2008 年 7 月 5 日）

随笔 ——党给了我第二次生命

地崩天裂，
举世惊魂，
他，被压在了瓦砾下，
死神逼近，
极度恐惧，
难道真的就此死去，
不，不，不，
怎么办，
万念俱灭，
只有一个信念始终蹦跃，
党组织会来救我，
会来救我，
党会来救我，
慢慢失去知觉，
醒来换得白衣天使满心愉悦，
是党给了我第二次生命，
一位亲历汶川地震的人如此叙说。

世界和谐是人权事业的崇高追求

——在第九届中德人权研讨会上的总结发言

在中德两国政府的关心支持下，与会各方和全体与会人员共同努力，会议完成了各项程序，即将胜利闭幕，取得圆满成功。总结会议，大家认为：

一、研讨会之所以圆满成功，是因为顺应了和平与发展的世界进步潮流

和平与发展是当今世界的主题。1999年中德人权研讨会就在和平与发展的大趋势下应运而生。历届研讨会一以贯之地坚持了和平与发展的时代理念，逐渐形成了相互尊重、平等交流、求同存异、增进理解的行为规范，在中德两国和欧盟国家产生了广泛影响。我国坚持走中国特色社会主义道路，对内建设和谐社会，对外倡导构建和谐世界，在国际社会引起良好反响。这次研讨会"人权与和谐社会"的主题，源自格梅林女士的卓越提议，这不仅是因为中国现在积极倡导建设和谐社会，也不仅仅是格梅林女士个人的远见卓识，更重要的是反应了"和谐"已成为中德两国非政府组织乃至国际社会的共同追求，成为一个任何个人、任何社会势力都不可逆转的必然趋势。实践证明，我们的会议主题已经得到与会者的一致认同和积极实践，会议对个人人权、集体人权与和谐社会的认真探究，对民主权利与和谐社会的交锋切磋，对司法体制与和谐社会的热烈研讨，都是从国际视野、和平高度阐述理念，激扬思想。与会者沐浴和平与发展的阳光，享受着自由、和谐、和平的人权欢愉，渗透和展现着和平与发展的时代风采。

二、研讨会之所以圆满成功，是因为紧扣了中国特色社会主义发展的时代脉搏

德国朋友认为，中国共产党和中国政府当代最突出的创新是，高举中国特色社会主义伟大旗帜，开辟了中国特色社会主义道路，开创了中国特色社会主义理论体系。中国发展进步具有重要决定意义的动力是解放思想、改革开放。我们的九届研讨会从本质上讲，是解放思想、改革开放的成果。这次研讨会"人权与和谐社会"的主题，探寻的是当代社会最本质的话题。和谐已经与解放和发展生产力、共同富裕、人民民主一起成为中国特色社会主义的本质属性。民主法治、公平正义、诚信友爱、充满活力、安定有序、人与自然和谐相处，是和谐社会的基本特征，充盈着人权的内容、理念和追求。正因为如此，我们和德国朋友携手努力，共同开拓，促使这次会议在诸多方面都有所进展和创新。会议内容，从一般的人权概念扩及具体实在的个人人权、集体人权，从一般的民主概念扩及具体实在的民主形式、过程、本质和目的，从一般的司法概念扩及具体实在的和谐执法、公正执法、人性化执法；会议方式，从传统封闭的会场开到了开放的大学校园，开到了被誉为中国最高学府、声名远播的清华大学，开到了被誉为未来警官摇篮、严肃活泼的中国人民公安大学；会议涉及的学科，从法学、社会学、政治学扩及文字学、文化学、传播学等，从较单一学科向跨学科、综合领域发展。这是创新理念、开放意识、宽阔视野的生动体现，是中国作为发展中大国自信心增强的具体展现。从根本上说，这是中国特色社会主义、是改革开放给予会议的自信、勇气和力量。

三、研讨会之所以圆满成功，是因为适应了中德两国人民发展友好关系的共同愿望

我们的研讨会从一定意义上看，凝聚着中德两国友好交往的历史积淀。中德两国交往久远，中国人民对德国怀有源远流长的友好情感。从14世纪两国最早有往来计起，至少也有600多年历史。最重要的是，马克思、恩格斯两个伟大德国人的科学理论，指引着我们高扬起改革开放的时代旗帜，推动着中国这样一个有着五千年历史的文明古国发生翻天覆地的历史性巨变。自1972年建交以来，中德两国关系得到迅速、全面发展。两国在重大国际和地区事务中保持着沟通与合作，在经济、文化、青年、法律等

领域交流合作成效显著。中德人权研讨会是两国战略对话的重要组成部分，已成为两国人民友好交往的生动体现。我们注意到，格梅林女士长期对华友好，尤其是在德国一些媒体歪曲、诋毁、抹黑中国的情况下，尊重事实，仗义执言，多次发表谈话，客观、公正地评价中国。就是在这样一个时期，许许多多中国人记住了格梅林女士的名字。我们中国人权发展基金会为有格梅林女士这样的朋友感到欣慰。这次研讨会，格梅林女士又发表了高屋建瓴、热情洋溢的精彩演讲，实事求是地分析中国人权的历史、现实和未来，在充分肯定中国人权进步的同时，不讳言不足和问题，是我们的挚友和诤友。不仅仅是格梅林女士如此，德方代表团的库普夫女士、宾迪希先生、斯特莱瑟先生、盖格尔先生、费希特先生、斯维尔森斯基先生等全体成员同样是对华友好、值得信赖的朋友。我们的研讨会应中德两国友好交往而生，顺两国关系发展而进展，对进一步增进中德友谊必将继续产生积极、深刻而广泛的影响。

四、研讨会之所以圆满成功，是因为合乎国际人权交流的内在规律

九届研讨会的历程有着共同的内在规律。理论上，从一般到个别，又从个别到一般，共性与个性统一。实践上，注意总结实践经验，上升为理论，又用理论指导实践，知与行统一。这次研讨会又从理论和实践的结合上，进一步实证和实践了这一规律。会议既有人权概念、人权实践的个案分析，又有综合、系统的人权理论、人权实践的探讨，既有共同认识和相对趋近的看法，也有分歧意见和明显不同的观点。德方对中国贯彻落实以人为本的科学发展观，中国人权发展进入全面、协调、可持续的历史最好时期，给予充分肯定和高度评价；中方对德国人权发展成就表示称赞和诚挚祝贺。在人权基本理念、国际人权合作原则、和谐社会建设等问题上，双方认识趋于一致和基本相同，都认为尊严、自由、平等是人权的基本内涵，尊重和保障人权是人类共同价值观，是当今世界社会进步和现代文明的鲜明标志；人权问题是国际人权交流与合作重要主题，坚持对话、反对对抗是国际人权合作的正确原则；人权与和谐社会建设紧密相连、相辅相成、相互促进等。在个人权利、民主及司法体制等问题上，中德双方存有不同认识。尤其在民主问题讨论中，双方尽管在追求民主的愿望上观点趋近，但在追求什么样的民主、怎样追求民主的问题上交锋激烈，分歧明

显，这有待于今后继续研讨，更重要的是各自阐述的观点需要在实践中进一步实证和检验。

（2008 年 10 月 22 日）

随 笔——中德人权民间交流的九大进步

以第九届中德人权研讨会成功举行为标志，中德人权民间交流走过了九年历程，取得了九大进步：

一、关于人权起源问题的认识分歧趋向减少。西方国家一致的观点是，天赋人权，天经地义。德方也持这一观点。对我方关于人权的社会性和历史性观点，对人权是历史、社会和商品经济发展的产物的理念，原先持激烈反对态度。现在德方一些人认为，中方观点有事实依据，有现实积极意义，也可以借鉴参考。

二、关于人权内容问题的见解趋于一致。西方多数国家认为，政治权利和公民权利是人权，其他方面不应列入人权范围。我们认为，生存权和发展权是首要人权，公民和政治、经济、社会、文化权利都是人权的重要组成部分。德方愈来愈多的人认为，中方的观点述之有据，言之有理，尤其在发展中国家具有普遍的现实意义。

三、关于人权普遍性和特殊性问题的认识分歧渐行趋减。西方国家主要强调人权的普遍性原则。我们则认为，人权是普遍性和特殊性的统一，人权普遍性原则必须同各国国情相结合。各种人权模式都是人权普遍性的特殊表现，都为人权普遍性的发展、升华提供了实证和经验。德方现在不少人对我们的观点持赞同态度。

四、关于个人人权和集体人权问题的认识较为接近。西方国家自由主义精神是社会的主流意识，因而主要强调个人人权。我们过去多是倡导集体主义精神，因而重点强调集体人权。现在我们倡导个人、集体、国家三者有机融合，由此更加强调个人人权和集体人权的有机统一。德方绝大多数人同意我们的观点，认为个人人权和集体人权的统一，合于实际，合于规律，与事物发展的客观逻辑相一致。

五、关于权利与义务问题的认识趋向吻合。西方国家普遍强调权利，我们过去则重点强调义务。现在我们强调权利与义务统一。真正实践了马克思一贯主张的权利与义务统一的思想。德方认为，中方的观点经得起实践和历史的检验，应当给予肯定和支持。

六、关于人权与主权问题的分歧认识有所减少。西方国家普遍一致的观点是，人权高于主权。我们则认为，人权归根结底是一个国家的内政问题，是国家尊严和主权的重要体现。人权高于主权，本质上是以人权为名干涉他国内政，违反了国际法的基本原则。德方过去对我方观点持激烈反对态度，现在也有一些人认为，中方观点论理严谨，具有广泛和积极的实践意义。

七、关于死刑问题的对立认识明显向缓。德方认为，维护人权，就要坚决废除死刑。我们认为，废除死刑是人权发展的美好状态，我们向往并为之积极努力。制定死缓和死刑由最高法院核准等法律法规，是我们限制和最大限度减少死刑的有效措施。杀人者偿命，是我们民族的一种传统理念和行为方式，得到了广大人民群众的支持和赞同。惩罚杀人罪犯，深得民心。这在一些西方发达国家也同样如此。德方现在一些人对我们的做法表示理解。

八、关于人权发展模式问题认识基本一致。人权的民族性、国情性、阶段性和历史性等决定了人权发展模式，不可能整齐划一，必然呈现出丰富多彩的个性特色。中德双方对此基本取得共识。尤其是对中国高度重视生存权、发展权的重要地位，同时重视公民、政治、经济、社会、文化权利和个人、集体权利的综合发展；以稳定为前提，发展为关键，改革为动力，法律为保障，道德为必不可少的支持力量；加强国际人权的交流合作的发展模式，德方给予高度认同。

九、关于世界人权发展途径的认识逐步趋同。坚持对话和合作是世界人权事业发展的正确途径。对话、促进和睦、和解和合作，是当今国际人权交往的必由之路，是任何人任何势力都无法阻挡的时代潮流。对抗，制造矛盾、摩擦和隔阂，为国际社会所唾弃。中德双方对此认识基本趋同，这是连续九届人权研讨会取得的重要共识。

人权理念的进步主要集中在前八个方面，人权发展模式、发展途径则表现在八、九两个方面。

高擎人权与和平的旗帜

——在第七届历史认知与东亚和平论坛上的发言

第七届历史认知与东亚和平论坛在中日韩三国与会者的共同努力下，即将顺利完成各项议程胜利闭幕，总结这次会议，我们认为，有四个突出特点：

一、履行崇高责任，升华东亚历史认知

中日韩全体与会人员满怀对历史负责、对现实负责、对未来负责的崇高责任感，以守护史实为己任，忠实记录和评述历史；以维护世界和平为己任，深刻总结和借鉴历史；以益于人类文明为己任，深入学习和理性代表历史。

首先是客观记录历史。会议无论从三国代表致辞到三个基调报告，从17个专题发言到相对应的专题评论，从数十个自由提问到相应的问题解答，都贯穿了真实记录历史的行为指向。

其次是深刻总结历史。会议代表从历史认识跨越国界、和平与和解的探索、"创伤后应激障碍"、在接触中弥合、传统的创造与国家观、国家和个人记忆、慰安妇问题、战后责任与民族主义、东亚历史和解与共同教材、中学生视野中的东亚关系、历史教育成果、传统国家观以及欧洲经验等一系列问题中，总结经验，探索规律，取得了积极的研究成果。

第三是深入学习历史。历史本身就是一本教科书，记录历史、总结历史也就是借鉴历史、学习历史的过程。同时，会议还显现出了学习历史更高更深层次的含义，这就是：服从服务于东亚与世界和平，服从服务于人类文明进步。

第四是理性代表历史。关于"历史代表"理论在学界趋于一致的认识是：每个人在叙述、评说历史时实际上就是在一定程度上自觉不自觉地代表历史。正是从这个意义上说，我们的会议本质上是在为历史代言。会议代表坚持正义、追求真理、叙述历史、超越历史的发言，实际上是对历史上形形色色的歪曲捏造历史的谎言代表、逆历史潮流而动的反动代表的尖锐批判，展示了和平、进步、富有崇高责任感的历史代表者形象。

二、坚持世界眼光，拓展东亚历史认知

　　东亚历史是亚洲和世界历史的有机组成部分。我们的会议坚持运用世界眼光，从视野、内容、领域、人员等诸方面进一步拓展了东亚历史认知。

　　会议研讨从"东亚史观"向"亚洲史观"拓展，视野更为开阔。我们的论坛从第一届开始，就已经突破"一国史观"，延伸到了"东亚史观"。这次会议又进一步扩展视野，从亚洲扩及世界。

　　会议从"东亚区域"向"欧美区域"延伸，领域更为宽广。欧洲国家共同研究历史已有40年之久，中日韩共同进行历史研究只是近年之事。与会代表认真总结欧洲经验，注意中日韩在与欧洲历史研究上的差异，这对进一步搞好东亚历史研究具有积极意义。会议代表同时建议，研讨会要从中日韩三国的会场走出亚洲，步向欧美国家，面向世界，扩大影响。

　　会议从"重点专注"向"全面重视"推进，内容更为丰富。会议在继续关注南京大屠杀、慰安妇、化学武器伤害、劳工、战俘史实证据资料的同时，更加注意史实的社会背景、关键细节、长远影响等一系列相互关联的问题研究。在研究南京大屠杀枪杀、强奸、抢劫、焚烧等史实的同时，注意研究"创伤后应激障碍"（PTSD）等问题。这种全面性与重点性相统一的特色，在慰安妇等问题的研究上也同样得到了体现。日本学者关于日本战后始终存在否认侵略战争历史的原因分析、关于日本政界家族承接对历史认识影响的研究，关于本国宪法对正确历史认知作用的探索，韩国学者关于西方国家在东亚历史问题上的责任探究、关于韩国新右派对于慰安妇问题态度的分析等都很有见解，对会议全面研究东亚历史问题具有启发意义。

　　我们还注意到，这次与会人员从中日韩三国向欧美国家扩延，代表性更为广泛。会议荣幸地请到了德国盖尔研究所的几位嘉宾，使会议更具国

际色彩。中日韩三国代表踊跃与会，人数趋增。代表建议，下次会议邀请中国台湾与朝鲜代表参加。三国联席会议已同意这一建议。

三、实践正确理念，引领东亚历史认知

我们的会议实践了四个正确理念，并形成规范，引领行动。

一是直面历史、求真务实的理念。实事求是者是真正的君子，我们对日本学者敢于正视历史的态度深表钦佩；践行良知者是仁人志士，我们对韩国学者鞭挞邪恶的义举由衷赞扬；坚持真理者是儒雅之士，我们对中国学者的深明大义真诚致谢。

二是以史为鉴、面向未来的理念。总结历史，以史明志，珍重和平，开创未来，是会议以一贯之的价值追求。会议代表永志历史、守望和平的名言反映了大家的共同心声。中日韩代表介绍，三国注重在青年学生中开展尊重历史、维护和平的教育颇具远见，很有意义。

三是以人为本、珍重人权的理念。我们的会议自始至终贯穿人权理念。这不仅仅是因为我们人权组织参与主办会议，更重要的是因为尊重和保障人权已成为人类进步的鲜明标志，人权问题已成为国际交流与合作的重要主题，已成为联合国与和平、发展并驾齐驱的时代理念，也顺理成章的成为我们义无反顾的实际行动。

四是平等交流、求同存异的理念。世界丰富多彩，中日韩三国对东亚历史的认知观点纷呈，这是历史的客观现实与规律反映。和平、友谊是大义。我们的会议在相互尊重、真诚相待的氛围中求大同、存小异是大义之举。

四、运用辩证思维，正确认识东亚历史认知的诸多关系

东亚历史内涵丰富，政治、经济、文化、社会等诸多问题交织重合；外延宽广，涉及历史，直接现实，关乎未来；整体凸显纵横交错、纷繁复杂的壮阔景观。我们的会议运用辩证思维，正确认识和处理了与东亚历史认知紧密关联的三类关系。

其一是东亚历史认知的历史价值、现实价值与未来价值的关系。会议代表紧盯东亚历史的诸多问题，是因为这些问题有着记载史实、还原史实、充盈史实的宝贵历史价值；有着认识现实、影响现实、启迪现实的宝贵时代价值；有着昭示未来、激励未来、开辟未来的宝贵未来价值。会议

在研讨问题的过程中呈现出历史、现实与未来价值相统一的良好趋势。

其二是东亚历史认知的史实问题、情感问题与政治问题的关系。东亚历史的史实问题，既涉及情感问题，又与政治问题紧密相连。会议在讨论这些问题的过程中，以益于东亚各国人民富裕、社会进步、永久和平为方式方法的取舍标准，既注意区分层次、专门研究，又注意整体、综合、立体化研究，呈现出讲实效、重结果的良好趋势。

其三是东亚历史认知的政府意志、民众意志与学界意志的关系。会议本着冷静分析、理智处事的态度；本着关注民情、重视民意的态度；本着以智慧建议政府、影响政府的态度，提出了许多益于东亚历史共识、和平进步的主张与建议，呈现出政府、民众、学界意志有机统一的良好趋势。

我们的会议短暂，但友谊长存，和平与发展的议题则为永恒。为了友谊、和平，中日韩三国学界、非政府组织代表不辞辛劳，热烈研讨；为了会议顺利、成功，翻译和各方面服务人员勤恳工作，热情奉献；为了会议传播、影响，新闻媒体积极支持，热忱报道。这次会议为我们牢牢掌握道义制高点增添了学术实力，为我们逐步掌握话语主动权增添了学术实力，为东亚历史认知的正义、进步、积极的力量增添了学术实力。我们可以绝有把握地说，会议取得圆满成功。在此请允许我代表会议主办单位向诸位表示诚挚谢意。

（2008 年 11 月 8 日）

随笔 ——泉水

和平脱胎于血与火，
但不能让血与火的战争复活，
万众一心扼住战争的喉舌，
消灭战争的呐喊不能停歇
用好每一个和谐举措，
让和平的泉水啊，淌进人们的心窝。

高举伟大旗帜前进的中国人权事业

——就改革开放30年来中国人权事业发展状况答新华社记者问

新华社北京12月10日电　今年是《世界人权宣言》发表60周年和中国改革开放30周年。多年来，中国共产党和中国政府坚持把《宣言》的基本原则同中国具体实际相结合，使之在中国特色社会主义实践中进一步充实、丰富、发展，中国人权事业取得伟大成就、实现历史性进步。日前，中国人权发展基金会副理事长兼秘书长林伯承就中国人权事业30年来的发展状况接受新华社记者专访。

记者：伴随中国特色社会主义伟大历史进程，中国人权实现了怎样的重大进展？

林伯承：改革开放30年来，人权事业作为中国特色社会主义的组成部分，伴随中国特色社会主义具有重大历史转折意义的伟大进程，实现了《世界人权宣言》的宗旨原则与基本国情有机结合，发生了世界瞩目、顺乎民意、符合中国社会发展规律的重大而深刻的变化。这主要体现在以下六个方面：

一、伴随中国以经济建设为中心的奋斗历程，中国人权焕发出健康发展、前所未有的生机活力。党的十一届三中全会果断摒弃"以阶级斗争为纲"，将全党工作重点转移到社会主义现代化建设上来，开创了中国社会主义现代化建设的新时期，成为中国人权发展的新起点。中国共产党实施现代化建设"三步走"战略，带领人民艰苦奋斗，推动我国以世界上少有的速度持续快速发展。人民生活从温饱不足发展到总体小康，中国人民稳步走上了富裕安康的广阔道路，中国人权事业蓬勃发展，为人类文明进步和世界人权事业做出了重大贡献。

二、伴随中国社会思想解放的逐步深入，中国人权呈现与时俱进的发展态势。"真理标准问题讨论"是对人的思想的大解放，也是对人权的大解放。"姓资姓社问题讨论"，以"三个有利于"为标准，极大地解放了人们思想，推动人权理念和实践发生深刻变化。"姓公姓私问题讨论"，推动全体社会成员依法平等参与社会经济事务，人的尊严和人权得到社会广泛的重视和尊重。以人为本的科学发展观，深化、升华了人权的价值、理念和实践，已经并继续对中国人权的发展产生具有历史意义的推动作用。

三、伴随中国社会主义市场经济体制的建立和逐步完善，中国人权在经济领域进而在社会各领域都发生深刻变化。从高度集中的计划经济转变到充满活力社会主义，伴随中国以经济建设为中心的奋斗历程，中国人权焕发出健康发展、前所未有的生机活力。党的十一届三中全会果断摒弃"以阶级斗争为纲"，将全党工作重点转移到社会主义现代化建设上来，开创了中国社会主义现代化建设的新时期，成为中国人权发展的新起点。中国共产党实施现代化建设"三步走"战略，带领人民艰苦奋斗，推动我国以世界上少有的速度持续快速发展。人民生活从温饱不足发展到总体小康，中国人民稳步走上了富裕安康的广阔道路，中国人权事业蓬勃发展，为人类文明进步和世界人权事业做出了重大贡献。

四、伴随中国依法治国基本方略的贯彻实施，中国人权进入了依法保障、稳步发展的健康轨道。党的十一届三中全会提出"为了保障人民民主，必须加强社会主义法制"，开启了中国民主法治的新征程，标志着我国人权保障的新开端。1999 年，"依法治国"成为宪法原则，2004 年，"国家尊重和保障人权"载入宪法，成为中国人权发展的重要里程碑。社会主义法治国家的基本框架初步建立，人权保障的法制体系基本形成，人权原则渗透到立法、执法和司法的各个环节，中国人权在可靠的法制保障下不断发展。

五、伴随中国全方位的对外开放，中国人权在前所未有的开放环境中深入发展。全方位、宽领域、深层次对外开放，形成了从沿海到沿江沿边、从东部到中西部区域梯次开放的格局，实现了从贸易到投资、从货物贸易到服务贸易领域不断拓展的全面开放。当代中国同世界的关系发生了历史性变化，中国发展离不开世界，世界繁荣稳定也离不开中国，中国的前途命运日益紧密地同世界的前途命运联系在一起。中国人权在开放中日益发展，在同世界的紧密联系中不断进步。

六、伴随深入贯彻落实科学发展观，中国人权日益进入全面协调可持续发展的崭新境界。科学发展观是中国共产党改革开放30年来理论创新中最重要成果，是我国经济社会发展的指导方针和重大战略思想。以人为本，科学发展，符合社会进步和人的全面发展的要求，实现了国家整体发展与人权发展的高度一致，彰显执政理念、执政方略、执政行为的伟大变革。全面协调可持续发展，成为中国人权始终不渝、具有伟大意义的价值理念和行为实践。

记者：30年来，在坚持中国特色社会主义道路上，中国人权取得了怎样的历史性成就？

林伯承：改革开放以来，我们坚持中国特色社会主义道路，积极保障和发展《世界人权宣言》所规定的公民、政治权利以及经济社会文化权利，从国情出发，努力维护和发展人民的生存权和发展权等其他各项人权。以中国共产党十一届三中全会、中国发表第一个人权白皮书、国家尊重和保障人权载入宪法、即将公布《国家人权行动计划》、科学发展观成为党和国家重要指导方针等具有里程碑意义的事件为标志，中国人权事业扎实发展，走出了一条具有民族气派、中国特色的发展道路，取得了举世瞩目的伟大成就。

一、中国人民的人权主体地位在改革开放中进一步彰显。中国人民在中国共产党的领导下，充分发挥创造历史、改变历史的伟大作用，推动着中国特色社会主义不断进步，推动中国社会和中国人权面貌发生历史性变化，是改革开放、社会发展、人权变化的参与者、主导者、实践者、受益者。众志成城的抗震救灾，充满志愿者笑容的北京奥运会、残奥会，进一步彰显了人民人权主体地位，展示了中国人权崭新形象。

二、中国人民的生存权和发展权在以经济建设为中心的奋斗中实现了历史性改善。1978年到2007年，中国经济实现世界少有的年均9.8%的增长速度，经济总量由世界第十跃至第四，占世界经济的份额由1.8%上升到6.0%。人民生活水平显著提高，人均国内生产总值由381元上升到18934元人民币，人均国民收入由190美元增加到2360美元。农村绝对贫困人口由2.5亿人减少到1479万人。中国用占世界7%的耕地，成功养育了占世界人口五分之一的13亿人民，这是中国对世界人权进步事业的巨大贡献。

三、中国人民的公民、政治权利在民主法制建设中得到有效保障。人民代表大会制度、中国共产党领导的多党合作和政治协商制度、民族区域自治制度以及基层群众自治制度不断完善，全国农村普遍实行了村民委员会直接选举，人民的选举权、知情权、参与权、表达权、监督权及言论自由权等得到有效保障和不断发展，人民的宗教信仰自由权、少数民族的平等权利和特殊权益得到保障。依法治国基本方略逐步贯彻落实，中国特色社会主义法律体系已基本形成。行政管理体制、司法体制改革不断深化，法治领域各个环节的人权保障得到进一步加强。

四、中国人民的基本文化权益得到更好的维护和实现。文化事业快速发展，文化基础设施建设明显加强，初步形成了覆盖城乡的公共文化服务体系。广播综合人口覆盖率达95.4%，电视综合人口覆盖率达96.6%。教育普及程度明显提高，已接近中等收入国家平均水平。人均受教育年限比改革开放前提高了3年多。2007年普通高等学校在校学生达1885万人，居世界第一。

五、中国人民的经济社会权利在全面加强社会建设中迅速发展。就业总量成倍增加。医疗卫生服务体系建设不断完善。人群健康状况持续改善，人均期望寿命由1981年的67.8岁提高到2005年的73岁，居发展中国家前列，明显高于世界平均水平。社会保障的总体框架基本形成，覆盖面不断扩大，水平不断调整提高。8300万残疾人得到社会的特殊关爱。高度重视能源资源节约和生态环境保护，人民的环境权得到有效维护。

六、中国人权国际交流合作在和平发展道路中取得重要成果。积极参加联合国人权委员会、人权理事会等机构的工作，参加《发展权利宣言》等一系列国际人权法律文书的起草和制定。已经参加包括《经济、社会及文化权利国际公约》在内的25项国际人权公约，正在积极研究批准《公民权利和政治权利国际公约》。广泛开展国际人权交流合作，与世界几十个国家举行了人权对话、磋商，积极开展国际人权斗争，中国特色人权观得到国际社会更多的理解和认同。积极参与国际和平和人道主义事务，在反恐、维和、卫生、环境等众多领域的国际合作中发挥积极作用。

改革开放以来，中国政府和人民从自己的历史和国情出发，遵循《世界人权宣言》的基本原则和人权理念，学习借鉴古今中外人类文明进步成果，加强人权宣传、教育和理论研究，不断深入具体实践，逐步形成了中国特色社会主义人权观。人权普遍性的原则必须同各国国情相结合；人权是社会全体成员的权利；人权是一个权利体系，不仅包括公民、政治权利，而且包括经济、社会、文化权利，不仅包括个人人权，还包括集体人权；生存权和发展权是首要的基本人权；人权是权利与义务的统一；稳定是实现人权的前提，发展是实现人权的关键，法治是实现人权的保障；人权在本质上是一国主权范围内的问题；对话与合作是促进国际人权发展的正确途径等。这些人权理念在人权实践中发挥了重要作用，成为中国特色社会主义理论体系的重要内容和有机组成部分。

在新的历史条件下，以胡锦涛同志为总书记的党中央总结我国发展实践，借鉴国外发展经验，适应新的发展要求，在党的十七大报告以及其他一些重要文献中，揭示、提出和阐释了一系列重要的人权理念，进一步丰富、发展了中国特色社会主义人权观。

——关于以人为本。十七大报告提出，"始终把实现好、维护好、发展好最广大人民的根本利益作为党和国家一切工作的出发点和落脚点，尊重人民主体地位，发挥人民首创精神，保障人民各项权益，走共同富裕道路，促进人的全面发展，做到发展为了人民、发展依靠人民、发展成果由人民共享。"

——关于民主法治。十七大报告提出，"人民民主是社会主义的生命""人民当家作主是社会主义民主政治的本质和核心""以党内民主带动人民民主""依法治国是社会主义民主政治的基本要求""坚持科学立法、民主立法，完善中国特色社会主义法律体系"。

——关于自由平等。十七大报告要求加强公民意识教育，树立社会主义自由平等理念，提出"依法保证全体社会成员平等参与、平等发展的权利""平等保护物权，形成各种所有制经济平等竞争、相互促进新格局""城乡劳动者平等就业""各民族一律平等，保证民族自治地方依法行使自治权"。

——关于公平正义。十七大报告提出，"实现社会公平正义是中国共产党人的一贯主张，是发展中国特色社会主义的重大任务""通过发展保障社会公平正义""把提高效率同促进社会公平结合起来""教育公平是社会公平的重要基础""注重实现基本公共服务均等化"。

——关于公民、政治权利。十七大报告提出，"从各个层次、各个领域扩大公民有序政治参与，最广泛地动员和组织人民依法管理国家事务和社会事务、管理经济和文化事业""建立健全决策权、执行权、监督权既相互制约又相互协调的权力结构和运行机制""保障人民的知情权、参与权、表达权、监督权"。

——关于经济社会文化权利。十七大报告提出，"提高居民收入在国民收入分配中的比重，提高劳动报酬在初次分配中的比重""创造条件让更多群众拥有财产性收入""让人民共享文化发展成果""把发展公益性文化事业作为保障人民基本文化权益的主要途径""加快推进以改善民生为重点的社会建设""使全体人民学有所教、劳有所得、病有所医、老有所养、住有所居"。

——关于国际人权交流合作原则。十七大报告提出，"始终不渝走和平发展道路""推动建设持久和平、共同繁荣的和谐世界""在国际关系中弘扬民主、和睦、协作、共赢精神"，昭示国际人权交往要坚持相互尊重、平等交流，倡导对话、反对对抗的原则。

中国政府和人民从自身情况出发，揭示了人权发展的基本途径。在中国共产党的十七大报告中，把中国特色社会主义伟大事业的总体布局，由经济、政治、文化"三位一体"的建设任务，扩展为包括社会建设在内的"四位一体"，第一次明确提出了建设生态文明，昭示了中国人权发展的基本途径。中国人权事业的发展，公民、政治权利，经济、社会和文化权利以及环境权等相关权利的保障，只有在全面推进社会主义经济、政治、文化、社会以及生态建设中才能实现。

记者：在进一步推进中国特色社会主义人权事业发展、深入贯彻落实科学发展观上，您还有怎样的考虑，又有哪些具体经验？

林伯承：纪念《宣言》发表60周年和改革开放30周年，最好的行动就是要高举伟大旗帜，深入贯彻落实科学发展观，在改革开放的伟大历程中，进一步实践、丰富和发展《宣言》的原则理念，不断把中国特色人权事业推向前进。

深入贯彻落实科学发展观，不断推进人权事业，就要坚持马克思主义中国化的基本方向，用马克思主义基本理论指导实践、引领行动。坚持用科学发展观和马克思主义基本理论指导中国人权事业发展，符合事物发展的内在逻辑和规律。以此为基点，我们要从发展中国特色社会主义的战略高度出发，总揽国内国际两个大局，树立世界眼光，加强战略思维，统筹谋划、认真做好人权事业各个领域、各个方面、各个环节的工作，全面推进人权发展。

深入贯彻落实科学发展观，就要认真总结经验，在实践中不断发展中国人权事业。经验主要有：

一是坚持党的领导发展人权。中国共产党是中国特色社会主义事业的坚强领导核心。中国人权取得的所有成就，归根结底是党领导的结果。坚定不移地在党的领导下发展人权事业，是时代、历史和人民的自觉选择。

二是坚持改革开放发展人权。改革开放是中国特色社会主义发展的活力源泉，充满生机活力地推动着中国人权不断发展。进一步深化改革、扩大开放，是发展中国人权事业的必由之路。

三是坚持解放思想发展人权。解放思想是中国特色社会主义发展的重要动力。在思想解放运动中求实创新，持续发展，是中国人权的真实写照。与时俱进，解放思想，是中国人权事业发展的动力所在。

四是坚持民主法治发展人权。民主法治是中国特色社会主义发展的时代特征，是人权发展的基本内涵和制度保障。进一步扩大民主、完善法治，是中国人权事业发展的内在需求。

五是坚持社会稳定发展人权。社会稳定是中国特色社会主义发展的基本要求，是和谐社会建设的有机组成部分，是人权发展的前提和基础。保持社会稳定，建设和谐社会，是中国人权继续发展的必然要求。

六是坚持民族精神发展人权。民族精神是中国特色社会主义核心价值观念体系的重要内容，是人权发展的强大精神力量。进一步弘扬以马克思主义中国化最新成果为指导、以中国特色社会主义为共同理想、以爱国主义为核心、以改革创新为时代追求的民族精神，是中国人权发展的重要力量源泉。

（2008 年 12 月 10 日）

随笔 ——出人意料

2008 年 12 月 10 日，在世界人权日这一天，新华网发表了我的答记者问：《高举伟大旗帜前进的中国人权事业》。此文的发表过程，使我体味了"出人意料"这个词的个中滋味。

"出人意料"，出自《南史·袁宪传》："宪常招引诸生与之谈论新义，出人意表，同辈咸嗟服焉。"

12月8日，新华社记者来电话说，10日准时发表我的答记者问。10日一上班，我们几个同志就观看新华网，看到了很多人权信息，唯独没有看到我的答问篇。直到10点多钟还没有看到这一信息。办公室的同志就给记者打电话询问此事，记者告知上午网上已发此文。我们几个人又上网查看，仍然没有找到。我说，下午1点多钟再问一问。下午准时再问，记者告知：请看通栏标题。我们一看，啊！醒目通栏：《高举伟大旗帜前进的中国人权事业》。真是出人意料，因为在这一通栏下有诸多名人的文章，怎么也没想到我的答问篇能领衔通栏。这是名副其实的出乎意料之外。

通过此事，我体会到：

第一，没有调查研究就没有发言权，没有正确的调查研究也没有发言权，这是至理名言。

第二，要充分相信我们媒体的权威性、公正性、透明性，这也是被实践证明的正确结论。

第三，要有充分的自信心，因为我代表的不仅是我自己，我代表的是具有广泛影响力、号召力、凝聚力的人权组织。这也是不容置疑的正确结论。

总之，我对毛泽东同志关于实事求是的论述和思想，有了进一步的认识和理解。这是马克思主义中国化的精华精髓。我们由此也愈加深刻地认识到，观察、研究和处理事物，一定要注意严谨认真，由此及彼，由表及里，抓住主要问题和本质规律，循序渐进，有序进行。只有这样，我们才能逐渐地由必然王国向自由王国迈进。我们的工作才会逐步地提高质量和水平，渐次进入最佳境界。

2007年

最好的纪念

——在美国斯坦福大学胡佛研究所张纯如女士塑像捐赠仪式上的演讲

张纯如女士的著作《南京大屠杀——二战被遗忘的浩劫》真实地记录了 1937 年侵华日军血腥屠杀我南京 30 万同胞的历史史实。这是一部维护史实、鞭挞邪恶、呼唤和平的力作，在美国以至国际社会引起很大的反响，影响日渐广泛。张纯如女士正直、善良，才华横溢，虽逝犹生。我要向养育了这样一位杰出女性的张绍进、张盈盈夫妇致以深深敬意！

在我们面前的张纯如女士塑像栩栩如生，庄严、坚毅而美丽，嘴角略翘，秀眉微蹙，目光中透出崇尚正义、追求真理的果敢和无畏。我们向塑像的创作者王洪志先生表示诚挚谢意！

治学严谨、史料丰富、学术成果享誉国际社会的胡佛研究所，永久存放张纯如女士塑像的行动，表达了尊重历史、主持正义、热爱和平的精神和追求。我和我的同事对此表示崇高敬意！

张纯如女士塑像能够在胡佛研究所永久存放，是我们双方合作日趋发展、友谊不断增进的结果。我们向给予支持和帮助的美国驻华大使馆、中国驻旧金山总领事馆，向两国始终关注此事并提供帮助的团体和个人，向给予积极支持的新闻界朋友表示衷心感谢！

最后，我想说，中国人权发展基金会捐赠张纯如女士塑像的根本目的在于：尊重历史，珍爱和平，为建设一个和谐世界而同朋友们携手努力。这是对张纯如女士的最好纪念。

（2007 年 2 月 1 日）

《最好的纪念》是2007年2月1日我在美国斯坦福大学胡佛研究所张纯如女士塑像捐赠仪式上的演讲。当时，演讲声还未落地，台下即响起一片掌声，十几人随即上台与我拥抱握手。一老华侨热泪盈眶，握着我的手，连说"谢谢"。

早春二月的异国他乡，天气仍有微微凉意。这掌声、热泪和道谢映出了人间真情，我如同在北京一样感到了缕缕春风，丝丝温暖。

这真情，是对正义、公理和良知的敬意。张纯如女士的著作《南京大屠杀——二战被遗忘的浩劫》真实地记录了1937年侵华日军血腥屠杀我南京30万同胞的历史史实，在美国和国际社会影响日渐扩大。这是史实陈诉、正义展示、公理叙说、良知呼唤，应当给予礼赞。

这真情，是对中国人权组织捐赠张纯如女士塑像的褒奖。我们共制作了两尊张纯如女士塑像，一尊全身像安置在中国日本侵略军屠杀南京同胞纪念馆，一尊半身像在胡佛研究所与美国前总统卡特并列安放。从本质讲，这不仅仅是塑像，这是历史、正义、人权、和平的内涵凝聚、形象屹立。给予褒奖，我们深感自豪和骄傲。

这真情，是对我演讲的心灵共鸣。演讲稿，我是带着尊重历史、崇尚正义、叙述良知的感情，怀着敬重张纯如女士正直善良、才华横溢、勇敢无畏的心情，字斟句酌撰写成文。我特别注意：一要凝练，视点高远，内涵丰富，语言简练；二要真挚，发自肺腑，自然流露，情深意切；三要文雅，言词精美，神韵飘逸，润人心腑。现场感觉的氛围是：讲者听者，情感相映，趋近心灵交融的良美佳境。

中国特色社会主义本质的真切体验

——赴上海、浙江、安徽考察有感

今年5月下旬至6月上旬，我们赴上海、浙江、安徽的一些企业和地市考察，感触颇多，最重要的是对中国特色社会主义本质有了更进一步认识。这就是：生产力发展、人民幸福、共同富裕、社会和谐是中国特色社会主义的本质属性，生产力停滞、百姓贫穷、两极分化、社会动荡不是社会主义。

一、中国特色社会主义的本质属性是生产力的解放和发展，阻碍、延缓生产力发展不是社会主义

在上海，我们重点考察了宝山钢铁公司，大开眼界，令人振奋。宝钢是改革开放的幸运儿，是我国生产力快速发展的典型之一。1985年一经投产，宝钢即刻把中国钢铁企业与国际先进水平的差距缩小了20年，2003年又以1204亿元的销售收入一举跃入世界企业500强，而且名列第372位，规模在世界钢铁企业排位第六，技术装备整体属世界一流水平。这里，绿树成荫，环境优美，每天生成可供60万人生活呼吸的500吨氧气，而此地常住人口只有10余万人。这里，年产钢1600万吨，但并未产生热岛效应，夏季温度比上海市区低一到两度。工业排放完全符合国际标准，空气质量一直保持符合国家风景区标准。这里，水循环率为90%以上，炼钢工序负能运行，节能高效为世界先进水平。在清洁卫生的轧钢车间里，滚滚钢水从容器内泻出，冲上辊道，瞬间成型，寥寥几人观表操作，自动化水平和科技含量堪称世界一流。此时此刻，我们真切感受到：科学技术就是第一生产力，中国特色社会主义的本质属性是解放和发展生产力，阻碍、延缓生产力发展不是社会主义，生产力水平长期低下也决不是社会主

义。当年父辈们土法上马、人海战术、大炼钢铁的情景仿佛又浮现在眼帘，我们不禁惊愕而颤：这哪里是在大炼钢铁，简直是在破坏生产力，是在亵渎经济规律、毁坏自然生态！我们要警钟常鸣，引以为戒！

二、中国特色社会主义的本质属性是人民生活富裕，贫穷不是社会主义

我们自上海乘船、驱车去合肥，一路奔波，感触良多。目力所及，碧水青山，生机盎然，心旷神怡。路旁村庄，别墅连连。尤其是接近合肥一带的村落，别墅大多新建，样式迥异，充盈着现代气息。这里变化真是太大了！20多年前，我曾到过安徽，那时的村庄民舍，大多破旧，少有生气，哪有这般景象，现如今真是洋气、帅气、争气、喜气呀！我有一种错觉，好似进入了西欧发达之国，但这确实是在中国，而且是在相对欠发达的中部省份。我的安徽好学友李士杰，听我说他们省变化大甚感惊讶：乖乖，人家发展，我们怎能不发展啊！老李有理。安徽这几年发展的确很快。2006年安徽全省国民生产总值为人民币6141.9亿元，比上年增长12.9%；财政收入816.2亿元，增长24.3%；城镇居民人均可支配收入9771元，增长15.4%，增幅居全国前列。老百姓确实是富裕了。大家都在讨论社会主义的本质问题，很有必要，但也简单，看看老百姓的生活，富裕了而且还在继续富裕，这就是社会主义本质的最好体现，贫穷不能代表而且它也决不是社会主义。

三、中国特色社会主义的本质属性人民共同富裕，两极分化不是社会主义

什么是两极分化？我们在合肥住宿饭店的一位年轻女服务员认为，坐轿车的老板和沿街乞讨的叫花子，就是两极分化。这不无道理，但似欠全面。看一个社会是否两极分化，要看现实、看趋势，既要看个体，更要看整体，要综观全局，综合分析，才益得出正确结论。国际上现普遍采用基尼系数来判定分配是否均等，超过0.4就为出现两极分化趋势。目前，我国政府没有采用此标准，只是一些学术和研究机构曾用这一标准分析过我国的情况，并认为总体已超过0.4的警戒线。对上海、浙江、安徽的情况，有人也作过分析，认为都已逾过这条线，上海还稍高一些。不少人认为，这一标准不适合我国国情。什么标准适应我国国情呢？要加强研究，争取拿出我国和国际社会都认可的标准，这就是创新和发展。追求共同富裕，

避免两极分化，是党、政府和广大人民群众共同的意愿和追求。目前，社会上有两种现象值得注意：一是把共同富裕同平均主义等同起来。这是完全错误的。我们所说的共同富裕，立足点是生产力发达的现代经济，而平均主义的基础则是生产力低下的小农经济，两者相距甚远，不可同日而语。二是把共同富裕同让一部分人先富起来对立起来。我们所说的让一部分人先富起来，目的是让这部分先富起来的人，带动更多的人共同富裕，两者并不矛盾，应当而且能够在中国特色社会主义实践中统一融合起来。这必然要成为我们社会的共识。因为共同富裕是中国特色社会主义的本质属性，两极分化决不是社会主义。

四、中国特色社会主义的本质属性是社会和谐，动荡不安的社会不是社会主义

和谐，是中华民族的优良传统。几千年前，我们的先人就已提出"和为贵"的思想。安徽许多老民宅里，至今还留有古人在砖墙和木质装饰物上雕刻的荷花与河蟹，读音荷蟹，意为和谐。和谐，也是马克思主义经典作家多次强调的社会主义应有的境界。和谐还是广大人民群众的现实要求。十年动乱，现在一些地方的个别人闹事，以及其他不和谐现象，人民群众早有意见甚至深恶痛绝。胡锦涛同志提出和谐社会建设，认为和谐是社会主义的本质属性的科学判断，把马克思主义理论同中国实际相结合，把中华民族优秀传统文化进行了时代升华，符合党心、民意，赢得社会普遍欢迎和齐声赞誉。和谐社会建设正在日益成为人民群众的实际行动。印象最深的是，在浙江淳安，聪明伶俐的小徐姑娘告诉我们，过去老百姓不理解建设千岛湖景区，闹事、写信给中央：要想富，炸水库，尽早撤销千岛湖景区。现在认识到了建设千岛湖景区是为百姓千秋万代谋福利，积极支持党和政府工作，建设社会主义和谐社会，走出了一条生态经济、旅游经济的致富新路子。在上海的浦东、宝钢、松江，在安徽的黄山、池州、合肥，在考察所到的每一个单位和机构，我们都深切感受到，现在是全党谋和谐，人心思和谐，社会促和谐。和谐，已逐渐成为人们的行为习惯、社会的导向规范。历史和现实，也使我们进一步深切感受到，动荡不安的社会不是社会主义，和谐才是中国特色社会主义的本质属性。

（2007 年 6 月）

随笔 ——点睛之笔

《中国特色社会主义本质的真切体验》是2007年我在中央党校学习期间，赴上海、浙江、安徽考察有感而发写的一篇短文。马克思主义经典作家和我们党的几代领导人关于社会主义本质的一系列重要思想和论述，对撰写这一文章起到了极其重要的指导作用。同时，我也深刻体味到了点睛之笔的魅力神韵。

我国晋代大画家顾恺之叙说画人妙诀，关键在于点睛传神，因而创意了点睛之笔之说。历朝历代，画家、作家以及众多文人墨客，贤士达人，推而广之以至万千行业、诸个领域的领袖大家、精英万众，都在追求点睛之笔、至善至美。

马克思主义经典作家和我们党的几代领导人关于社会主义本质论述和思想，有许多值得镌刻于史、永耀世人的点睛之笔。

马克思恩格斯的点睛之笔是，把社会主义由空想发展为科学。以《共产党宣言》为标志，第一次完整、系统地阐述了马克思主义的基本原理，提出了一系列科学社会主义的基本观点和原则，阐释了无产阶级的伟大历史使命是，建立无产阶级统治，彻底消灭私有制和改变私有观念，发展生产力，消灭阶级，最终实现共产主义，阐明了共产主义社会就是这样一个社会，"在那里，每个人的自由发展是一切人的自由发展的条件"，揭示了"两个必然"，即资本主义必然灭亡和共产主义必然胜利的历史规律。在《政治经济学批判》序言中，提出了"两个决不会"，即"无论是哪一种社会形态，在它所能容纳的全部生产力发挥出来之前，是决不会灭亡的；而新的更高的生产关系，在它的物质存在条件在旧社会的胎胞里成熟以前，是决不会出现的。"以后，又在《资本论》、《反杜林论》等著作中对这些观点和原理进行了解释和阐发。尤其是在《哥达纲领批判》这一重要文献中，第一次区分了共产主义社会发展的两个阶段，阐明了两个阶段的基本特征和分配原则，阐述了在资本主义社会和共产主义社会之间有一个过渡时期，这个时期的国家只能是无产阶级革命专政的思想。

毛泽东同志的点睛之笔是，把马克思恩格斯关于科学社会主义的基本原理，结合中国具体实际进行了进一步的阐释和实践，推进了马克思主义中国化的历史进程。早在党的七届二中全会报告和《论人民民主专政》中就指出，我国人民在全国胜利以后的基本任务，是围绕着生产建设这个中心逐步建设起伟大的社会主义国家。在1956年1月的最高国务会议上，指出要努力改变我国在经济上的、科学文化上的落后状况，迅速达到世界的先进水平。在1956年8月第八次党代表大会上，指出全国人民的主要任务是集中力量发展生产力，实现国家工业化，逐步满足人民的物质和文化需要。1964年12月，根据毛泽东同志的意见，全国第三届人大会议政府工作报告提出了在本世纪内实现工业、农业、国防和科学技术现代化的宏伟纲领。人民群众当家作主，消灭剥削制度，实行生产资料公有制，实施计划经济，按劳分配，消灭三大差别，实现共同富裕，是毛泽东同志一贯强调的社会主义的基本内涵。反右斗争扩大化和"文化大革命"的严重错误，完全与毛泽东同志的这些思想背道而驰，这一极为深刻的历史性教训，值得全党同志永远吸取。

邓小平同志的点睛之笔是，鲜明、系统地提出了社会主义的本质，是解放生产力，发展生产力，消灭剥削，消除两极分化，最终达到共同富裕。阐明了解放和发展生产力是社会主义社会的根本任务，消灭剥削，消灭两极分化是发展生产力、实现共同富裕的客观要求和必要途径，共同富裕是社会主义的最终目标；揭示了社会主义本质，是生产力和生产关系、物质基础和社会关系、发展过程和最后结果、根本任务和根本目标、根本手段和终极目的的统一，形成了社会主义本质的系统理论，在中国特色社会主义发展史上是一个重大创举。

江泽民同志的点睛之笔是，实现了"三个代表"重要思想与社会主义本质理论的高度一致。阐明了代表先进生产力的发展要求是社会发展的物质基础，代表先进文化的前进方向为生产力提供强大的精神动力和智力支持，代表最广大人民利益是中国特色社会主义事业的力量之源。把代表先进生产力的发展要求、先进文化的前进方向和最广大人民的根本利益，作为一个整体成为党的宗旨、根本任务和指导思想，与邓小平提出的社会主义本质理论内涵高度一致，并对其进行了全局、总体和时代的升华提高，成为中国特色社会主义理论的重大创新。

胡锦涛同志的点睛之笔是，创造性地丰富和发展了社会主义本质的时代内涵。最为重要、最显风采、最具特色的是提出了以人为本、科学发展、社会和谐的系统理论。以人为本的理论，把马克思主义经典作家的基本观点和中华民族传统文化的精华，融为一体，与时俱进地深化为社会主义本质的基本内容。科学发展的理论，站在新的历史起点上，认真系统地总结中国和世界发展的宝贵经验与深刻教训，前所未有地发展为社会主义本质的关键内涵。社会和谐的理论，汲取人类文明的进步成果，贴近中国特色社会主义的发展实际，依循规律地升华为社会主义本质的独特要素，实现了马克思主义中国化极其重大的理论创新和历史性进展。

党校学习　终生受益

—— 中央党校学习个人小结

今年3月1日至7月13日，我带着组织的关怀与信任，到中央党校进修学习，深感机会难得、人生有幸。四个半月以来，"三基本"、"五当代"以及诸多形势报告和讲座，深刻、入理，生动、多彩，理论与实践结合、历史与现实统一，呈现很强的时代特色和历史价值。党的十七大前夕，胡锦涛总书记在中央党校的重要讲话，充盈着马克思主义中国化的思想内涵，成为整个进修学习的纲领性文件。极其重大而又千载难逢的历史机遇、极其重要而又异彩纷呈的进修内容，极其鲜明而又蕴涵丰富的责任使命，促使我认真学习，精心探索，收益很大，较好地完成了学习任务。

一是理论素养渐显提高。这次学习，一改变平日零碎、片段和略显仓促、肤浅的学习，进入了比较集中、系统和较为沉静、深刻的学习状态，理论素质进一步深化和提高。通过学习，更加坚定了马克思主义信仰，坚定了科学的世界观和方法论，提升了全面认识历史、辩证看待现实、科学对待发展、正确预见未来的理论思维。在认识马克思主义重要结论上有新的进展。更为突出的是：在认识"两个必然"的基础上，增添了"两个决不会"的新理念。在认识传统的"资本主义内部不会自发产生社会主义"的观点同时，增添了"资本主义内部会孕育社会主义新因素"的理论新判断。在认识马克思主义哲学的基本特征是实践性、科学性、革命性的前提下，增添了实践性是马克思主义全部理论最基本最重要特征的新观念。十六大以来党中央提出的以科学发展观为统领的一系列重大战略思想，是马克思主义中国化的最新成果，更是给我们理论上以崭新而深刻的导示和启迪。

二是知识视野大为开阔。我们以往接触的多是政治、外交、外宣、人权等方面的知识，对其他知识的了解相对嫌少。这次学习，政治、经济、军事、宗教、文化、法律、社会诸多知识一涌而至，国内、国际，历史、现实，多种知识、理论、流派纷呈而来。中国特色社会主义建设需要方方面面的知识和人才，综合性知识、复合型人才呈现了当今的时代品格。就人权而言，传统理念认为，与政治、法律的联系最为密切，而实际上也与社会各领域密切相关，尤其与经济血脉相连。就外宣而言，传统理念认为，是与一部分人相关的宣传工作，而实质上是与人人都相关的一项全社会的综合性工作，这也就是外宣办领导强调的大外宣事业。这次学习，成为我接触和学习多方面知识、开阔眼界、促进工作的一个新起点。

三是社会感知丰富多彩。中央党校理论联系实际的高水平课堂教学，浦东干部学院独具特色的衔接教学，宝山钢铁公司、上海产权交易所、淞江新区，浙江淳安县，安徽黄山、九华山、合肥的现场考察，以及北京经济开发区的实地调研，还有生动活泼、形式各异的班级和支部活动，全方位、立体化地构成了我们进修学习的社会实践活动。所有这些社会感知，为我们提供了理论与实践紧密结合的条件和契机，我们进修学习取得的进步和成果，可以说都与此有千丝万缕的关系。所有这些社会感知，再一次证明了社会生活的本质是实践，检验真理的唯一标准是实践。

四是问题探索趋向深化。这次学习，我结合学习马克思主义基本原理，重点思考和探索了四个问题：其一，社会主义的本质。我在上海、浙江、安徽等地一些基层单位的考察中，真切体验到发展生产力、消除两极分化、共同富裕、社会和谐是中国特色社会主义的本质，并有感而发写就这篇体会文章。其二，中国特色社会主义是一种新型社会主义，我作了一些较深入的思考。其三，社会主义市场经济本质上是对人权的尊重。我从社会主义市场经济的主要特征、基本规律探索了发展这一经济是对人权的充分关切和尊重等问题。其四，马克思主义中国化的最新成果。这些成果集中体现在党中央的八个方面重大战略思想上。我以此为主题，结合中国人权发展进步的实际在班级会上作了发言。

五是工作思路跃入新境界。学习的目的在于应用，成果最终要落实到工作中去。我结合学习，对中国人权发展基金会的工作思路进行了进一步的梳理，提出了建设国内外著名的政治型、智库型、公益型、实力型基金会的发展目标；提出了坚持围绕中心、服务大局，资金运行、综合效益，开门办会、社会兴会，遵循规律、依章办事的四项工作原则；提出了以美、德、日、澳等国家为着力点深化对外交流，以迎接十七大为契机深化对外人权宣传，以开展和资助对外人权交流为重点深化公益事业，以各种活动为载体深化资金募集工作的建议，得到基金会上上下下的赞同。结合学习党中央的最新战略思想，我还要对基金会的发展思路进行进一步深入的探索和思考。

六是党性锻炼升华加强。党校的每一次集中授课、小组讨论、支部汇报、全班交流和集体活动，本质上都是一次党性的锻炼和提高。当前和今后一个阶段最重要的党性锻炼，就是把思想和行动统一到胡锦涛总书记的最新讲话精神上去，用讲话精神规范我们的言行。我在两个支部学习交流会上已谈了这方面的粗浅体会。用党和人民放心满意的言行，升华党性修养，强化党性锻炼，决不是一两次体会就能完成的，是一个长期的渐进过程，可以说是共产党员的终生任务。而我的任务新起点，则在进修即将结业时开始，这本身就具有特殊而重要的意义和价值。在中央党校学习所掌握的知识、接触的事物、交往的学友，必将对我今后的工作、学习和生活起良好作用。我要以此为契机，力争在为党的事业奋斗中有新的作为。

163

（2007 年 7 月）

随笔 ——点石成金

友人问：金子和点石成金的手指头，你要什么？

我回答：两者都要。以点石成金的手指头为主，以金子为辅。要些金子是为了基础发展，要点石成金的手指头是为了长远和更大发展。

党校学习这两方面得到双丰收。认真学习了一些马克思主义经典著作，这是得到了金子；学习掌握了马克思主义基本原理和认识事物、分析事物的基本方法，是得到了点石成金的手指头。

党校学习是基础，是否点石成金还要看实践。实践是检验真理的唯一标准，是学习、发展马克主义的宽阔课堂和伟大学校。

指导外宣工作的重大观点

——学习十七大报告的体会

十七大报告阐述了许多重大观点，认真学习贯彻这些思想观点，对指导、推动外宣工作具有重要意义和作用。报告中对外宣工作有直接指导作用的至少有 18 个方面的观点。这些观点可分为三个层次。

第一个层次是指导思想和指导方针

主要有两个方面的观点：

其一，高举旗帜的观点。十七大报告第一次鲜明地阐述了高举中国特色社会主义伟大旗帜的本质属性和基本内涵。一是本质属性，即中国特色社会主义伟大旗帜，是当代中国发展进步的旗帜，是全党全国各族人民团结奋斗的旗帜。二是基本内涵，即高举中国特色社会主义伟大旗帜，最根本的是坚持中国特色社会主义道路，坚持中国特色社会主义理论体系。对外宣传必须高举起中国特色社会主义伟大旗帜。

其二，科学发展观。十七大报告从两个角度阐述了科学发展观：一是从重要指导方针的角度进行了全面系统的论述。二是从哲学思维的角度进行了深刻严谨的揭示。科学发展，归根结底是生产力和人的全面发展，是政治、经济、文化、社会的全面发展，展示的是马克思主义的辩证理念和整体观念，是辩证唯物主义和历史唯物主义的思想。这对外宣工作具有世界观和方法论的引领和启示作用。

第二个层次是关乎中国特色社会主义全局的观点

主要有八个方面的观点：一是解放思想，二是改革创新，三是重要机遇期，四是基本国情，五是市场经济，六是民主政治，七是社会和谐，八是社会主义本质等观点。这八个观点涉及中国特色社会主义的全局性问题，毫无疑问对外宣工作有重要指导意义。

第三个层次是对外宣工作有着直接指导意义的观点

主要有八个方面的观点：一是两个大局，二是和平发展，三是世界眼光，四是国家软实力，五是文化差异，六是人权发展，七是现代传播，八是对外交往等观点。

（2007 年 12 月）

 **随 笔 ——灯塔**

茫茫大海航行的引领是灯塔，
漫漫黑夜行路的指示是星斗，
芸芸众生奋进的目标是期望，
共产党人的人生路标是信仰。

共产主义跳动着金色理想，
中国特色社会主义镌刻着坚定信仰，
美好明天闻听着科学发展的进军号响，
奋斗实践沁润着十三亿华夏子孙的幸福向往。

加强同国外智库的交往

——学习十七大报告的体会

十七大报告强调，要加强民间团体对外交往。作为民间团体，加强对外交往是重要职责。围绕与国外智库的交往，要重点注意三个问题：

一、用世界战略理念思考同国外智库的交往

把同国外智库的交往放在中国与世界的紧密联系中去思考。当代中国同世界的关系发生了历史性变化，中国的前途命运日益紧密地同世界的前途命运联系在一起。中国的发展离不开世界，世界的繁荣稳定也离不开中国。这是十七大报告揭示的一个客观事实。这充分证明了马克思、恩格斯在《德意志意识形态》、《共产党宣言》中阐述的"世界历史"思想的预见性和正确性。站在党发展了的新的"世界历史"观的角度，进一步认识中国与世界联系更为紧密的事实和趋势，有利于我们增强同国外智库交往的使命感和责任感。

把同国外智库的交往放在国外尤其是所谓民主国家智库间密切配合的态势中去思考。暂且不论美国二百多年发展为世界第一强国，仅就早已没有"日不落帝国"威风的英国而言，至今在国际舞台上仍有相当的地位，与其政府及智库用世界战略思维谋求国家发展有密切关系。我们的邻国印度，也注意从国际大战略上谋划外交和对外宣传。几乎在所有国际重大问题上，这些国家的主要智库，都和政府保持一致；这些国家及其相关智库之间，都遥相呼应，紧密配合。我们要用世界战略思维关注和研究这种现象，同这些国家的智库加强联系和沟通。

把同国外智库的交往放在中国特色社会主义发展的大局中去思考。唯其如此，我们的认识和思维才更有力度、广度和深度。把同国外智库的交往放在构建大外宣格局中去思考。唯其如此，基金会才能更好地找准位置，发挥更大作用。

二、用科学方法加强与国外智库的联系

从国外友好智库入手，逐步向其他智库扩展。目前，我们正深化与德国艾伯特基金会的合作，利用其在50多个国家的办事处，联络更多的国外智库，为拟于明年召开的全球智库型基金会北京论坛作必要准备。

从西方国家智库入手，逐步向其他国家智库扩展。目前，我们在与美、德等国智库交流的基础上，正与俄罗斯等国智库进行接触交流。

从文化问题入手，逐步向其他领域交流扩展。比如与美国智库交流，就要注意研究美国文化思潮，主要是两种，一种是自由主义，一种是基督教精神。进而加强对新保守主义思潮研究。这一思潮，在美国著名智库传统基金会和卡内基国际和平基金会中占主导地位，并深刻影响着布什政府。目前，美国政府的许多政策已显露出新保守主义的思想倾向。在文化层面的基础上，要逐步拓展至政治、经济、社会、人权等领域的研究交流。我们要解放思想，在坚持人类文明成果共同享有的无产阶级科学理念的基础上，与其探讨价值观念的近似点；在坚持马克思主义社会发展目标的前提下，与其探寻社会阶段性理想的趋合点；在坚持辩证唯物主义和历史唯物主义的原则上，与其探索人类认识和改造世界一般方法的共同点。

三、清醒理智地加强同国外智库联系

西方主要智库从根本上讲，忠诚于统治集团，服务于各自的国家和政府。敌视共产党领导和社会主义制度，坚持西方价值观念，西化分化中国图谋从未改变，这是其基本政治定势。学术交流，以柔为主，官民并举，多管齐下，交往中渗透，合作中遏制，则是其主要策略。我们务必保持清醒头脑，积极接触，妥善应对，在交往中反渗透、合作中反遏制。实事求是，胸襟大度，介绍我国发展，敢于承认不足，不要人家说黑，我就说白，这是马克思早就批评过的幼稚做法，但要及时驳斥以个别问题否认我国整体进步的荒谬言行。要注意区分正常交流与渗透行为，人类进步的普遍价值观念与西方价值观、道德观中的颓废部分，恶意诬蔑与误解以及善

意批评等界限，以我为主，求同存异，始终保持政治上清醒、策略上主动。

（2007 年 12 月）

 随笔——握手

中国同世界握手，
与时代齐肩并走，
古今中外微笑，
万邦赞同点首。

这是孔子同基督握手，
仁、义、礼、智、信永葆孔子不朽，
仁爱、宽容、忏悔放歌基督长久，
伦理交汇亲情融融，哲学拥抱暖意相留。

这是曹雪芹同莎士比亚握手，
一千人读莎士比亚，就有一千个哈姆雷特，名传宇宙，
一千人读曹雪芹，就有一千个贾宝玉，享誉全球，
两千人对话气势壮阔，大河奔流。

这是邓小平同亚当·斯密握手，
亚当·斯密强调无形之手，为市场经济助威喊话，
邓小平认为社会主义有市场，资本主义也有计划，
有形之手和无形之手相握对话，经济发展壮美如画。

2006年

正义、公理、人权、良知的胜诉

——在夏淑琴名誉权案新闻发布会上的发言

今天，值此夏淑琴名誉权案胜诉之际，我们中国人权发展基金会和中华全国律师协会在古都南京召开新闻发布会，主旨是以史为鉴、面向未来、坚持正义、珍爱和平、维护和发展中日友好关系。早在 2000 年 11 月 28 日，夏淑琴老人起诉日本东中野修道、松村俊夫及展转出版社侵害名誉权案的同一天，中国人权发展基金会就在北京召开新闻发布会，声援老人的正义行动。如今，在中国法院刚刚宣布夏淑琴老人胜诉这一具有历史纪念意义的时刻，我们诚邀大家汇聚一堂，用老人及其律师李大进、谈臻同诸位见面的方式，共同分享胜诉的喜悦。

一、我们为夏淑琴老人胜诉而欣慰，是因为胜诉体现了"三个第一"

首先，老人作为南京大屠杀幸存者第一次在中国法庭起诉日本右翼分子，体现了中国人民对历史、现实、未来高度负责的态度和精神。1937 年的南京大屠杀，已经给夏淑琴老人身心带来了极其严重的摧残。半个世纪后，日本右翼分子无视史实，造谣诬蔑，又给老人带来新的巨大心灵创伤。现实延续着历史，连接着未来。面对着日本右翼分子现实与历史的双重伤害，老人从维护史实，捍卫人权，警示后人，促进中日两国世代友好的大义出发，奋起反击，历经几载，不屈不挠，终获胜诉。我们向这位饱经沧桑的中国母亲深表敬意。

其次，中国律师第一次在国内为起诉日本右翼分子提供法律援助，展现了中国法律工作者维护史实、坚持正义、追求真理、开辟未来的态度和精神。高宗泽、于宁、李大进、谈臻、顾永中、吴明秀等一大批律师为夏淑琴老人名誉案取证、辩护付出了艰辛的努力。我们向这些无私无畏、深明大义的律师们深表敬意。

第三，中国法院新中国成立以来第一次将南京大屠杀用法律文书确定为历史铁案，展示了中国司法机构维护史实、伸张正义、促进和平的行为风范。中国法院遵循国际法准则，坚持社会正义，以事实为准绳，以法律为依据，确认了日本右翼分子对夏淑琴老人进行诬蔑的事实，进而将南京大屠杀载入法律文书，用法律途径解决历史问题，用法律手段处理历史事件，在社会主义中国法律史上留下了追求进步、珍爱和平的浓重一笔。我们向高擎法律天平的司法工作者深表敬意。

二、我们为夏淑琴胜诉而欣慰，是因为这一诉讼是事实、正义、人类良知对谎言、邪恶和泯灭人性行为的审判

南京大屠杀明明事实俱在，铁证如山，日本右翼分子却偏偏想方设法加以否定；夏淑琴老人明明是南京浩劫的幸存者和见证人，日本右翼分子却对她蓄意攻击，说她是假证人。几度开庭，谎言的制造者几度缺席；老人义正词严，痛击诬蔑。这是事实对谎言的审判。

夏淑琴老人维护史实，恪守正义。日本右翼分子用心险恶，否认和美化日本侵华战争。夏淑琴老人凭古稀之躯，奋力反击日本右翼分子。老人的血泪陈述，震撼心灵，催人泪下。这是正义对邪恶的审判。

南京大屠杀是一场荼毒生灵，摧残人权的世纪浩劫。日本右翼分子否定、抹杀这一历史事实，亵渎良知，毫无人性。夏淑琴老人凭着人类良知，拿起法律武器捍卫史实、维护人权。这是人类良知对泯灭人性的审判。

三、我们为夏淑琴老人胜诉而欣慰，还因为胜诉揭示出三个基本事实

一是以史为鉴、面向未来已经成为中国人民的自觉行动。夏淑琴老人的诉讼，绝不是个人的私怨行为，而是牢记历史、不忘过去、珍爱和平、开创未来的正义之举，根本目的是为了中日两国和平共处、世代友好、互利合作、共同发展，这已经成为中国人民的共识和行动。日本右翼分子敢于明目张胆地诬陷夏淑琴老人，是近年来日本政要连连参拜靖国神社的必然衍生物。风暴过后是亮丽的晴空，我们相信，只要中日两国人民共同努

力，一定会推动中日关系健康、稳定地向前发展。

二是尊重人权、珍爱和平已经成为中国人民的行为选择。 20 世纪上半叶，中国人民饱受战争创伤，人权备受摧残。夏淑琴老人一家的悲惨遭遇，就是这种状况的缩影。老人对日本右翼分子的奋起反击，是关爱人生、维护人权的行动和追求，彰显了我国法制建设和人权保障的进步，反映了尊重人权、珍爱和平已经成为中国人民的自觉信念。

三是建设和谐世界已经成为中国人民的不懈追求。 日本右翼分子造谣中伤、制造祸端，本质上是危害世界和平、破坏国际和谐。夏淑琴老人奋而起诉，就是抗击这种倒行逆施。老人的胜诉，反映了建设和谐世界是大势所趋，人心所向。

公元 2006 年 8 月 23 日，夏淑琴名誉权案胜诉，将日本东中野修道、松村俊夫、展转出版社牢牢地钉在了历史的耻辱柱上，让我们永远铭记这一时刻。

（2008 年 8 月 23 日）

随笔 ——请教但丁

晨曦沐浴，云雾初醒，
捧上鲜花，
尊严、自由、平等，
吟唱颂歌，
诚实、善良、公正，
亲吻人性，守望心灵，
芸芸众生感恩苍穹雨露，
不朽但丁对话人权人生。

天平权威，
恭送微笑，
惨绝人寰的大屠杀幸存者喜，
喜极成泣，

人间公道不可辱，
人权威严不可欺，
敬仰人权，巨人深思，
请问但丁，感想何如？

我来作答，
英伦岛国回音久远，
这是雪莱，
诗人感慨万千：
"谎言是自己毒死自己的蝎子"，
《人权宣言》胜似诗句的语言。
诬蔑惨绝人寰的大屠杀为虚构者天理难违，
英伦文学巨匠名不虚传。

我来答问，
俄罗斯传来声讯，
这是普希金，
诗坛巨匠抢答问询：
"他刻薄尖酸的话语，把冷酷的毒汁注入人心"。
《恶魔》中的诗句与真理亲近，
诬蔑惨绝人寰的大屠杀为虚构者可恶，
世界大文豪诗言震撼世人。

还是我来说吧，
但丁终于发言，
是啊，发言的但丁，
你最有资格说话，
你说话最有威严，
人权，第一个在你簇拥的下露出笑脸，
宗教，第一个在你紧逼下萌发改革理念，
大地托举奔流河川展现你胜利欢颜。

出人意料，但丁无言，
无言胜有言，

献出《神曲》请大家阅览，
自己寻找答案。
《地狱》、《净界》、《天堂》，
至今还在活动的诬陷者该如何阻拦？
《地狱》说话：
他们在此都会受到严惩肯定都会收敛。

《地狱》九层，
受惩罚者生前都是作恶和犯罪歹徒，
诬告者被打入第八层地狱，
两人正受刑，
"说诳女人，诬告了约瑟。"
"发伪誓的细弄，欺骗脱鲁耶人的希腊人"，
"他们发着寒热病，蒸出一股浊气。"
诬告者受严惩，咎由自取。

但丁仍少语，
《神曲》，继续览阅。
阅览，思索，
啊，茅塞顿开，
诬告者多罪，
诬蔑的血脉是欺诈，
是对整个世界的欺诈，
罪责至巨，天地难容。

《地狱》从第七层到第九层的受罚者生前都犯有欺诈罪，
第七层受罚者如用爪用嘴驱赶身上蚤虱和苍蝇的脏犬；
第八至第九层，被惩罚者为地狱之最：
半身套在岩石孔里被火烤烧，
用铁钳压在沥青下像肉压在锅底一般，
被蛇咬死缠死，
海豚般脊背突露而身子被煮浸在水里，
心肺肠子露挂尸外，

冻在冰里牙齿作响如同鹤叫⋯⋯
惨不忍睹，冲入眼帘，无拦无遮。
诬蔑惨绝人寰的大屠杀为虚构者撒弥天大谎，
欺天下者可咒、可恶、可恨。

《神曲》启示：
埋葬《地狱》，
穿越《净界》，
进军《天堂》，
愿诬蔑大屠杀为虚构者真心悔过，
愿天下人都能珍重人权，善行天下。
但丁微笑，会心的笑，幸福的笑。
但丁聪慧、机智，天才、伟大。
我知但丁，但丁知我，
敬仰人权，崇尚人权，
敬仰但丁，崇尚但丁，
人权常青，但丁不朽！

开好会议的一般规程

——在中澳首次城市社区建设与人权发展研讨会中方代表预备会上的发言

中澳城市社区建设与人权发展研讨会中方代表预备会的目的是：阐明主旨，讲清要点，描述好整个会议的成功进程。主要讲四个问题：

一、会议缘由

我们之所以能够如期举行这次会议，主要基于四个因素：

一是我们的会议顺应了世界进步潮流。建设和谐世界已得到国际社会越来越多的认同、理解和支持，对话、交流已成为国际人权事业不可阻挡的进步潮流。在国际人权事业中颐指气使，欺负别人，搞摩擦对抗，不搞对话交流，也已为国际社会所厌恶唾弃。在这样的背景下，我们召开倡导对话、反对对抗、消除隔阂、促进和谐的研讨会，是顺应潮流的有为之举。

二是我们的会议已逐步进入既定的程序化轨道。我们这次会议，是中国人权发展基金会与澳大利亚人权与机会均等委员会四年合作计划的组成部分。去年，我们派团赴澳大利亚社区考察，今年又如期在中国召开研讨会，已基本进入了程序化轨道。正因为如此，会议的预见性、可塑性较大，宜于取得更好效果。

三是我们的会议是基于中国民主政治建设深入进行的客观现实。我国的社区建设是民主政治建设的重要组成部分，也是政治体制改革的重要内容。新型社区已在全国各地广泛建立，这反映了我国的政治体制改革正向纵深发展，并取得重要而具体的成果。正因为如此，我们这次会议才有召开的可能和基础。

四是我们这次会议是基于江苏省及无锡市社区建设的示范价值。江苏省和无锡市是我国重要的省、市，分别用1%和5‰的面积，创造了10%和1.54%的经济总量。改革开放以来尤其是近年来，江苏省和无锡市社会稳定祥和，人民安居乐业，各项事业蓬勃发展，新型社区普遍建立，不少社区可与发达国家社区相媲美，在全国具有逐步推广的价值和意义。因而，在此召开本次会议，条件比较成熟。

二、会议目的

我们这次会议的目的，概括地讲就是：服务大局，展示形象，增进友谊。

首先是服务大局。胡锦涛总书记在全国外事工作会议上明确指出，外事工作要统筹国外国内两个大局。我们的会议关乎社区，紧扣人权，关联外宾，是一次具有鲜明外事性质的会议。因此，必须从中国特色社会主义的战略高度出发，尽心尽力地统筹和服务好两个大局。

其次是展示形象。我们这次会议既有全国社区情况，又有地方社区经验，点面结合，科学系统。通过会议可以具体形象地展示我国改革开放、科学发展、和谐进步、保障人权、珍重和平的形象，展示中国坚定不移地走和平发展道路的形象。

第三是增进友谊。中澳两国长期友好，我们与澳大利亚人权与机会均等委员会也一直关系密切。通过这次会议，必将进一步增进我们之间的了解和友谊。

三、会议开法

理论与实践、观摩与研讨、官方与民间相互结合，共同受益，是我们这次会议所要坚持的原则。会议具体程序分为四个阶段：

一是开幕。这是会议的开篇之作、点题序言。要严谨、庄重、热烈，使之切实发挥引领会议成功举行的作用。

二是观摩。这是会议的上篇，是重要章节。要努力发挥观摩的影响力、亲和力和感染力，使典型经验与澳方朋友产生共鸣，相互作用，共获发展。

三是研讨。这是会议的下篇，是核心篇目。要与澳方朋友相互尊重，平等交流，和谐沟通，求同存异，争取达成更多共识。

四是总结。这是会议的收篇之作、结题叙语。要总揽全局，精练经验，启迪心灵，昭示未来，使之成为点睛、得胜之笔。

四、注意事项

第一，要以党和国家的根本利益为最高的行为准则。在外国人的心目中，每个中方与会者的名字都叫"中国"，不仅代表个人，而且代表我们的国家，本质上是中国形象的代言人。因此，一定要把国家的利益放在第一位，用这样的责任和高度来要求和规范自己。

第二，要严格遵守外事纪律。我们这次会议是一次外事活动，每个人都要遵守纪律、严守规矩。要内外有别，外外有别，注意保密，严防泄密。

第三，要讲究交流艺术。我们是礼仪之邦、文明之邦、改革之邦、开放之邦，尤其要珍重人格、尊严，珍视形象、风度。要在相互尊重、平等交流的氛围中把握问题分寸，注意适时适度。会议议题基本不涉原则性问题，磋商、讨论尽量宽容、礼让，求同存异，异中融同。发生争执，也应娓娓道来，不失礼仪，采用平和的易于外国人接受的方式阐叙我们的观点和意见。

第四，要强化责任意识。会议代表要尽职尽责，开好会议。工作人员要忠于职守，精心服务。相信在与会代表和全体工作人员的携手努力下，会议一定会取得圆满成功。

（2006 年 9 月 12 日）

随笔 ——执一统众

"执一统众"，是三国时期的王弼在《论语释疑·里仁》、《老子·道德经注》、《周易略例·明象》等著作中提出来的哲学命题，主要是指抓住了事物的本质和规律，才能统领和驾驭事物的方方面面。《在中方首次城市社区建设与人权发展研讨会中方代表预备会上的发言》就是在这一思想的启迪下起草的稿件。

"执一统众"，要切实知"一"知"众"。这次会议的"一"是指会议的主旨和目的，这就是服务大局，展示形象，增进友谊；"众"是指会议的其他诸多方面。讲清和开好会议要注意掌握这些要义和内涵。

　　"执一统众"，要真正"执一"。一定要从中国特色社会主义的战略高度出发，兢兢业业，切切实实，统筹和服务好国内国外两个大局，通过会议增进我们与澳大利亚人民的相互了解和友谊，进一步展示中国改革开放、科学发展、和谐进步、保障人权、珍重和平的良好形象。

　　"执一统众"，要务必"统众"。在牢牢把握会议主旨和目的的基础上，就一定扎扎实实、细细致致地做好会议的各项工作。"天下大事，必作于细"。要把会议开幕、观摩、研讨、总结等各个环节的工作，精益求精切实做好，这样才能确保会议顺利进行、圆满成功。

社区建设是人权发展的重要领域

——在中澳首次城市社区建设与人权发展研讨会上的总结致辞

在金秋时节的美丽无锡，中澳首次城市社区建设与人权发展研讨会，凝聚着中澳两国政府的关心、支持，渗浸着全体中澳与会者的智慧、努力，历时三天，张弛有度，已经完成全部议程，即将胜利闭幕。在这值得庆贺的时刻，我谨代表中国人权发展基金会向远道而来的澳大利亚嘉宾和全体中方代表表示深深敬意！向给予会议充分关注和积极报道的新闻界朋友，向为会议辛勤劳作、精心服务的全体工作人员表示衷心感谢！向给予会议大力支持、帮助的江苏省委、省政府，无锡市委、市政府表示诚挚谢意！

我们的会议在人杰地灵、山青水秀、文明祥和的魅力之城举行，汇集着智者乐水的灵气，仁者乐山的坚毅，伴随着中国波澜壮阔的改革开放时代进程和澳大利亚不断前进的历史发展，在友好、热烈、活跃、严谨的氛围中，循序渐进，圆满成功。总结会议，我们欣喜地看到，全体与会代表从国际、国内、社区整体思考的战略高度，从理论与实践、宏观与微观相统一的理性高度，从国家、人民、人类共同追求的利益高度，进行了具有创新价值的研究和探索，概括起来主要有四个方面：

一、坚持从推进国际人权进步事业的大局出发，开启了社区人权建设的新实践

以《世界人权宣言》为标志，国际人权进步事业，高扬自由、平等、和平的旗帜，开始了追求理想的曲折发展历程。世界各国人民为了实现更好的人权佳境，进行着不懈的努力和奋斗。我们这次会议开启了社区人权建设的新实践，从本质上讲，也是为这一崇高事业奉献智慧和力量。

首先，我们开启了聚焦社区建设彰显国际范例的新实践。我们与澳大利亚人权与机会均等委员会携手合作，于2005年完成了赴澳社区考察，今年又在中国无锡专题研讨社区建设与人权发展问题。这在中国尚属首例，在国际社会也为鲜见。中澳双方一致表示，要坚持不懈地把以社区人权建设为主题的会议接连举办下去，使之成为影响广泛、效果显著的国际社会人权交流的成功范例。

其次，我们开启了深化社区建设彰显人权理念的新实践。以人为本，是我们社区建设和社会主义中国各项事业、全部工作的本质与核心。这实质上是尊重、保障、发展人权，珍重、关爱、升华人生的形象展现。江苏省社区建设的经验，无锡市尤其是水秀、南尖、玉祁、春潮园的社区建设就是很好的例证。我们在社区建设中凸显人权理念，弘扬人权新风，这是更加清醒、理智、积极地贯彻以人为本的思想，也是拓展人权实践领域广度和深度的生动体现，必将促进社区建设有更大发展。

第三，我们开启了评估社区建设彰显国际特色的新实践。评估社区建设，我们这次会议突破了以往较多采用的自我评估、单向评估的传统模式，采用了请外国朋友评估、汇集多方面因素综合评估、立体化评估的方式进行，同时，改革传统评估方式，增加了自我与他人、领导与群众、当地与跨区域相结合的评估方式，使我们对社区建设有了一个更为客观、完整和科学的评估。中澳双方都对江苏、无锡的社区建设给予高度评价。澳大利亚朋友对我国社区建设总体状况也给予一致赞扬。澳大利亚社区建设经验无疑给我们很大启发，对我们的社区建设必将产生积极作用。

二、坚持从向国际社会介绍国家发展的责任出发，展示了中澳两国不断进步的新形象

热爱祖国是人的情感所系。向国际社会介绍自己的国家，是每一个与会者的责任。通过中澳双方相互介绍，彼此了解了一些新的情况。

澳大利亚以往给我们印象较深的是：人民智慧、友好，生活富裕，等等。这次会议通过澳大利亚朋友的介绍，又在我们面前展示了一道亮丽的风景线：澳大利亚通过《人权与机会均等委员会法》，成立该委员会机构负责全国人权的监督和保障；国家鼓励公民参与公共事务，重视保障弱势

群体的人权；地方政府的主要任务是为社区服务、融合多元文化。这些都给我们留下了深刻印象。

出席我们这次会议的澳大利亚朋友，通过观摩、交流和研讨，对中国整体性、实质性的形象有了一个初步的了解。这就是：坚定不移地走和平发展道路，是中国的郑重选择、庄严承诺，是任何人任何社会势力都无法否认的社会现实。

据我们了解和外国朋友介绍，西方一些媒体至今仍把中国描绘成饥民遍野，极度贫困，并且由此引发出中国贫困威胁论。这完全不符合中国实际。新中国成立后，中国面貌发生了翻天覆地的根本性变化，尤其是改革开放以来，中国更是发生了历史性巨变。从 1978 年至 2005 年，国内生产总值增长 11 倍，经济总量进入世界前几名。整个中国政治稳定、社会进步，用占世界 2% 的土地，成功养育了占世界 22% 的人口，人民生活水平日益提高，这是人间奇迹，更是对世界的巨大贡献。从这次会议中江苏省及无锡市介绍的情况看，中国这一"鱼米之乡"，社会稳定祥和，人民安居乐业，经济持续快速健康发展，社区建设和各项事业蓬勃进展，从而真实、具体地展现了中国改革开放、科学发展、和谐进步、保障人权、珍重和平的时代形象，是社会主义中国走和平发展道路的真实缩影和生动写照。我们由衷地感到，还是澳大利亚总理霍华德先生说得好，中国发展对自身有利，对世界也有利。这是澳大利亚总理和人民对中国坚持走和平发展道路的肯定、理解和支持。

据我们了解和外国朋友介绍，西方有些媒体将中国渲染成为世界最发达的国家之一，并且由此引发出中国发达威胁论。这显然不符合事实。中国虽然进步巨大，但仍是一个发展中国家。人口多，底子薄，生产力不发达，发展不平衡，仍是我们的基本国情。中国人均国内生产总值只有发达国家的几十分之一，排位于世界 100 名之后，农村有比澳大利亚总人口 2051 万还要多的贫困人口，有 5 倍于澳大利亚总人口的农民需要转移就业，有 3 倍于澳大利亚总人口的残疾人需要关爱和帮助。从这次会议介绍的情况看，中国还有数千万计的城市社区设施需要增加、更新和完善，社会发展的任务极其繁重。中国要实现现代化，需要几代人、十几代，甚至几十代人的不懈奋斗。无论过去、现在还是将来，中国都将坚定不移地走和平发展道路，这是一种历史和时代的选择，更是一种谎言和谬论根本无法更改的客观现实。

三、坚持从建设和谐世界的高度出发，阐发了社区建设的新理念

以和平共存、和睦共进、合作共赢为基本特征的和谐世界，是历史的选择、人类的追求，也是中华民族"天下情怀与道德理性"品格所追寻的理想境界。我们这次会议，顺应天下大势，立足于建设和谐世界，阐发了紧扣时代脉搏、贴近社区实际的新理念。

第一，阐发了社区建设是创造、实现、发展、享受社会文明基本途径的新理念。社区凝聚着人类智慧、创造和文明。人类从原始部落到大规模城市群的出现，经历了漫长的发展和进化过程。城市化是人类文明的重要标志。社区建设是城市化不可或缺的组成部分。我国城市目前有661座，城市人口占全国人口的43%，而澳大利亚上世纪中叶城市人口就已达到全国人口的83%，我们的城市化水平与世界发达国家相比差距较大。代表们认为，只有加快城市化的进程，加快社区建设的步伐，才能使我国人民早日进入更加丰衣足食、躬行民主、恪守情操，人与人和谐共存，人与自然和谐相处，人实现全面发展的文明佳境，才能使我国早日进入一个富强、民主、文明的崭新境界，进而也才能更好地对建设和谐世界作出应有贡献。

第二，阐发了社区建设是实现、维护、发展、享受民主政治必要条件的新理念。国际社会对中国的民主政治极为关注。中国的民主政治建设，对和谐社会、和谐世界的建设具有不可忽视的作用和影响。社区民主政治建设，是中国民主政治建设的重要组成部分。新型社区的建立，是中国政治体制改革的重要成果和具体体现。从这样的高度和角度思考与认识问题，对深化社区民主政治建设无疑大有裨益。推进民主选举、民主决策、民主管理、民主监督，实现居民自我管理、自我教育、自我服务、自我监督，是社区民主政治建设的基本内容。江苏省及无锡市的经验告诉我们，深化社区民主政治建设，还必须坚持生产力观点、群众观点和科学辩证的观点。坚持生产力的观点，就是要强调生产力是一切社会发展的最终决定力量，解放和发展生产力是我们的根本任务；强调人作为生产力的主体性要素，使其充分发挥积极性、创造性，才能更好地参与和推进社区民主政治建设。坚持群众观点，就是要强调人民群众是国家和社会的主人；强调人民群众是历史的创造者，是民主政治建设的根本性力量。坚持科学辩证的观点，就是要强调民主政治建设是历史的、具体的、相对的，必然要受

到一定的社会政治、经济、文化等条件的制约；强调要善于全面、历史、发展地看待和处理民主政治建设中的一系列问题。

第三，阐发了社区建设是实现、维护、发展、享受人权重要基础的新理念。国际人权法则与我国宪法规定的公民政治、经济、社会、文化等各项权利，都在社区中得到集中、具体、细致地展现。人的交往、娱乐、健康、发展等一切与人权血脉相连的行为和理念，在社区都有广阔的实践空间。代表们认为，深化社区建设，必须着眼于建设和谐社会、和谐世界，注重理论与实践、普遍与特殊、全面与重点的统一。要正确处理知行关系，扎扎实实地把国际人权法则、宪法规定、各项法律法规以及人权理论，贯彻到社区实践中去，不断完善、丰富、发展人权法律规定和人权理论，实现理论与实践的统一。要正确处理共性与个性的关系，科学的国际人权理论和国际人权法则，对世界各国都有普遍的指导和实践意义，但由于各国政治制度、经济模式、历史传统、文化习俗、宗教信仰、生活习惯等诸多方面不尽相同，实施起来不可能整齐划一。更为复杂的情况是各国社区千差万别，特殊性尤为突出，实施具有普遍意义的理论和法则，也必须从实际出发，展现普遍性与特殊性的统一。要正确处理面与点的关系，公民以其自然属性和社会属性所应享有的各种权利，要全面实施，全面发展，不可缺失或偏颇。同时，在我们社会主义初级阶段的今天，要理智、清醒、坚定地把生存权与发展权、和平权与稳定权，作为我们的基本人权和人权重点加以突出，体现全面性与重点性的统一。

四、坚持从世界政治、经济、文化的发展趋势出发，增进了中澳两国非政府组织之间的新友谊

当今世界呈现出政治多极化、经济全球化、文化多元化的发展趋势。和平与发展仍是时代主题。我们的会议，在这种大背景下应运而生，这是中澳两国非政府组织之间顺应世界潮流的有为之举。这次会议再一次证明：友谊，重在建设，重在行动，重在交流。

重在建设，我们在相互信任中增进了新友谊。中澳同为亚太地区的重要国家，长期以来都保持着磋商与协调的良好态势，在许多领域拥有广泛的共同利益。中澳关系全面发展，目前正处于历史最好时期，是不同社会制度国家之间共同合作的范例。中国人权发展基金会同澳大利亚人权与机会均等委员会已经成功合作了两年，在许多方面达成共识，为两国人权事

业发挥了积极作用。这次会议，我们相互尊重，平等交流，和谐沟通，在原有的基础上又增进了新的友谊。

重在行动，我们在深入探讨敏感话题中增进了新友谊。人权的全面实现，是人类的美好理想、文明的最佳境界。人权问题与每个人息息相关，与每个国家密切相连，在国际社会已经成为一个融重点、焦点、热点为一体的敏感话题。这次会议，我们双方直面现实，直面问题，直面矛盾，在沟通探索中达成了新共识，在友好交流中增进了新了解。

重在交流，我们在平等对话、求同存异中增进了新友谊。对话，促进和睦、和解和合作，是当今国际人权交往的必由之路，是任何人任何势力都无法阻挡的时代潮流。对抗，制造矛盾、摩擦和隔阂，为国际社会所唾弃。这次会议，我们相互理解，和谐对话，异中求同，同中融异，向国际社会展示了一种具有时代创新意义的人权对话模式和国际交流范例。

我们相信，中国人权发展基金会和澳大利亚人权与机会均等委员会同心协力，在中澳友谊沃土上培育的绚丽之花，一定能结出更加丰硕的友谊之果、文明之果和凝结人类崇高理想、世界美好愿景的人权之果。

（2006 年 9 月 15 日）

随笔——颂

中澳首次城市社区建设与人权发展研讨会九月在无锡成功举行。我看到网上有一首《无锡　无锡》的诗歌，第一句吟出了"无锡美，九月如画醉山水"的诗句，仿佛专为无锡会议而作。我乘兴仿改此诗，诚邀朋友品味几句诗言：

无锡美，

九月如画醉山水，

美无锡，

红叶似血润云飞，

网络联线，爱意连接，

电话的那端，
历史的那头，
是我千年的问候等待，

欣赏秋天飞燕，
问候南归大雁，
模样，忘记，
干净，素雅刻入脑际，
声声清脆悦耳，
黄鹂吟唱喜悦。

和你联系，
就是和乡村别墅、城市高楼连接，
这是美的握手，美的享受，
太湖心喜起涟漪，
这是百姓欢愉的心思，
这是吉祥幸福，醉了人间。

附：无锡，无锡　　文/嘉-德

无锡美，九月如画醉山水
风雪情，红叶似血染夕阳
无锡，无锡
站在无锡的街头想你

曾经，曾经用网络联线的无锡
曾经，曾经用爱意连接的无锡
分分秒秒，时时刻刻
电话的那端
历史的那头
是我千年的问候等待

真挚，真挚
我欣赏秋天的燕子

我问候南归的大雁
忘记了模样
没有口红，没有粉底
只是干净和素雅
只是清脆黄鹂的鸣叫

眼前的灯光昏暗
旋转。把我带到青年
雕花的木质吊扇
将梦唤醒
而我愿意回忆那个夏季
潮起潮落
湿透了我的衣衫

和你联系
只剩下日记和日期
总是记录美好
多情的燕子
点缀过我的心思
那一年
文峰塔风铃摇曳
洹畔浣纱的女子依旧在心间
醉了游人醉了我

凝聚喜悦、敬重、责任的祝贺

——在第八届中德人权研讨会开幕式上的致辞

第八届中德人权研讨会在金秋时节、美丽柏林胜利召开。我谨受中方代表团团长李北海先生委托，代表中方各位同事向会议表示热烈祝贺！

这种祝贺，贴近时代，簇拥发展，本身蕴含着历史与现实、理论与实践丰富而深刻的思想内涵，简而言之也可用六个字表示，这就是：喜悦、敬重、责任。

首先是喜悦。我们为中德人权研讨会连续七届长盛不衰，第八届又恰逢新中国成立 57 周年和中国共产党十六届六中全会召开之际拉开帷幕而欣喜；为本次会议伴随中国改革开放、和谐社会建设进入新的发展时期和德国不断进步的历史进程，适应、顺应、呼应社会大势而欣悦；为中德于1972 年 10 月 11 日建交至今已整整 34 周年，友谊日趋发展，给人权研讨会以政治、文化、理念、灵魂的支持和支撑而欣慰。这是一种崇高、美好、进步的喜悦。

其次是敬重。在为人类奉献美妙音符，生命不息，奋斗不止，使天籁之音至今仍萦绕世界的音乐巨人贝多芬的故乡；在为人类精神王国做出革命性贡献，孜孜以求，传承后人，使辩证法思想至今仍影响世界的哲学大师黑格尔的故地；在为人类托举起奋进的太阳，世界为之惊愕，学说与中国实际相结合，使中华民族命运发生了历史性巨变，至今仍朝着更加美好方向演进的伟大导师马克思、恩格斯的故里，敬重之情油然而生。德国敢于直面历史，承认历史，反思历史，忏悔历史，彻底同那段历史告别，彻底拥有了和平与尊严。这与日本面对这一问题的态度形成天与地、美与丑、进步与倒退、善良与邪恶的鲜明对照。敬重之情由此而发：我们为日本的倒行逆施受到全世界人民的唾弃而由衷高兴，为德国赢得世界人民普遍尊重而肃然起敬。这是一种历史、公理、正义的敬重。

第三是责任。我们的责任与为人类进步事业心心相映的真挚友谊同行：中德两国政府给予的支持与相互间的友谊，三个非政府组织的联系与友谊，全体代表的交流与友谊，共同融注于开好会议的责任之中。我们的责任与为人类创造文明的奋进行为同在：与会的每一个代表，都应着眼大事，入手具体，抓好细节，认认真真做好体现价值、水平的会议每一项工作。我们的责任与为人类追寻理想的崇高品格同存：我们必须成功，只有成功，才能紧贴时代传播人权之声，顺应大势弘扬司法正义；我们一定成功，只有成功，才能抓住机遇，用好机遇，发展机遇，续写接连八次成功举行人权研讨会的辉煌。这是一种友谊、奋斗、时代的责任。

（2006 年 10 月 10 日）

随笔 ——纪伯伦的瞻望

黎巴嫩著名诗人纪伯伦的《瞻望未来》，以大胆丰富的想象，优美凝练、富有哲理的语言，表现了对光明、自由、平等的呼唤和祝福。

诗人崇尚、期盼和执著地追求真理："透过未来，我看见人群跪在大自然的胸脯上，向着东方稽首膜拜，他们期待着，期待着曙光的来临——那是真理的晨光。"

诗人向往、珍视和真诚地祝福人间的自由、平等、友好和友谊："我看见了友谊，那是人类与万物所缔结成的：鸟群与昆虫毫无忌惮地飞临人前，一群群羚羊自由自在地奔向水边。我看了，但是不曾看见贫困，也不曾看见比满足更多的事情。我寻见的是友爱与平等，我并没有看到专业医生，因为知识与经验使得每人都成为自己的医生。我没有看到以神甫为职业的人，因为人类的良知已经成为至高无上的神甫。我没有看到律师，因为大自然代替了法庭，在这儿订立了人们之间友好同盟的契约。"

诗人心仪、抚摸和真切地亲吻着清纯、自然和美："我看见人，他明白自己才是大地万物的基础。他凌驾于繁琐之上，超越了卑俗。他以心灵的眼睛开启了疑虑的帷幔：她——他的心灵，开始读彩云写在天空面庞上的文字，欣赏微风绘在水面上的图画。她——他的心灵，懂得花朵的气息，理解山鸟与夜莺的歌。"

透过这美的颂歌，我们真切地看到了第八届中德人权研讨会圆满成功上佳结果，看到了这一会议持续成功举行的美好前景，看到了中德人权事业和世界人权进步事业蓬勃发展的壮丽宏图。我们由衷地赞美这令人神往的祝福、瞻望和未来。

191

2006年

以理性思维创新人权对话

——在第八届中德人权研讨会上的总结致辞

第八届中德人权研讨会在中德两国政府的关心和支持下，通过全体代表的共同努力，已完成两天议程即将胜利闭幕。

我们这次会议，恰逢中德建交 34 周年和新中国成立 57 周年之际召开，伴随着我国坚定不移地走和平发展之路、和谐社会建设进入新的发展阶段和德国不断进步的历史进程，在热烈、活跃、严谨、友好的气氛中有序进行，圆满成功。这成功，属于我们每一个人，归根结底属于每一个人的祖国和人民。每个与会代表实质上都是各自国家的代言人。从这个意义上讲，我们是在为中德两国及其人民而言，是在为人类的正义、进步而言。这种成功，具体表现在六个方面：

一、以人权原则引领人权对话

人权原则同人权定义一样，众说纷纭，莫衷一是，但较为趋同的认识是平等和自由两大原则。德方朋友提出，人的尊严也应成为人权原则。我们这次会议，就是以这些人权原则来引领人权对话：

首先是平等。我们的会议没有强制他人、欺压别人、盛气凌人，有的只是平等待人、平易待人、平和待人，用格梅林女士的话说就是："相互尊重，平等交流。"这里体现了人权原则的精髓和本质精神。

第二是自由。我们的会议给自由以宽阔空间。各位代表思想活跃，人格自主；发言踊跃，研讨自由。这是在研究人权、阐释人权，也是在实施人权、享受人权。这是人权原则精髓的生动体现。

第三是尊严。德国朋友关于尊严是人权原则的意见有一定道理。人的平等、自由所体现的就是人的尊严。如果把人的尊严纳入人权原则序列，可能会使人权原则更加丰富，体系更加完善。

我们以人权原则贯穿人权对话始终，顺应了国际人权交往坚持对话、反对对抗的历史进步潮流，显示了很强的生命力和实施推广的价值。

二、以法制观念探索人权问题

我们这次会议，以法制观念探索人权问题，主要体现在三个方面：

一是会议主题体现了这一思想。人权与司法的会议主题，具有鲜明的法制保障人权的理念。

二是会议发言阐发了这一内容。新中国成立后，尤其是改革开放以来，中国的法制建设、人权保障取得巨大成就，德方朋友给予了充分肯定。我们也对德方法制与人权成就表示赞赏。

三是会议议程突显了这一特色。会议议题和各项议程，严格按照中德双方的事先约定实施；每个代表的发言，严格按照会议规定的时间和程序进行，显现了加强法制、保障人权的突出特点。

三、以哲学思维深化人权研究

中德两国是崇尚理性、追求理性，而且产生过理性王国中最灿烂、最光辉的系统哲学理论和哲学大家的国度。我们这次会议一个鲜明特点是，许多代表善于用哲学思维探索人权问题，包括会上会下，甚至在用餐时还兴致勃勃地进行切磋。这样，原来久议不绝的一些人权具体问题，一进入哲学层面讨论，就比较容易分析清楚。我们这次会议重点讨论了三个问题：

一是知行关系。这是一个常议常新的哲学话题。这个问题体现在人权研究领域，就成为一个理论与实践如何紧密结合探寻人权的问题。这次会议，可以说每个代表都比较注意理论联系实际探讨问题，因而发言都有较强的说服力和感染力。

二是共性与个性的关系。共性存在于个性之中，共性只有通过个性才能实现。这是一个通俗的哲学问题，表现在人权领域，就成为对人权的普遍性和特殊性的认识。西方国家有一种说法，中国对人权只注意特殊性而不注重普遍性。这与事实不符。我们历来注意把国际人权法则融注到我国各种法律中贯彻执行，这就是普遍性和特殊性的统一。

三是重点与全面的关系。这也是一个被普遍探讨的哲学问题，体现在我国人权领域，则表现为我们既高度重视生存权和发展权，同时也重视公民的政治、经济、社会和文化权利，实现了重点与全面的统一。而不像某些西方国家所宣称的那样，中国只注意生存权和发展权，不重视其他权利。出现这种情况，除了其他的因素之外，可能与我们同这些国家沟通不够有直接关系，今后应加大交流力度，以更好地解疑释惑、宣传中国。

四、以文化视角探寻人权理念

我们中德双方探索人权问题，实质上在进行文化交流。我们每个人不可能离开特定的生存、生活环境，必然受到一定文化的影响和熏陶。从一定意义上说，我们中方代表与德国朋友所进行的人权交流，是在科学理论指导下，用升华提高了的中国传统的"仁"的文化、"和"的文化、"法"的文化，同德国文化中的平等观念、慈爱观念、契约观念等多种文化理念在交流、交融。文化的竞争性和亲和性这两大特性在会议上都有所体现，但主要体现的是亲和性。因为我们的交流呈现出和顺、和睦、和谐的气氛，在不少问题上取得了基本相同和趋于一致的认识。

五、以创新意识深化人权讨论

创新是一个国家、一个民族不断发展的灵魂，同样也是我们人权研讨会不断深化、发展之魂。这次会议的两个创新思路引人注目：

一是用求同存异来创新对人权的认识。实事求是地讲，中德双方在人权的定义，人权的历史性、社会性，以及对死刑的认识等诸多问题上还存在不同认识，但我们也有一些共识和趋于相同的认识，比如对生存权是基本和首要人权的认识，有一些德国朋友就与我们认识趋于相同。中方有的代表认为，人们拥有政治、经济、社会和文化权利，从一定意义上看都是为了更好的生存和发展。这种观点得到德方不少人的认同，有一定的创新价值。

二是用异中求同来创新对人权的认识。由于多种因素，包括历史传统、政治制度、文化观念、宗教信仰、经济状况、生活习俗等诸多方面的不同，使得中德双方在一些问题上的认识有所不同。对此，我们力求异中求同、创新认识。比如对死刑的认识，在废除死刑是对人性最崇高的尊重，是世人追求的理想境界等方面，双方观点相同；在什么时间和具备什么条件下废除死刑，双方认识有异。这样的观点有一定的创新意义。

六、以真挚友谊推进人权交流

我们的会议洋溢着友好气氛，中德两国人民的长久友谊，我们三个非政府组织的密切交往，与会代表高水平、高质量的热情参与，是会议取得成功的重要条件和基本因素。

马克思、恩格斯的伟大学说，同中国实际相结合，产生的科学理论包括科学发展观以及构建和谐社会的理念，推动中国社会发生了亘古未有的历史性巨变。这是中国人民对德国历来怀有特殊情感的历史渊源和重要根基。1972年中德建交后关系日益发展，两国关系如今处于历史最好时期。这是中德友谊的现状和不断发展的基础，也是我们会议成功举行、硕果累累的背景和沃土。

我们为人权、友谊而来，为正义、交流而聚，从1999年开始至今，跨世纪成功举办了八次会议。这八次会议，次次提出新题，认识新知，探索新意；次次认识新友，结交老友，熟知挚友；次次乘兴而来，欢乐而聚，满载而归。这八次会议，以导向正确、次数居多、内涵丰富、影响广泛，创造了国际人权交流史上的成功范例。从导向上看，研讨会坚持对话，反对对抗，顺应了国际人权进步的历史潮流。从时序上看，研讨会由非政府组织连续八年举办八届，时间之长，届数之多，在中国和国际社会都为鲜见。从内容上看，研讨会涉及中德两国和国际社会，涉及人权、司法和整个法制建设，涉及政治、经济、文化和社会，还涉及青年、妇女和儿童；这次会议表明，研讨会的议题有向更加专业化和更加具体实在的方向发展的趋势。从作用上看，研讨会不仅在中德两国有一定知名度，而且在欧盟和整个国际社会也较有影响。中德双方会议代表和三个非政府组织一致表示，一定要坚持不懈地把研讨会办下去，使之成为国际社会影响更加广泛的人权对话范例，在两国人权和世界人权进步事业中发挥更大作用。

（2006年10月11日）

随笔 ——黑格尔演讲的启示

马克思称黑格尔为最博学的辩证法大师。这位大师于1816年10月28日在德国海德堡大学讲授哲学史的开讲辞，是大师演讲的经典之作，是哲学和其他理论工作者以及演讲爱好者演讲的示范之作。这一开讲辞，清楚地告诉大家，我们完全可以把平常的话说得更亲切，深刻的道理说得更简洁，一般的语言说得更生动，让美的语言滋润人们的心灵和生活。

请听大师怎样把平常的话说得更亲切——大师一开始就讲得很亲切："我所讲授的对象既是哲学史，而今天我又是初次来到本大学，所以请诸位让我首先说几句话，就是我特别感到愉快，恰好在这个时候我能够在大学里面重新恢复我讲授哲学的生涯。"

大师以年长的身份讲话讲得很亲切："我们老一辈的人是从时代的暴风雨中长成的，我们应该赞美诸君的幸福，因为你们的青春正是落在这样一些日子里，你们可以不受扰乱地专心从事于真理和科学的探讨。我曾经把我的一生贡献给科学，现在我感到愉快，因为我得到这样一个地方，可以在较高的水准，在较广的范围内，与大家一起工作，使较高的科学兴趣能够活跃起来，并帮助引导大家走进这个领域。"

大师给大家提出希望提得很亲切："我希望我能够值得并赢得诸君的信赖。但我首先要求诸君只须信赖科学，信赖自己。追求真理的勇气和对于精神力量的信仰是研究哲学的第一个条件。人既然是精神，则他必须而且应该自视为配得上最高尚的东西，切不可低估或小视他本身精神的伟大和力量。人有了这样的信心，没有什么东西会坚硬顽固到不对他展开。"

请听大师怎样把深奥的道理用简单的语言说得更清楚——为什么人们对哲学研究缺少兴致呢？大师一语道破："时代的艰苦使人对于日常生活中平凡的琐屑兴趣予以太大的重视，现实上很高的利益和为了这些利益而作的斗争，曾经大大地占据了精神上一切的能力和力量以及外在的手段。"

对哲学研究缺少兴致造成什么结果呢？大师一语道破："因而使得人们没有自由的心情去理会那较高的内心生活和较纯洁的精神活动，以致许多较优秀的人才都为这种艰苦环境所束缚，并且部分地被牺牲在里面。因为世界精神太忙碌于现实，所以它不能转向内心，回复到自身。"

"像前面所提到的时代的艰苦和对于重大的世界事变的兴趣也曾经阻遏了我们深澈地和热诚地去从事哲学工作，分散了我们对于哲学的普遍注意。这样一来坚强的人才都转向实践方面，而浅薄空疏就支配了哲学，并在哲学里盛行一时。我们很可以说，德国自有哲学以来，哲学这门科学的情况看起来从来没有像现在这样坏过。空洞的词句，虚骄的气焰从来没有这样漂浮在表面上，而且以那样自高自大的态度在这门科学里说出来作出来，就好像掌握了一切的统治权一样。"

怎样解决这个问题呢？大师一语道破："现在现实的这股潮流既然已经打破，日耳曼民族既然已经从最恶劣的情况下开辟出道路，且把它自己的民族性——一切有生命的生活的本源——拯救过来了：所以我们可以希望，除了那吞并一切兴趣的国家之外，教会也要上升起来，除了那为一切思想和努力所集中的现实世界之外，天国也要重新被思维到，换句话说，除了政治的和其他与日常现实相联系的兴趣之外，科学、自由合理的精神世界也要重新兴盛起来。"

"我们曾接受自然的较高的号召去作这个神学火炬的保持者，如同雅典的优摩尔披德族是爱留西的神秘信仰的保持者，又如萨摩特拉克岛上的居民是一种较高的崇拜仪式的保存者与维持者，又如更早一些，世界精神把它自己最高的意识保留给犹太民族，俾使它自己作为一个新精神从犹太民族里产生出来。"

"在这时代里，那前此向外驰逐的精神将回复到它自身，得到自觉，为它自己固有的王国赢得空间和基地，在那里人的性灵将超脱日常的兴趣，而虚心接受那真的、永恒的和神圣的事物，并以虚心接受的态度去观察并把握那最高的东西。"

请听大师怎样把一般性的语言说得更生动——大师把被人们深恶痛绝的现象说得很生动："空洞的词句，虚骄的气焰从来没有这样漂浮在表面上，而且以那样自高自大的态度在这门科学里说出来作出来，就好像掌握了一切的统治权一样。"

大师把勇敢探索者形象说得很生动："那最初隐蔽蕴藏着的宇宙本质，并没有力量可以抵抗求知的勇气；它必然会向勇毅的求知者揭开它的秘密，而将它的财富和宝藏公开给他，让他享受。"

大师把殷切的希望说得很生动："因为这样的时机似乎业已到来，即可以期望哲学重新受到注意和爱好，这门几乎消沉的科学可以重新扬起它的呼声，并且可以希望这个对哲学久已不闻不问的世界又将倾听它的声音。"

"为了反对这种浅薄思想而工作，以日耳曼人的严肃性和诚实性来工作，把哲学从它所陷入的孤寂境地中拯救出来，——去从事这样的工作，我们可以认为是接受我们时代的较深精神的号召。让我们共同来欢迎这一个更美丽的时代的黎明。"

大师的一些观点我们未必完全赞同，但是大师的这些演讲艺术，会给我们一些启发和教益，是给我们的一次文化艺术享受。

科学发展　战略谋划　辩证思维
——关于构建大外宣格局的思考

一、坚持以科学发展观统领构建大外宣格局

第一，正确认识科学发展观、和谐社会建设和构建大外宣格局的内在联系

科学发展观、社会主义和谐社会和大外宣格局本质上都是中国特色社会主义属性的必然反映，是中国社会发展的必然要求，体现了当代中国各项事业紧密联系、相互影响的必然趋势，凝聚和代表了中国最广大人民的根本利益。科学发展观在当代中国社会发展中具有指导思想的地位和作用。社会主义和谐社会是在科学发展观指导下，中华民族崇尚和为之不懈奋斗的社会进步形态。构建大外宣格局是落实科学发展观的重要实践和生动体现，是社会主义和谐社会的有机组成部分，是维护国家利益、捍卫国家尊严、表达国家意志、树立国家形象，具有全局性、战略性的宏大事业。

第二，充分挖掘以科学发展观为指导的大外宣格局的丰富内涵

大外宣格局战略的提出和实践，与科学发展观血脉相连。继续推进这一具有战略和全局意义的事业，必须坚定不移地以科学发展观为指导，充分挖掘大外宣格局深刻而丰富的政治、经济、文化内涵。

挖掘大外宣格局的政治内涵，就是要清醒地把握：维护党、国家和人民的根本利益，捍卫中华民族的尊严，表达科学发展、改革发展、和平发展的国家意志，树立文明进步、民主法治、改革创新、对外开放、爱好和平的国家形象是构建大外宣格局的最高行为准则。

挖掘大外宣格局的经济内涵，就是要清醒地把握：构建大外宣格局是中国社会生产力发展的必然反映，是改革开放后我国综合实力不断增强的必然要求，也是社会主义市场经济发展和全球经济一体化的内在需求，向世人展示了经济效益、社会效益、人才效益紧密联系、相互作用、共同受益的广阔前景。

挖掘大外宣格局的文化内涵，就是要清醒地把握：构建大外宣格局是中华民族传统文化在新形势下被赋予了崭新的思想内容，是我们民族优良传统与当代文明相结合的时代产物，是中华文化与西方文化碰撞、交融的必然结果，是党的政治思想工作和对外宣传工作的继承、创新和发展，展现了中国共产党人崇尚真理、追求进步、执政为民的智慧和实践。

第三，牢固树立以科学发展观为指导的大外宣格局的科学理念

按照科学发展观的内在要求，推进构建大外宣格局，从我们外宣办来讲，应当牢固树立四个科学理念：

一是大局理念：着眼于国内、国际两个大局，立足于大思路、大视野、大气魄，扎扎实实地构建外宣大格局，做好对外宣传的大文章。

二是服务理念：坚持高层次、高标准、高效益，服从服务于中国和谐社会建设的历史进程，服务于中国形象的展示和树立，服务于中华民族的伟大复兴。

三是指导理念：纵观整体，驾驭全局，联系上下，吃透两头，明晰里外、着力指导，把党的路线、方针、政策转化为整个社会的实际行动，把当代中国改革开放、文明进步、科学发展的真实形象及时传递和展现给整个国际社会。

四是协调理念：协调好中央部门与地方、国内与国外、官方与民间等方方面面的关系，分清轻重缓急、先后进退，统筹兼顾，讲究策略和艺术，调动一切积极因素，发挥各方面的力量，共同构建大外宣格局。

二、坚持从战略高度构建大外宣格局

今年大外宣格局的构建有六大明显进展：

第一个进展是：战略目标逐渐清晰。中央提出"对外宣传工作是党和国家的一项具有全局性、战略性的工作"、"对外宣传实力是我国综合国力的重要组成部分"、"提高对外宣传的国际影响力，是增强我国国际竞争力的重要方面"，科学地确定了外宣工作在全党工作中的地位和职责，为我们指明了努力方向。依循这个方向和要求，经过今年的实践，我们对大外宣格局的战略目标认识逐步清晰，这就是：团结各方面的积极力量，调动国内外一切积极因素，形成对外宣传的强大合力，创造中国特色社会主义事业发展的良好国际舆论环境，充分有效地维护国家利益，捍卫民族尊严，表达人民意志，树立中国形象。

第二个进展是：战略机制逐步健全。一年来，大外宣格局的战略机制给人以耳目一新的印象和触动。网络新闻监督、新闻舆论的研究评判等机制陆续建立，对外宣传工作的整体规划协调指导、突发事件报道协调、新闻发言人培训、地方外宣干部教育等机制进一步完善，为构建大外宣格局不断注入新的活力。

第三个进展是：对外宣传渠道日渐拓宽。一年来，政治、经济、文化、旅游、民间交往等领域的对外宣传渠道逐渐拓宽，更加畅通，展示了大外宣格局的亮丽风景。

第四个进展是：重大活动的影响日益扩大。今年，国务院新闻办公室举办了"感知中国·韩国行"、"感知中国·南非行"、中国人权展等一系列重大活动，在国内外取得良好效果。

第五个进展是：方式方法更加灵活多样。会议外宣、媒体外宣、网络外宣、展览外宣、文艺外宣、旅游外宣等各种形式五彩纷呈，使大外宣格局充满活力、生机勃勃。

第六个进展是：外宣力量日趋壮大。从中央到地方以及驻外使领馆的外宣专职队伍有所壮大，从学者、教授、文艺团体到民间社团以及新经济组织的外宣活动逐步活跃，从港澳台同胞到海外华人华侨以及对华友好的国际友人对中国的认同感不断增强，宣传中国的氛围日趋浓厚，多种外宣力量交互作用，相得益彰，使大外宣格局呈现出欣欣向荣的态势。

三、坚持构建大外宣格局的科学工作原则

今年我们的对外交流比较活跃，舆论宣传成效良好，公益事业明显推进，制度建设日趋完善，队伍建设不断加强，各方面工作呈现出蓬勃发展的良好态势。总结起来，根本的原因是我们认真落实了科学发展观，同时也与贯彻了"六论"的工作原则有着直接关系：

一是导向论：导向决定事业的兴衰成败。我们事业的发展，最根本的是，以科学发展观为根本指导方针，坚持正确的政治导向、舆论导向、科学导向，从而保证了基金会事业全面、协调、可持续向前发展。

二是价值论：党、国家、人民的根本利益是价值取舍的根本标准。我们注意在各方面严格把关，防止出现问题和瑕疵。有位企业家曾要给基金会捐赠巨款，经过认真考察，我们予以婉拒。在全体人员的努力下，基金会整体价值和良好声誉得到了较好体现和维护。

三是效益论：效益是检验工作的重要尺度，社会效益和经济效益的统一，是我们一贯追求的效益准则。在开展各项活动时，我们力争少投入或不投入，取得最大的综合效益。

四是重点论：突出重点是做好各项工作的基本方法。同时，我们也注意兼顾其他，使工作得到了较为全面的发展。

五是和谐论：和谐是中国特色社会主义的本质属性，也是我们搞好工作的重要目标和有效方法。我们在国际交流中注意求同存异、异中求同，始终同各方面保持和谐友好关系。同时，我们注意组织内部关系的调整，尤其是注重人与人之间的心理和谐、心态和谐、心灵和谐，营造出一种团结向上、和谐奋进的工作氛围。

六是发展论：发展是我们事业的价值和追求所在。我们注意对外交流、舆论宣传、公益事业、募集资金等各项工作有效开展，也注意理论研究、政策研究、规律研究等工作的循序推进；注意立足国内，也注意面向世界，力争全面发展、统筹发展、持续发展、综合发展。

四、坚持利于构建大外宣格局的辩证思维

作为科学辩证法意识形态的辩证思维，是搞好各项工作锐利的思想武器。坚持全面、联系、发展的观点处理我们的各项事务，显得尤为迫切和重要。**在对外交流中**，我们注意处理好全局和局部的关系，协调好政治、经济、文化和社会各方面的关系。尤其在对日交流中，既给予日本右翼以必要压力，又注意争取团结日本友好团体，促进中日友好交往。在与美国、德国、澳大利亚等西方主流国家密切交往的同时，也注意与发展中国家进行交流。**在舆论宣传中，**我们注意内外有别，外外有别，坚持政治性、科学性的统一。尤其是在处理一些难点、热点、焦点问题时，我们注意周密运筹、精心实施，收到了良好的宣传效果。**在公益事业、募集资金**

和资本运营中，我们注意处理好重点项目和一般项目等诸多关系。显而易见，辩证思维对我们做好工作起到了积极的促进作用。

我们认为，从总体上说，**构建大外宣格局要正确处理六大关系**：

一是对外宣传和国外对华宣传的关系。这是对外宣传中容易被人忽视，但又是必须面对、认真处理的一个基本和全局问题。这里涉及国内、国外方方面面的关系，需要加强研究、不断实践。

二是外宣与外交的关系。这是一个大家熟知，但又必须结合新的形势，从理论与实践上进行进一步阐述和升华的问题。

三是外宣与内宣的关系。这是一个常议常新，具有丰富内涵和实践意义的重要问题。现在值得进一步研究的是，外宣和内宣怎样紧密配合，产生最佳效益。

四是中央机构外宣与地方外宣的关系。有人形象比喻，两者是车头和车身的关系，这有一定道理。中央单位的外宣往往起着主导和某种示范作用，地方外宣则起着基础和某种典型试验作用，双方密切配合，就会在构建大外宣格局中发挥独特作用。

五是综合部门外宣和具体战线外宣的关系。有人用通俗的哲学语言说，两者是点和面的关系，这不无道理。综合部门外宣的战线比较广泛，往往起着协调和服务的功能，而具体战线的外宣则任务明晰，项目相对单一。两者协调合作，宜于在构建大外宣格局中发挥更大作用。

六是官方外宣和民间外宣的关系。这涉及多层次、多渠道、多领域、多形式、多角度向国际社会展示中国形象的重大问题。两种宣传密切配合，就会使大外宣格局达到一种日趋完善的美好境界。

总之，在构建大外宣格局的历史进程中，需要正确认识和精心处理的关系非常之多，需要我们坚持辩证思维，用科学发展观指导统领和正确处理，使大外宣格局在建设社会主义和谐社会中进入一种充满生机和活力的理想佳境。

（2006 年 12 月）

大局、大事、大计，是外宣战线每一个工作人员都应当牢固树立的观念。从战略和长远看，各个行业工作人员甚至全体公民都应当树立这种观念。

2006 年 12 月，我在一次理论务虚会所作的《关于构建外宣大格局的思考》的发言，重点强调的就是这一思想。

一个观念的形成和完备，有一个比较成熟的系统体系，主要有三个要素：一是思想意识，二是知识形态，三是实际行动，三者紧密相连，缺一不可。

以科学发展观为根本指导方针，是大局观念的核心。用这一方针统筹、统领国内和国外两个大局，是大局观念的主要内容。对外宣传牢牢树立大局观念，就是要以科学发展观为指针，以世界视野、中国眼光，统筹国内国际两个大局，逐步增强话语权的能力和实力建设，向国际社会展示中国良好形象，努力创造友善、和谐、进步的国际舆论环境。

以中国特色社会主义事业为最高行为准则，是大事观念的本质要求。努力推进政治建设、经济建设、文化建设、社会建设以及生态建设，是大事观念的具体行为表现。各行各业以及各单位都有一个相对而言的大事内涵，但总的必须服务和服从中国特色社会主义大业，这是大事观念的基础要求。对外宣传牢牢树立大事观念，就是要客观准确、及时迅速、公正透明地介绍中国特色社会主义事业的整体面貌、本质状态和重大进展，增进国际社会对中国的了解、理解，减少误传、误解，加强信任和友谊，推进和谐世界的舆论建设。

以历史为借鉴，以现实为依据，以中华民族未来发展为目标，精心谋划中华民族伟大复兴的发展蓝图，是大计观念的根本要求。各行各业以及各单位都有一个相对而言的发展大计，但总的要服务和服从全面建设小康社会的总体目标。对外宣传牢牢树立大事观念，当前和今后一个时期，就是要精心部署、全面落实外宣总体规划要求，努力把工作提高到一个与时俱进的新高度和新水平。

牢牢树立大局观念、大事观念和大计观念，是构建外宣大格局的客观要求和发展呼唤，应当成为我们的实际行动和行为规范。

2005年

坚决反对美、日涉台问题共同声明

——对新闻媒体发表谈话

针对美国和日本近日发表涉及台湾问题的共同声明，中国人权发展基金会向媒体发表谈话时指出，中国人权组织坚决反对美、日将涉及中国国家主权、中国人权、领土完整和国家安全的台湾问题列入发表的共同声明。

一、美日发表涉台问题共同声明，严重干涉了中国的国家主权、侵犯了中国人民的人权

尊重国家主权是国际法的一项基本原则。国家主权是人权的基础与基本保障。国家失去主权，人权也就无从谈起。在近代史上，中国曾经饱受外国侵略者的侵略和占领，主权丧失殆尽，人民的生命屡遭浩劫、基本权利被无情践踏，中国人民饱尝了被侵略、被宰割、被欺凌的痛苦。只是在新中国成立后，中国才真正有了完整的主权，人民真正享有了人权。台湾是中国不可分割的领土，台湾同胞是中国大家庭的重要一员，台湾问题是属于中国主权独立自主处理的内部事务，决不容外国势力染指。美、日安全磋商委员会发表涉及台海问题的联合声明，将台海纳入"安保"范围，公然挑战中国的主权，侵犯中国人民的人权，中国人民坚决不答应。

二、美日发表涉台问题共同声明，严重违反了联合国宪章、国际人权公约和国际法准则

联合国宪章规定："禁止干涉在本质上属于任何国家之国内管辖之事

项。"联合国大会 1960 年 12 月通过的《给予殖民地国家和人民独立宣言》指出："所有国家的人民都有不可剥夺的权利来取得完全的自由、行使主权和保持国家领土完整";"任何旨在部分地或全面地分裂一个国家的团结和破坏其领土完整的企图都是与联合国的目的和原则相违背的";"一切国家应在平等、不干涉一切国家的内政和尊重所有国家人民的主权及其领土完整的基础上忠实地、严格地遵守联合国宪章,世界人权宣言和本宣言的规定。"1970 年的《国际法原则宣言》指出："任何国家或国家集团均无权以任何理由直接或间接干涉任何其他国家之内政或外交事务。"世界人权大会 1993 年 6 月通过的《维也纳宣言和行动纲领》中也规定,不得"采取任何行动去全面或局部地支解或侵犯独立国家的主权和领土完整或政治统一。"这样的规定在许多的国际性宣言、准则中都有体现。美日发表涉台问题共同声明,是和联合国宪章、国际人权公约、国际法准则相违背的,必然遭到世界主持正义、爱好和平的国家与有识之士的强烈反对,也必然遭到中国人民的坚决反对。

三、美日发表涉台问题共同声明,严重违背了他们在台湾问题上所作的承诺

美国、日本和中国建立正式外交关系时,都签署了公报或联合声明。美国声明:台湾是中国的一部分。日本政府声明,充分理解和尊重中国政府关于台湾是中华人民共和国领土不可分割的一部分的立场。此后,美国政府和日本政府在许多公开场合也重申了这一立场。但是,这一次,他们从自己狭隘的利益出发,公然抛弃在国际社会面前所作的承诺,发表了超出美、日双边范畴的涉台问题共同声明,严重干涉中国国家主权、领土完整和统一,这是不得人心的,是注定要失败的。

(2005 年 2 月 21 日)

随笔 ——归人

读台湾诗人郑愁予《错误》一诗，感慨良多，仿改此诗。

我从江南走过，
那等在季节里的容颜如莲花的开落，
东风微笑，三月的柳絮笑意已在空中飞翔，
你的心望似寂寞的小城，
却是欢愉的都市，
三月的春帷漫步升起，
你的心看似紧掩的微窗，
却是开放的门户，
我达达的马蹄，是美丽的诗歌
我是魂牵归人，不是匆匆过客……

209

附：郑愁予《错误》

我打江南走过
那等在季节里的容颜如莲花的开落

东风不来，三月的柳絮不飞
你底心如小小寂寞的城
恰若青石的街道向晚
跫音不响，三月的春帷不揭
你底心是小小的窗扉紧掩

我达达的马蹄是美丽的错误
我不是归人，是个过客……

鞭挞美国人权劣迹　坚持人权正确主张

——对新闻媒体发表谈话

中国国务院新闻办公室 2005 年 3 月 3 日发表《2004 年美国的人权纪录》，我们中国人权发展基金会表示坚决支持。美国国务院 2 月 28 日发表《2004 年度国别人权报告》，对中国等 190 多个国家和地区的人权状况进行无端指责，我们表示坚决反对和强烈谴责。

2004 年是中国人权发展史上的重要一年。这一年，中国人民将"国家尊重和保障人权"写入宪法，谱写了中国人权发展的历史新篇章。中国政府以人为本、执政为民，在扩大民主、加强法治等方面做了大量卓有成效的实际工作，取得了世人瞩目的伟大成就。而 2004 年的美国人权纪录却是劣迹斑斑，尤其是美国疯狂虐待伊拉克战俘更是令人发指，震撼了整个世界和人类良知，受到国际社会的强烈谴责。美国对自己糟糕的人权记录熟视无睹、只字不提，对中国人权成就视而不见、横加指责。中国政府适时发表的《2004 年美国的人权纪录》，主旨在于坚持正义、以正视听，对美国的人权劣迹，以及其强权政治、霸行主义、在人权问题上实行双重标准等行径，进行的具体揭露和有力鞭挞，是在给美国人权进行"补缺"和"提醒"。所谓"补缺"，就是补上美国发表的《2004 年国别人权报告》中缺少自己践踏人权、泯灭良知的内容。所谓"提醒"，就是告诉美国，不要充当"人权警察"，干涉别国内政，违反联合国宪章和国际人权公约，要理智、自觉地把精力放在改善自己糟糕的人权状况上。

中国发表《2004 年美国的人权纪录》，是从世界和平与发展的大局出发，对美国的倒行逆施和人权劣迹进行鞭挞，也从一定角度阐释了中国在人权问题上的正确立场。

我们历来主张遵守、实施国际人权准则要与各国具体情况相结合。国际社会公认的人权准则，是人类文明的产物和结晶，适用于国际社会大家庭的每个成员。由于社会制度、历史背景、文化传统、宗教信仰、价值观念、经济发展水平等方面的差异，世界各国实施国际人权准则，会有诸多不同。即使是国际社会公认的最一般的人权准则，各国在确认和实施过程中，也必须与实际相结合。世界各国要根据自己的国情来确定人权发展道路，应和平共处、相互尊重、互不干涉，努力寻找共同点。美国无视自己的人权劣迹，无视国际人权准则的实施规律和别国人权的发展状况，粗暴践踏国际人权公约和干涉别国内政的行径，必然遭到世界人民的强烈谴责。

我们历来主张各国人权的发展是一个循序渐进的过程。随着社会政治、经济、文化的发展，人权状况也会发生变化。正是在变化、发展和探索过程中，人权不断被推向新的发展阶段。世界各国的人权都处在一定的发展阶段，人权发展的不同步现象客观存在，不容置疑。发展中国家的人权进展不可能与发达国家相一致。不顾190多个国家和地区的人权发展状况，硬要把自己的人权发展模式强加给其他国家，是完全行不通的。美国无视自己的人权劣迹，无视人权发展的客观规律和其他国家的人权发展状况，对众多国家横加指责，必然受到国际舆论的强烈谴责。

我们历来主张在人权问题上要坚持对话、反对对抗。世界各国国情不同，人权状况和人权立场必然呈现出多样化特点。中国认为，应该本着平等相待、相互尊重、求同存异、增进了解、加强交流的精神，解决人权问题上的分歧。坚持对话、反对对抗，符合世界发展潮流。坚持对话，就会减少分歧，化解矛盾，扩大共识，增进理解，这是国际人权交往的唯一正确途径。坚持对抗，则会增加分歧，扩大矛盾，延伸误解，不利于解决任何问题。美国无视自己的人权劣迹，无视其他国家的人权发展状况，对众多国家无端指责，暴露了坚持对抗、反对对话的本来面目，必然受到国际社会的强烈谴责。

（2005 年 3 月 4 日）

美国幽默大师、著名作家马克·吐温讲过一个跳蛙的故事，说的是美国西部一位嗜赌如命者斯迈雷的事情。

为了和人打赌，斯迈雷特地训练了一只跳蛙叫丹尼尔，逢人便押赌比赛。一天，他遇见了一个陌生人。像往常一样，他又执意要打赌比赛。

斯迈雷说："我赌 40 块钱，敢说这蛤蟆比卡县随便哪一只蛤蟆都蹦得高。"

那位陌生人琢磨了一会儿，有点儿为难："呃，这儿我人生地不熟的，也没带着蛤蟆；要是我有一只蛤蟆，准跟你赌。"

这时候斯迈雷说话了："好办——好办——只要你替我把这笼子拿一小会儿，我就去给你逮一只来。"就这样，陌生人拿着笼子，把他的 40 块钱和斯迈雷的 40 块钱放在一起，坐下等着了。

陌生人坐在那儿想来想去，想了好一会儿，然后从笼子里头把蛤蟆拿出来，扒开它的嘴，自己掏出一把小勺来，给蛤蟆灌了一肚子火枪的铁砂子——一直灌到齐了蛤蟆的下巴颏——然后把蛤蟆放到地上。斯迈雷呢，他上洼地的烂泥里头稀里哗啦趟了一气，到底逮住个蛤蟆。他把蛤蟆抓回来，交给那陌生人说："行了，你要是准备好了，就把它跟丹尼尔并排摆着，把它的前爪跟丹尼尔的放齐了，我喊个号。"然后他就喊："一——二——三——蹦！"他和那汉子从后边点那两只蛤蟆，那只新来的蛤蟆蹦得特有劲，可是丹尼尔喘了一口粗气，光耸肩膀——就这样——像法国人似的。这哪管事儿啊；它动不了，跟生了根一样，连挪挪地方都办不到，就像抛了锚。斯迈雷又纳闷，又上火；当然啦，说什么他也想不通这到底是怎么一档子事。

陌生人拿起钱就走；临出门了，他还拿大拇指在肩膀上头指指丹尼尔——就像这样——慢慢吞吞地说："我也没瞧出来这蛤蟆比别的蛤蟆好到哪儿去嘛。"

斯迈雷呢，他站在那儿抓耳挠腮，低着头把丹尼尔端详了好一会儿，最后说："真闹不明白这蛤蟆怎么栽了——闹不明白它犯了什么毛病——看起来，它肚子胀得不轻。"他揪着丹尼尔脖子上的皮，把蛤蟆掂起来，说："它要没五磅重才怪呢!"蛤蟆头朝下,吐出满满两大把铁砂子来。这时候斯迈雷才明白过来,他气得发疯,放下蛤蟆就去追陌生人,可再也追不上了。

马克·吐温的故事说了一个骗子被另一个骗子欺骗的故事,马克·吐温时代美国已是步入繁荣的镀金时代,但他描述的这类骗人被骗的事情仍屡见不鲜,给人以深思:发达国家的不发达事情,与欠发达国家的欠发达事情毫无二致;文明国家的不文明事情,与欠文明国家的欠文明事情极其相似——整个世界需要进步,整个人类任重道远。

坚决反对美国对中国人权状况的无理指责

——就美国再次发表人权报告发表谈话

美国国务院 2005 年 3 月 28 日再次发表所谓的人权报告，不顾中国人权不断改善、取得巨大进步的事实，无理指责中国政府，污蔑中国人权状况，再一次表明美国政府干涉别国内政，践踏联合国宪章、国际人权公约和国际法准则，搞双重标准，坚持在人权问题上搞对抗的恶劣做法。对此，我们中国人权组织表示强烈不满和坚决反对。

美国政府对自己劣迹斑斑的人权状况熟视无睹，也对中国人权的进步与发展视而不见，却对包括中国在内的许多国家的人权状况横加指责，说三道四。它把一些国家人为地划在自由分界线的"错误的一边"，称赞自己是站在所谓"自由分界线的正确的一侧"，自我标榜"为改善全球 98 个国家的人权状况所进行的努力"。这是美国推行霸权主义、强权政治在国际人权领域的再次赤裸裸的体现，是美国充当"人权警察"、"人权卫士"和实行双重标准丑恶嘴脸的再次大暴露。国际社会知道：人权问题本质上是属于一国主权管辖的问题。促进和保护人权是世界各国的共同任务。各国的人权状况都有一个不断完善、不断发展的过程。世界上的任何一个国家，其人权状况都不可能是完美无缺的。在当代国际社会，更没有一个国家有资格充当"世界人权法官"，对其他国家的人权状况无端指责，横加干涉。如果拿自己国家的人权模式作标准去评判其他国家，或者把自己国家的人权模式强加于人，是不恰当的，也是根本行不通的。但是，美国硬要按照自己的标准和模式，人为地将世界上所有国家分为自由分界线"错误的一边"、"正确的一侧"，必然和已经遭到国际社会的强烈谴责和反对。

美国时时表白自己站在自由分界线"正确的一侧",但是,它自己劣迹斑斑的人权状况已经引发了国际社会的普遍关注。在古巴的关塔那摩美军监狱,美军虐囚丑闻已沸沸扬扬;在伊拉克,参与虐囚的美国官兵已被诉诸法律,在对伊战争中美军误杀、误伤平民的情况大量存在,美国的人权、自由之说无法自圆,更无资格也无权对其他国家的人权状况进行无端指责。美国政府不要充当"人权警察"、"人权卫士",还是应该把精力放在搞好自己的人权建设上。

中国的人权建设取得了巨大发展。2004年,是中国人权发展具有重要里程碑意义的一年。第十届全国人民代表大会第二次会议审议通过了宪法修正案,增加了促进物质文明、政治文明和精神文明协调发展、建立健全社会保障制度、尊重和保障人权等条文,完善了土地征用制度和对公民的合法的私有财产的保护,充分体现了修宪为民、保障人权的原则。特别是首次将"国家尊重和保障人权"正式载入国家的根本大法,进一步确立了保障人权在中国法律体系和国家发展战略中的突出地位,为中国人权事业的全面发展开辟了更加广阔的前景。在这一年里,中国政府坚持以经济建设为中心,以人为本,树立全面协调可持续的科学发展观,促进物质文明、政治文明和精神文明协调发展,改革开放和现代化建设取得了新的突破,政治保持了稳定,经济实现了快速发展,促进了经济、社会和人的全面发展,建设民主法制,公平正义,诚信友爱,充满活力,安定有序,人与自然和谐相处的社会主义和谐社会,人民生活水平进一步提高,人权事业取得了新的进展。

美国政府对中国人权的无端指责,抹杀和改变不了中国人权建设取得的世人瞩目的伟大成就。中国人民必定会按照自己的国情和人权发展道路,全面推进中国特色社会主义的人权建设,为世界人权进步事业贡献自己的力量。

（2005 年 3 月 31 日）

随笔 ——泰戈尔之言

面对美国对中国人权的污蔑和指责,我想起了泰戈尔在《微思集》的一段生动语言：

"爆竹自夸：兄弟，我多勇敢，朝星星脸上抹灰，我不眨眼！

诗人说道：星星不会玷污，纸屑灰土随你而行返回地面。"

这爆竹之言与美国行为如出一辙。泰翁远见卓识，深刻生动。

忠实记录历史　理智启示未来

——关于拍摄日本侵华战争中国战俘纪录片的几点看法

今天，南京电影制片厂《日本侵华战争中国战俘》纪录片摄制组来我会采访，我会作为总策划单位，对如何拍好这一重要历史题材的纪录片，已提出过不少意见，现在我再讲几点个人看法：

一、关于目的

2005 年是中国人民抗日战争暨世界反法西斯战争胜利 60 周年，拍摄好日本侵华战争中国战俘纪录片，无疑具有忠实记录历史、理智启示未来的重要意义。我们拍摄这一纪录片，主要有三个目的：

第一，直接目的：向世人诉说日本侵略者虐待中国战俘的历史事实。日本从 1931 年侵华，到 1945 年投降，14 年时间，罪恶累累，罄竹难书。虐待中国战俘，是日本侵华罪行的重要组成部分。对此，中国人比较了解，但从多数人的情况看，仍是略知梗况，不解详情，国际社会更是知之甚少，有些外国人甚至一无所知。日本国内有些人根本否认侵华历史，对中国战俘问题更是从不谈及。我们拍摄这一纪录片，就是向世人诉说历史事实，揭露日本侵略者的罪恶面目。

第二，间接目的：向世人诉说中国为世界反法西斯战争付出的巨大代价。中国在世界反法西斯战争的东方战场进行了艰苦卓绝的伟大斗争，抗击和牵制了绝大部分日军精锐部队，在战略上有力支援了欧洲和太平洋及亚洲地区的反法西斯战争。中国军民在战争中死伤人数达 3500 万之多，经济损失可达数千亿美元。中国战俘面对日本侵略者虐待暴行，奋起反击，写下了悲壮的历史。我们拍摄这一纪录片，就是从一个历史的侧面，向世人诉说中国人民为世界反法西斯战争的胜利，付出的巨大民族牺牲和历史性代价。

第三，最终目的： 向世人诉说维护和平、反对战争是中国的一贯主张和行动，也是全世界人民的神圣职责。人类从有文字记载以来，可以说战争就接连不断，但反对战争、追求和平一直是历史的主旋律，尤其是近现代更为鲜明。战争无论怎样狂虐，最终要汇入和平的历史江河。日本侵华战争和虐待中国战俘的罪行，在人们的记忆中已有 60 年的历史印迹。为了永享和平、制止战争，60 年来中国人民一直在竭尽努力。我们拍摄这一电视片，就是向世人诉说维护和平、反对战争是中国、日本和世界各国人民的共同职责。

二、关于视野

任何历史，从启迪世人、昭示未来的视野看，它都是一种现代史。而现代历史，纵横交错，丰富多彩，任何一种简单透视、笼统分析，都可能失于浮浅、片面和偏执。拍摄日本侵略者虐待中国战俘的纪录片也同样如此，要开阔思路，综合思维，有序递进，深度解析，立足于国际、人权、文明的宽阔视野，从历史与现实的融合、理论与实践的结合、事实与观点的配合，多角度、全方位、深层次地展现那段充满屈辱、血泪和抗争的沉痛历史。

首先是国际视野。我们这个纪录片，是否可以拍成对内和对外两个版本。无论对内还是对外，都要有国际眼光。可以先出国内本。要运用现在国际上最先进的表现手法和艺术理念，结合人民群众尤其是青少年的欣赏、审美特点，记录事实、再现历史，最大限度地发挥启迪群众铭记历史、振兴中华的引导教育功能。然后再出海外版。面向的是外国人，尤其是西方发达国家的受众，更要注意艺术思路，讲究表现方法。要用外国人的易于接受的思维方法、审美习惯，来纪录和再现历史。要考虑是否从宗教信仰入手，入情入理地和外国人进行心灵交流。西方国家多数人信仰基督教，如果能够结合《圣经》阐述的一些思想观念，结合我们所要阐述的史实，可能会收到好的效果。《圣经》中至少有两个观念我们可以思索、运用：一是遵守承诺的契约观。这是纵贯《圣经》始末的重要观念。恪守承诺，是《圣经》反复强调的行为规范。我们要运用《圣经》的契约观，抨击日军虐待中国战俘的罪恶行径。1929 年 7 月 27 日的《关于战俘待遇的日内瓦公约》，是世界上第一个专门为保护战俘订立的公约，强调战俘"在任何时候都应受到人道待遇，应对战俘在精神上和人身方面加以保护"等。日本是派全权代表签字，但因日本陆海军反对未获批准。尽管如此，公约的权威性是不容置疑的。但日本却无视和违背这一公约，无端地残酷迫害、摧残中国战俘，这与公约的宗旨和《圣经》的神学观念是完全背离的。我们要用事实唤起西方众多基督教信仰者对中国战俘的同情和关注，进而唤起他们对日军无视、践踏公约行径进行谴责。二是公义和博爱的伦理观。公义是公平和正义的简称，本意是人人享有平等的权利，博爱强调的是爱一切人。日军对中国战俘的杀戮、折磨和奴役为世界所罕见。在河南陕县，日军将被俘的300多名军官当作练习刺杀的靶子，一一残害，惨绝人寰。这哪里是公义，这是毫无人性的杀人"魔王"。日军设在洛阳西工的战俘营，半年多就有1万多名中国战俘被折磨致死。这哪里是博爱，整个战俘营就是一座杀人"魔窟"。我们要善于用西方人信奉的观念，唤起他们的心灵共鸣，赢得同情和支持。

第二是人权视野。人权是一定历史条件下人依照其自然属性和社会属性应当享有的权利。尊严、平等、自由是人权的基本要素。法律和道德是人权保障的基本手段。日军对中国战俘的奴役、摧残和杀戮，就是在亵渎、践踏和残害人权。日军虐俘罪行是践踏了人的生命、健康、人身自由和人格尊严等诸多权利。从法律上看，日军虐待中国战俘严重违反和践踏了国际法。战俘必须给予其人道待遇的原则，在国际法中是一项基本原则。战俘待遇的国际规则的编纂，从一开始就将战俘应受人道待遇写入公约之中，1899年海牙第二公约和1907年海牙第四公约附件《陆战法规和惯例的章程》的第四条第一次明确规定，"战俘是处在敌国政府的权利之下，而不是在俘获他们的个人或军队的权利之下。他们必须得到人道的待遇"。1929年7月《关于战俘待遇的日内瓦公约》，又进一步强调了对战俘的保护问题。从道德上看，日军虐待中国战俘严重违反了人类的共同道德。人权需要法律的保障，也需要道德的保护。道德是用社会舆论、传统习惯、人的内心信念维持和调节的人与人之间的行为准则。日军虐待中国战俘，与建立在人性基础上的平等、正直、同情、怜悯、友爱、礼让等人类的共同道德背道而驰，必然被中国、日本和世界人民所唾弃，成为永远为人类所不齿的历史罪行。

第三是文明视野。对战俘实行保护，是人类文明的表现。在古代和欧洲中世纪的大部分时期，战败者的命运是遭受杀戮或者沦为奴隶。随着奴隶制度的消灭，他们虽然不再被杀害或作为奴隶，但仍常常被当作罪犯对待或作为个人复仇的对象。这一时期，他们处于俘获他们的军队或士兵个人的支配之下，俘获者可用索取赎金的方法从俘虏身上牟利。战俘的概念出现在 17 世纪末"三十年战争"之后，此时的战俘已被视为俘获他们的军队所属的君主的权利支配之下。自欧洲文艺复兴以来的人文主义思想主张保护个人的权利和尊重人格。直到 19 世纪末，关于战俘待遇的规则长时期都属于习惯法，这些规则往往包含在一些双边条约或国内法的某些条款之中。19 世纪末至 20 世纪，战俘待遇从习惯国际法被编纂为具有多边条约形式的成文法。随着时间的推移，战俘待遇已成为国际法中拥有一系列原则和规则的保护战争受难者的国际人道主义法的重要组成部分。这种人类文明和进步，被日军虐待中国战俘的罪行所践踏。把中国战俘强虏到日本充作劳工，百般奴役，残酷迫害。这与几千年前把战俘当作奴隶，任意欺凌，毫无二致。把中国战俘当作练习杀人的器具，惨无人道，这与几千年前把战俘驱入角斗场与野兽搏斗，让野兽活活撕碎吃掉，如出一辙。历史发展到今天，虐俘现象仍时有发生，使人痛心，更令人深思。《圣经》中有些话值得琢磨："已有的事后必再有。已行的事后必再行。日光下并无新鲜事。"其实，马克思早就告诉我们：历史常有惊人的相似之处。全世界爱好和平、坚持正义的人们要起来行动，努力让历史的悲剧不再重现。

三、关于启示

以史为鉴，启示未来。我们拍摄这一纪录片，就是给人以有益的启示。

一是启示人们比较全面、准确地记忆历史。毫不客气地讲，有些日本人是在有选择的、片面的、失缺的记忆历史。他们只记住了原子弹轰炸广岛和长崎，只记住了从 20 世纪 70 年末开始对华提供政府的经济开发援助，却忘记了长达 14 年之久的侵华战争和虐待中国战俘的历史，忘记了战争给中国造成的历史性灾难包括给中国造成的难以估量的经济损失。他们早已把 1894 年通过《马关条约》掠夺中国 2 亿银元的事忘得干干净净。这是当时中国两年的财政收入，相当于日本三年多的财政收入。他们也早把 1900 年八国联军侵略中国，通过《辛丑条约》强取中国 1 亿两白银的事忘得无影无踪。美国等七国取得另外 3 亿 5 千万两白银的赔偿。中国当时财政紧张，只得分期赔付。以后美国等七国停止索要，而且返还一部分钱用于中国教育。唯独日本，毫不手软，仍旧把白银如数抢走。日本用这些钱发展了经济，改善了教育。日本普及了教育，中国的孩子却大量失学。我们现在一说起勿忘历史，维护和平，他们就讥讽为纠缠历史旧账。他们认为最好中国、日本和全世界人民都一起忘却历史，忘却今天；最好在没有对历史负责的情况下，全世界都支持日本成为联合国常任理事国。可惜，事实并非如此。日本没有承担侵略中国及亚洲的历史责任，在没有公开向中国及亚洲人民就历史问题道歉的情况下，要想取得中国、亚洲和世界人民的谅解、支持，是万万不可能的。人心难抗，公理难违。日本的倒行逆施，在爱好和平的全世界人民面前，必然落得众叛亲离的可悲下场。我们希望通过这一纪录片，能够唤起某些日本人的历史和道德良知，能够正确地对待历史和现实。

二是启示人们找准日本侵华战争的罪魁和根源。日本侵华战争给中国造成了无可挽回、难以弥补的历史性创伤和损失，中国战俘被奴役、被杀戮，甚至被生化武器活活致死，罪在何人，源在何方？日本的广岛、长崎尸体遍野，罪又在何人，源又在何方？我们希望能通过这一纪录片使日本和世界人民认识到，造成历史悲剧的罪魁不是别人，正是日本军国主义分子，是他们，发动了这场罪恶战争；认识到造成历史悲剧的根源主要是政治思想根源，不在别处，就在"皇国史观"。这罪恶的"皇国史观"由来已久。早在公元8世纪日本就出现了正式记载天皇作为神的子孙统治日本的书籍——《古事记》和《日本书纪》，将日本看作天神之国，将天皇视为"现世神"。19世纪后半期，明治政权的统治者们掀起了一场登峰造极的造神运动。他们极力鼓吹日本国是"天神"所生，为"天神"所保佑，生活在其中的大和民族是世界上最优秀的神族，理应统治世界。日本政府不断向国民灌输"皇国史观"，为军国主义发动对外侵略战争制造理论根据，最终由日本天皇宣布和发动了侵华战争。如今，日本政府拒不承认历史罪行，右翼分子更是肆意否认历史，根源仍在"皇国史观"。我们完全可以负责任地说，如果"皇国史观"仍旧蔓延滋长，日本国不仅难以正确对待历史，而且将会在历史问题上继续与中国、亚洲和世界人民背道而驰，愈走愈远。这不是预言，肯定会为未来的发展所证实。

三是向世人展示坚持正义、维护和平历来是中华民族的一贯追求。中华民族的近代史，完全是一个备受欺凌，充满血泪、灾难、屈辱和抗争的历史。我们从来没有欺负过别人，而屡屡受到列强的侵略和掠夺。我们不屈不挠地抵制、反对战争，一以贯之地追求、维护和平，这是已为世界公认的事实。我们希望通过这一纪录片，向国际社会述说中华民族反对战争、渴求和平的心声，展示我们坚持正义、和平发展的事实。

（2005 年 7 月 12 日）

随笔 ——他曾经是战俘

他曾被日军俘虏，
被强掳日本遭非人待遇，
日本投降后返回祖国，
入伍战斗英勇如虎，
解放晋中重镇把鲜活的生命献出，
微笑长眠沉浸幸福。

他原是抗日游击队的战士，
一九四四年秋的一天，
八十多名战士歼灭了五名日军，
谁知陷入几百日军包围，
顽强拼杀寡不敌众，
被追杀只剩下十九人，
六人藏在玉米垛里被活活刺死，
其他人藏在地窖里已被发现，
他狠拉石雷导索要自爆自尽，
不曾想绳断雷没炸响，
十三人被捕入狱受尽折磨宁死不屈，
全被日军强虏上船送往日本。

在赴日船上，
三名战友用木棒打伤日本看守，

一起跳海壮烈身亡。
他目睹此景心血喷涌，
暗暗发誓此仇不报绝不为人，
茫茫大海波涛起伏为之敬礼。

十位战友在日本强做劳役，
看到一中国劳工变节当上工头，
这工头伙同另一劳工经常欺负自己同胞，
战友们商量一定要除掉此人，
严惩叛徒绝不手软。
结果这工头死于非命，
六名战友被捕入狱，
他和三名战友仍苦做劳工
十人苦熬至日本投降，
一同回国奔赴新的战场，
他光荣献身书写壮丽人生，
战俘和劳工时光成为悲壮岁月。

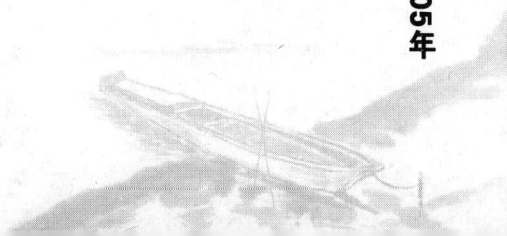

以史为鉴　共创未来

——在"历史·人权·和平"基金新闻发布会上的讲话

在纪念抗日战争暨世界反法西斯战争胜利60周年的历史时刻，我们启动了冠名为"历史·人权·和平"的专项基金，向世人宣示了我们牢记历史、维护人权、珍爱和平、共创未来的愿望和追求。60年前，中国人民英勇抗击日本侵略者，用鲜血、生命和整个民族的巨大牺牲，赢得了抗日战争的辉煌胜利，为世界反法西斯战争的胜利做出了伟大的历史性贡献。今天，我们安享太平，和谐生活，从根本意义上讲，也是在享受抗战的胜利成果。我们的这项基金，从其历史使命上看，也完全可以说，是在进一步丰富、扩展抗战的胜利成果。

抗战胜利60周年的历史性庆典，本身就具有深厚的历史内涵。在这重要的历史时刻，启动"历史·人权·和平"基金，彰显着历史和时代的品格。

首先，我们这一基金顺应了历史发展的大趋势。和平与发展是时代的主题。世界要和平，人民要发展，这是任何人、任何社会势力都无法阻挡的时代潮流。中日两国人民要世代友好，永享和平，共谋发展，这是事关中日两国根本利益和长远发展的大局，这也是任何人、任何社会势力都无法逆转的历史潮流。日本右翼势力篡改历史事实，掩盖侵略罪行，践踏中日友谊，倒行逆施，与人民为敌，必然为人民和历史所唾弃。我们推出专项基金，就是要尊重史实，捍卫人权，鞭挞邪恶，维护和平，与日本人民一起共同维护和发展两国的友好关系。这是顺应历史潮流之举，必然充满生机和活力。

其次，我们这一基金适应了中国民间对日诉讼的发展要求。目前，从我们掌握的情况看，劳工、慰安妇、化学武器受害者等对日法律诉讼案共30起，其中在日本诉讼的26起。这26起中，胜诉一起，二起庭外和解，其余三审制中的二审全告败诉。实事求是地看，继续在日本本土进行法律诉讼，前景不容乐观。但为了维护史实，坚持真理，弘扬正义，捍卫人权，我们也要毫不气馁地战斗下去。只要我们坚持诉讼，把史实真相告诉日本人民，从道义上击败右翼势力，既使法庭败诉，也是正义的胜利。这给了我们一个重要启示：民间对日诉讼必须坚持全面、多样、持久的方针。所谓全面，就是诉讼要在各个领域全面铺开。不仅要在日本本土诉讼，而且要到国际法庭、联合国机构、西方主要国家和整个国际社会去诉讼和申诉，同时，也要适时地在中国展开法律诉讼及相关行动。所谓多样，就是方式方法要多种多样。不仅要继续法律诉讼，而且要进一步搞好史实调查，走向国际社会，召开会议，举办展览，发行图书，举行演唱会，放映影视片等，入情入理、切有实效地传播历史史实。所谓持久，就是要有长期斗争的思想和行动准备。要清醒地认识到，日本右翼势力长期坚持"皇国史观"，否定侵略历史由来已久，其政治、思想、文化等基础根深蒂固，绝非一朝一夕就能消除。要切实作好斗争的长期规划，并且正确运筹、有序实施，才能取得应有效果。我们的这项基金，凝聚着中国、日本和世界人民维护正义、珍重人权、高擎和平、痛击邪恶的意志和力量，完全可以适应与日本右翼势力全面、长期斗争的需要。

第三，我们这一基金富有鲜明的创新性特色。它突破了以往专项基金人文内涵、内容指向、服务区域等都比较单一的传统模式，直面历史，坦言人权，鞭挞邪恶，共筑和平，人文理念容量巨大，启人心智穿透力很强；它与政治制度、文化理念、宗教信仰息息相关，也与法律诉讼、机构陈述、媒体传播紧密相连，涉及内容广，运作方式多，显示出较强的战斗力和难以估量的发展前景；它既适用于资助在日本、中国、西方国家和国际组织的诉讼、申诉，也适用于资助在这些国家、机构进行史实传播，服务区域广泛，活动舞台宽阔。我们基金的这些人文性、开放性、服务性和国际性等特点，凸显了它刻意创新的时代品质，必然会在与日本右翼势力的斗争中显示出不可忽视的威力和作用。

第四，我们这一基金从一定意义上表达了希望日本走德国赔偿基金之路的愿望。德国经过几十年的探索和努力，终于在2000年设立了专门给予受害劳工经济赔偿的"记忆·责任·未来"基金。珍重历史、珍爱人权、珍惜和平，是世界各国人民共同的思想信念和行为追求。我们企盼着日本社会各界能够成为"历史·人权·和平"基金主要的资金支持者，我们也企盼着将来日本相关方面能把这一基金承接下来，转变目前基金的职责和任务，借鉴德国赔偿基金的经验，给予中国受害者以充分的人权尊重和资金赔偿。我们相信，这一天迟早会到来，因为正义战胜邪恶是历史的定律。

总之，我们这一基金应运而生，择机而行。它以史为鉴，面向未来，是正义基金、人权基金、和平基金、发展基金。这一基金，归根结底是奉献于人类和平与发展的崇高事业。我们热切希望我国社会各界人士，也热切希望日本和国际社会的有识之士，能为这一基金的发展壮大和履行使命，付出一份具有历史价值的爱心和关爱人权、珍爱和平的实际努力。

（2005 年 8 月 18 日）

随笔 ——和平絮语

德国"记忆·责任·未来"基金在阐释，
累累白骨堆积脑海，
重重使命横压在肩，
和和平平永驻人间。

中国"历史·人权·和平"基金在诉说，
让历史与今天对话，以史为鉴，
让正义与尊严结盟，珍重人权，
让和平与发展联姻，共创未来。

正义之举

——就"历史·人权·和平"基金接受
CCTV-4《今日关注》节目专访

节目解说：今年是中国人民抗日战争胜利60周年，在这个值得纪念的日子里，我们无法忘记在日本侵华战争中，饱受摧残的无辜受害者。从1995年以来的10年间，部分遭强掳的劳工、慰安妇以及细菌战的受害者向日本政府以及加害的企业提起了诉讼，进行抗争，但是这些努力却屡屡地受挫。

8月18日，由中国人权发展基金会设立的"历史·人权·和平"基金正式启动，这项基金主要是由于支持中国受害者对日索赔的诉讼到联合国等国际组织控诉侵华日军的暴行，支持国内外就日本侵华史实开展的调查工作和用于传播中国民间对日诉讼的情况。那些血与泪的历史见证者如今逐渐地老去，为了让战争的伤痛不再延续，我们应该做一些什么？这就是今天我们要关注的话题。

在演播室主持人王世林的简短的陈述之后，开始对中国人权发展基金会副会长兼秘书长林伯承进行专访。林伯承就对日民间诉讼屡战屡败的原因，基金的用途、特点和目的等问题作了说明。

专访内容如下：

主持人：中国的劳工、慰安妇和化学武器的受害者在日本进行的法律诉讼除一起是庭外和解之外，其余都败诉了，这是为什么？

林伯承：第一个是政治原因。主要的是日本政府坚持"皇国史观"，长期以来对侵华历史不认账、不认罪、不道歉、更谈不上赔偿。日本政府这样一个态度，就影响了日本社会的方方面面，右翼势力猖獗，一些媒体对侵华历史宣传出现了偏差，年轻人对这段历史基本不了解。第二个是法律原因。在日本本土诉讼有一个法律的局限性，受日本法律的限制。他们判中国受害者败诉基本上是三个理由：一是国家无答责，二是诉讼时效过期，三是个人没有诉讼权。这从法理上是讲不通的，但日本的法律就是如此。第三个是经济原因。日本援助律师方面经济现在比较紧张。我们国内，包括劳工、慰安妇还有化学武器的一些受害者诉讼，经费存在一些问题，这对诉讼会产生一些影响。

主持人：我们也知道除了这三个方面的原因之外，是不是还有其他的原因？比如说，日本方面经常说要拿出证据来。从1995年到现在，对日索陪案件中国大量的真正受害者亲自去诉讼，这么鲜活的证据还不够吗？

林伯承：我们的"历史·人权·和平"基金的建立就是为了更好地处理这方面的问题。我们这个基金主要有三方面的用途：第一是调查研究，我们对史实进行进一步的调查，比较全面地取证，搞得更详细、更准确一些，提供更为鲜活、准确、扎实的证据。第二是申诉、控诉，要资助受害者到日本本土去诉讼，还要资助他们到美国和一些西方国家去诉讼，同时还要到联合国人权委员会去申诉、去控诉，到联合国的有关机构去说明史实。第三是传播史实，我们采取很多的方式，包括到国外去召开会议，举办展览，发行图书，放映影视片，等等，采取多种形式，让整个国际社会都了解这一段史实。

主持人：实际上基金会很重要的工作也是保存证据这个问题。

林伯承：我们建立基金一个很重要的用途就是取证、保存证据。

主持人：通过什么方式来保存这些证据？

林伯承：我们通过拿出一部分资金，通过传统的方式和现代的方式结合起来一块来保存这个证据。比如说我们搞录像，我们把受害者申诉的录像录下来，把他们的录音录下来，把他们的笔录存留下来作公证。这样比较系统地、完整地把这些人的证据保留下来，这样到什么时候我们就可以把它拿到法庭上去、拿到国际社会上去，把这部分史实传播于世。

主持人：国内外相关的人士如果想和基金会联系或者说能够愿意为基金会做一些贡献，他们应该怎么样跟你们进行联络，或者怎么样通过自己的努力，也为基金会做一些工作？

林伯承：我们这个基金是"以史为鉴，面向未来"的基金，它是一种正义基金，是一种人权基金，是一种和平基金，是一种发展基金。我们热切地希望我国的各界人士，也热切地希望日本和国际社会的有识之士来支持我们这个基金，为这个基金付出一份具有历史价值的关爱和关注人权、关爱和平的实际努力。我们有人权网，还有捐助热线，请大家踊跃捐助。

主持人：这些基金如何使用？

林伯承：我们这个基金有几个特点：第一是开放性。我们这个基金现在运作起来不是封闭的，社会各界人士，包括国际社会的有关组织人士都可以进行资助。第二是服务性。捐资方要求把基金用到什么地方去，我们就给它用到什么地方去，完全接受社会的监督。第三是国际性。我们除了要拿这些资金资助受害者到国际社会上去控诉、去申诉、去说明史实，同时，我们现在与有些国际组织联系，希望他们给予支持，更好地体现国际性这一特点。

主持人：这个基金什么时候开始正式工作？

林伯承：这个基金现在已经正式启动。从 8 月 18 日基金正式推出之后，这几天陆陆续续我们接到一些要捐赠的电话，包括有人直接上门咨询，等等。

节目播出后，引起社会各界广泛关注。很多单位和个人纷纷表示要给"历史·人权·和平"基金捐款。据不完全统计，截至记者发稿前，不到两天的时间，中国人权发展基金会已收到相关信件 23 余封，电话 50 多个。

（2005 年 8 月 21 日）

随笔 ——想起了母亲的一句话

2005 年 8 月 21 日晚上，我第一次走进 CCTV－4《今日关注》专访实况转播室。21：30 正式开播，我们提前一刻钟坐在了位子上。四周十几个聚光灯一开，灯光集中照在了我、外交学院刘文宗教授和主持人王世林身上。我立刻心速加快，头上冒汗，紧张异常。

事后，陪同我去电视台的同事半开玩笑半认真地说，人家不是关键时刻想一想毛主席语录，下定决心，不怕牺牲，排除万难去争取胜利，不就解决问题了嘛。

我对毛主席非常敬重，但对老人家发动"文化大革命"等做法，又深感遗憾。毛主席著作至今我都经常阅读，一些文章熟记于心，许多语录开口能吟，但当时我确实没有想起毛主席，更没有想起老人家的文章和语录。

同事又说，你不是学外国文学的吗？想一想哪个名人的名言，也会起作用的。

我对外国文学有些了解。莎士比亚、雨果、托尔斯泰、契诃夫、屠格涅夫、培根、泰戈尔、川端康成等文学巨匠，我十分敬佩。对他们的作品，我经常拜读，一些名著内容，较为熟悉，某些段落甚至熟能背诵。但当时我确实没有想起他们，更没有想起他们的作品和名言。

同事没有继续漫说，我也没有继续应答。其实，我真想起了一个人，想起了这个人说的一句话。这人，就是我的母亲；这话，也是母亲之语。

我的母亲，1946年入党，曾任乡妇联主任，老实敦厚，一心为公，勤勤恳恳，任劳任怨，从不挑肥拣瘦，党叫干啥就干啥。退休后几年里，工资只有几百元。按规定，母亲应享受离休待遇，怎么才发这么些钱。母亲说，拿多少钱都行，应当理解组织和国家的难处。我请博山区政府办公室的同志费心帮助查一查。结果，在淄博市档案馆查到了我母亲的档案，上面清清楚楚记载了母亲的入党时间和任职情况。感谢组织上给母亲落实了政策，补发了工资。遗憾的是母亲过了两年，就去世了。母亲病重住院，我回去探望，见面说了会儿话，就催我回京。我不应允，母亲就跟我急。我陪护了一天，就回京了。母亲病危去世，我都不在场，至今仍后悔不已。

我母亲常说的话是："组织交办的事，一定要办好。"在演播室心情紧张之际，我想起了母亲，尤其是想起母亲常说的这句话。

我想，今天，我坐在这里，不是个人举动，而是组织行为。组织委托我，群众信任我，让我担任人权组织负责人。国内人们认为我是非政府组织负责人，而国际社会则认为我是中国人权组织的代表人，我必须不辱重托，不负众望。

想到这里，我的心情即刻沉静下来，暗暗决心，一定要把组织交办的事情办好。

正式开播，我平静自如，叙述顺畅，较好地完成了实况转播任务。

我感慨万千，感谢党，感谢组织，感谢母亲，感谢母亲说的话："组织交办的事，一定要办好。"这话，使我刻骨铭心；这话，将使我终生受益。

建设和谐世界的有益尝试

——在第七届中德人权研讨会闭幕式上的总结发言

第七届中德人权研讨会凝聚着中德政府的关心、支持和与会者的辛勤努力，顺利完成了各项议程，即将胜利闭幕。

中德人权研讨会伴随着中国波澜壮阔的改革开放时代进程和德国不断奋进的历史发展，浸渗着我们的心血、汗水、理念和智慧，走过了不平凡的七年历程，即将圆满完成第七届会议的历史任务，继续在中德两国以及国际社会产生广泛而深刻的影响。

我们的会议，在我国现代化建设进入新的历史发展时期，在德国新政府即将组建的重要时刻，应时而开，充盈活力，站到了时代和历史发展的新起点上，具有登高望远、一览众山的开阔视野。在科学理念、东方文化典型代表的导示和西方文化经典内容的启迪下，我们的会议，虽不足百人，但实质上是凝聚了中德两国人民的智慧和力量，具有气势恢弘、理念淳厚的文化内涵。我们的会议，圆满成功，在立意的高度、深度，议题的范围、内涵以及影响和效果上，有四个方面的突破、进展和升华。

第一，我们这次会议着眼于建设国际和谐社会，顺应了协商对话、不搞对抗的国际人权发展的时代潮流。以持久和平、共同发展为基本标志的国际和谐社会，是全人类孜孜以求的美好世界。和谐世界，重在建设、重在共识、重在行动。对话，益于消除分歧，促进和谐；对抗，容易激化矛盾，破坏和谐。在人权问题上，平等对话，不搞对抗是国际人权合作的正确途径，也是和谐世界建设的实际步骤。我们这次会议新老朋友喜聚一堂，相互尊重，平等交流，畅所欲言，求同存异，公民的言论自由在我们的会议中得到充分体现。大家娓娓道来，袒露心声，在激烈讨论中碰撞思想火花，在信任友好中阐发深刻理念，在人权的历史性、普遍性，宪法作为根本大法对人权的保障作用，法律保障人权的重要性，人权与一定社会的发展相适应，人的尊严与生存权，以及反恐中的人权等诸多问题上取得了趋于相同的看法，在短期内无法形成共识的关于人权的起源、立法机制、人权的共性个性统一，以及如何看待死刑等问题上也取得了某些理解和谅解，创造了连续七年和谐探讨人权问题的新纪录。这在中国非政府组织进行的对外人权交流中绝无仅有，在国际人权合作领域也是一项可喜、可贺、可书之举。我们有理由为此感到欢愉和自豪。

第二，我们这次会议立足于全面介绍中德人权发展状况，开创了介绍成就、不回避问题的会议新风。经济发展水平，是衡量人权状况的重要尺度。中国的发展与自己纵向比，变化巨大：中国 GDP 从 1978 年的 1473 亿美元增加到去年的 1.6493 万亿美元。中国改革开放之后用不到世界 7% 的土地，养育了占世界近 22% 的人口，这是一个彪炳史册的奇迹。中国的经济发展与发达国家横向比，差距明显：中国 GDP 人均值去年约是美国的 1/34，日本的 1/31，德国的 1/23，世界排名第 109 位。实事求是地看，中国幅员辽阔，人口众多，资源相对匮乏，情况非常复杂，正经历着从农业社会向工业社会转变，从计划经济向市场经济转变，从人治社会向法治社会转变，从价值观念单一化向价值追求多元化转变。这种转变大势所趋，不可逆转，但也不可避免地存在和遇到了地区、城乡发展不平衡，收入差距拉大，就业压力增加，社会保障滞后等一系列矛盾和问题。成就与问题并存，挑战与机遇同在，这是一种客观现实。德国的人权状况在整个国际社会中都享有盛誉，有许多值得我们学习、借鉴的经验，但正如德国朋友介绍的那样，德国也同样存在失业率高，在一些地方存有歧视外国移民现象等问题。我们这次会议敢于正视、揭示这些问题，是一种理念的、行为的、意志的进步，更是一种坦诚相见、增进友谊的标志。我们有理由为此感到欣慰和喜悦。

第三，我们这次会议注重理论与实践紧密结合，高层次、多视角、宽领域进行人权问题的探索和研究。我们这次会议中德两国政府和社会相关方面给予大力支持，双方都派出了高规格的代表团。德国代表团有三位联邦议员，一位欧盟议员委员会副主席，一位宪法法院法官，一位高级研究人员，创造了参会人员七届规格之最。中国参加会议的有 50 多人，其中有全国人大、最高法院和政府高级官员，有专家学者、企业家和非政府组织高层管理人员。规格之高、人员涉及领域之多为前六届所不及。正因为双方有如此高规格的代表团，所以才有了高层次、多视角、宽领域研究问题的创新举动，才有从宏观到微观，从原则到具体，从历史到现实，从理论到实践，在政治、经济、法律、文化诸多领域进行广泛而热烈的讨论。从一定意义上看，大家都是政治家，高屋建瓴，审时度势，所谈的人权问题往往是从国际社会和整个国家利益着眼，具有很强的政治性、政策性。大家又都是理论家，求真务实，鞭辟入里，理论紧扣实际，把遵守国际准则与依循本国国情融合起来，进而上升为人权的普遍性与特殊性统一的哲学理念问题；把由具体事例渐而推导出的综合结论，上升为由个别到一般的哲学认识问题。大家又都是翻译家，驾驭言语，神采飞扬，把各自国家特有的人权语言，用对方易于接受的方式表达出来，把抽象、枯燥的人权概念用具体、生动的人权事实反映出来，这是艺术的再现，理念的再现，智慧的再现。

第四，我们这次会议紧贴现实，传承历史，面向未来，为今后中德双方更好地发展友谊、交流合作奠定了更为坚实的基础。人权是社会发展的产物，与连绵不断的历史沿革紧密相连。我们探讨人权问题，离不开中德两国的历史交往和整个社会的宽阔背景。中德两国人民历来彼此怀有友好情感，自1303年开始交往至今，已有700多年的历史。1972年中德建交以来，两国关系全面发展，经贸、科技、文化和教育及其他各方面交流成效显著；中国十分重视德国在欧洲以及国际社会的重要作用，德国也把中国放在亚洲和整个世界政策的突出位置，两国友好合作关系，不断朝着更好的方向迈进。这些都与人权问题息息相关，是我们人权交流的基本话题和重要内容。我们始终认为，德国是一个非常具有历史责任、国际责任、道德责任的大国。我们要从国家和民族利益的大局，从和平与发展的大局，从建设国际和谐社会的大局出发，认真、积极、稳妥地处理好与德国的关系。以大事、大情、大理领小事、小情、小理。任何人都不应以己之见，伤害与我们交往甚久的德国朋友的感情，这是我们一以贯之的态度和主张。

在会议即将结束之际，我想起了黑格尔先生的一句话，大意是，太阳从东方的中国升起，而从西方的德意志降落。不管他当时说这话的语言环境和目的是什么，但他用太阳把中国与德国联系起来的独特视角，气势磅礴，富有远见。中德双方的联系和交往是客观的永恒的。中德友谊将与日月同辉。这是我们的心愿，也是不可逆转的客观现实和历史趋势。至此，我们可以绝有把握地说，我们这次会议的思想和对话成果将连同德国人民的热情、友情、真情一起载入世界人权对话的史册。

（2005 年 10 月 29 日）

随笔 ——遐想

　　这是我选择并略加改动的网上的一首诗歌的一些段落，是一位没有署名的诗人给德国艺术照片配置的语词，可以给人们以深思和启示。

崇尚是民族的进取，优化是生存的主题
世界知道德意志这个国度
她有黑色的森林
白桦和莱茵河流的密宗、湍溪粼粼，崇尚音乐和
自然的族群，湖泊的浪花是大师回旋的乐章
森林鸟儿的歌唱、是大师们恣意的畅想

这是一个伟大的民族，在思想和前行中
追逐着光明，有着迷茫和挣扎
在挣扎和前行中进取，思维在反思和诘问中释然，
天网在束缚着青春
青春在挣脱着滞后
光是太阳的肌体
探索光明是这个民族的灵魂
这个古老又年轻的民族在罪恶和血腥中忏悔，
尽管也有伤痕累累的过去
那个黑色的躯体渴望得到光的沐浴

严谨和规范是男人的骄傲
西装革履威仪着复兴的浮躁
想诠释你沉寂的精英

还是彰似着民族的英豪
我理解是为日耳曼民族之骄傲
你敢于承认自己的过去
精英不是战争的机器、是和平和友谊的精灵
覆辙与沉沦在历史的先河
奥斯维辛的白骨和墙壁将永恒记载……
愿记住这沉痛的历史一页

弧线在上升和坠落中徘徊
这也是一个民族在历史进程的沉痛
经历过撕心裂肺的疼痛知道自己曾经的过错
经历严冬和凛冽的磨砺知道太阳的温暖
经历长夜的茫茫知道光明的珍贵
生命本是在动荡中
因为我们在地球上想挣脱和幻想
想获得又怕失去，曾经有过，却没有仔细过
每个人都希望和平安详的生活
那些阴影和错觉的思想，甚至死灰复燃的猖狂
也沉寂和沉浮着，我们需要有
深刻的反省和斟酌……

中国形象建设是系统工程

——在工作务虚会上的发言

中国形象内涵丰富，外延广阔，既有实实在在的具象，也有贯穿具象的理念，还有显示具象的方式方法，简而言之，就是中国之形、中国之魂、中国之声。这三位一体，构成了伴随时代发展的中国形象的系统体系。

一、中国之形：这种形，就是向世界推介和谐稳定、开放进步、和平发展，坚持社会主义道路的最大发展中国家的形象

中国改革开放和现代化建设的伟大实践，是描述、传递中国形象的基础和根本。依据实践向世界推介中国形象，应当是我们对外宣传的首要任务。

首先，要正视现实。今天的中国，国际地位和影响力日益增强，这与我们的外宣工作密不可分。同时，也应注意到，有关中国的负面信息至今仍弥漫于国际舆论中，这是两种制度、两种意识、两种力量对立、斗争的反映，是西方国家西化、分化我国的目的使然，也与我们的实力不足、宣传的方式方法欠缺等诸多因素有一定关联。推介中国有两种宣传形象容易给人以可乘之机：一是"完美形象"，讲成绩，不讲问题、少讲问题、虚讲问题；二是"空洞形象"，讲空话、大话、套话多，讲鲜活内容的话少，讲揭示事物发展必然性的话更少。在多种综合因素、主要是政治因素的作用下，中国"独裁论"、"威胁论"、"崩溃论"等接踵而来，妖魔化中国的舆论甚器尘上，给我们本来处于弱势的外宣工作造成了更大压力。向世界介绍一个真实、可信、负责任的、富有亲和力的中国就显得更为迫切和重要。

第二，要确立中国目前的总体形象。描述中国总体形象要依据三大要素：一是中国的社会性质。中国正处于社会主义初级阶段，而且是最大的发展中国家，具有鲜明的理论和实践特色。二是中国的大政方针。坚持中国特色社会主义，对内改革开放，和谐发展；对外合作共赢，和平发展。三是中国目前的发展现实。政治稳定，社会进步，人民安居乐业、满怀信心地奔向未来。基于这些要素，我们可以把中国的总体形象描述为：和谐稳定，开放进步，和平发展，坚持走中国特色社会主义道路的最大发展中国家。向世界宣传这样一个中国形象，应当成为中国对外宣传的主旋律。

第三，要确定中国形象的具体内容。依据中国总体形象定位，具体内容可以灵活多样。可以是集约型的，包括反映自然状况、经济发展等方面的硬形象；也包括反映道德风尚、文化传统等方面的软形象。也可以是实例型的，把众多事例汇总起来，以小见大，以个别见一般，由此及彼地展示中国的整体形象。还可以是综合分类型的，从坚持改革开放、民主法制的政治形象，健康、快速、持续发展的经济形象，优良传统与现代文明相结合的文化形象，和平、发展、合作的外交形象，维护世界和平、保卫国家安全的军事形象，全面进步、有序发展的人权形象等六大特性，生动有力地向世界介绍中国形象。

二、中国之魂：这种魂，就是凝聚文明精华，紧扣时代脉搏的民族精神

向世界推介中国，要眼中有人、有物、有形、有神。魂物融合、形神兼备，这人，才神采飞扬；这物，才充满灵性；这形，才惟妙惟肖；这神，才活力生生。要避免我们工作中一定程度上存在的两种倾向：一是形神分离。只介绍事实，拙于揭示事物本质；二是空话泛泛。介绍理念，缺乏实证，难以服人。这些都会影响全面、清晰、准确地推介中国形象。

什么是中国之魂，众说纷纭，难求一论。我们认为，中国之魂主要有四：

第一，中国的政治之魂是"党"，是共产党的领导。帝国主义、封建主义、官僚资本主义把中国推向亡国亡族的绝地。德先生、赛先生，也没能使中国脱离积贫积弱的困境。各种力量，各种主义，曾穿梭于中国的政治舞台，还是没能使中国走出暗无天日、腥风血雨的深渊。唯有坚持马克思主义的中国共产党，才使中国走向光明、胜利和幸福。中国共产党的领

导，是人民的选择、历史的选择。这是任何社会势力、任何政治集团都无法逆转的历史事实。坚持共产党的领导也就成为中国的政治之魂。

第二，中国的伦理之魂是"和"，和睦、和谐、和平。自春秋时代以来，"和"已广播天下，成为人们的内心信念和行为规范。人与人要和睦，社会关系要和谐，人与自然要和谐，延而广之，国际社会要和谐，要建设一个和谐世界。"和"是中国的伦理之魂。

第三，中国的发展之魂是"新"，是以科学发展观统领的革新、创新，改革发展。中国需要发展，中国正在发展，中国正在努力实现协调、全面和可持续发展。发展的本质在于创新，发展的过程就是创新，发展的速度取决于创新。创新，是理论创新、制度创新、科技创新、文化创新以及其他各方面的创新。凝聚着科学发展观理念的创新是中国的发展之魂。

第四，中国的实践之魂是"是"，遵循规律，实事求是。毛泽东同志早就指出："是"就是客观事物的内部联系，是规律。中国特色社会主义之所以充满生机活力，就在于我们不断地探索和依循规律，聚精会神搞建设，一心一意谋发展。大千世界，事物万端，根本在是，胜在求是。

三、中国之声：这种声，就是推介中国的方式、方法、途径、手段，也是中国形象的有机组成部分

向世界介绍中国，谈形见具象，谈魂见思想，谈声见智慧。三者和谐统一，全面、丰富、深刻地展示了中国的立体形象。声，起到了推介中国的桥和船的作用，反映了中国对外宣传的战略智慧、策略智慧、艺术智慧。这也是中国形象，是我们民族的行为趋向、思维模式和哲学理念的生动展现。

首先，要善于捕捉关乎国家利益和国际形势全局走向的重点、热点、焦点、难点问题，发出中国声音，展示中国形象。发出声音，要时刻注意强化两种意识：一是效果意识。对每一个问题的表态和描述要力求做到有理、有利、有节。当快则快，当慢则慢。辟谣尤其如此。对有的谣言，我们必须马上批驳；对有的谣言，我们可以不屑一顾。恩格斯早就指出：对手说黑，我们就说白，这纯粹是服从对手的规则，是一种幼稚的政策。要妥善处理韬光养晦与有所作为、快速反应与谨慎从事等关系，确保我们的工作取得更好效果。二是形象意识。我们的声音，不是就声音而发声音，而是通过声音来展示中国形象，揭示中国之魂，形魂一体，彰显中国的时

代魅力。如果这样，我们就会像一位伟人说的那样，当你能够说出你所感受的东西的时候，这是非常幸福的时刻。

第二，要善于进入受众国大众的精神世界，发出中国声音，展示中国形象。 西方国家尤其是美、英、法、德等大国受众的精神世界，基本上有两大支柱：一是基督教精神。在这些国家95%以上的人信仰基督教，这就要求我们加强对基督教的研究。《圣经》是基督教的经典，从西方角度看，也是哲学、伦理学、社会学、文学之经典。常念为经，常数为典。对西方人尊奉为经典的《圣经》，我们也要有所了解。这样与西方人交流起来，可能更方便和容易一些。二是自由主义精神。它已经成为西方人的普遍信仰和共同理想。加强对自由主义精神的研究，对于与西方人沟通，楔入他们的心灵世界，传递信息、展示形象将大有裨益。

第三，要善于运用非政府组织发出中国声音，展示中国形象。 中国目前有近29万个非政府组织，要充分发挥这些组织的作用，这是向世界推介中国的不可忽视的重要力量。

向世界推介中国形象，是全党全社会的共同责任，更是我们外宣工作者的神圣职责。至此，我想起了马克思的一句话：如果你想感化人，你必须是一个能鼓动和推动人前进的人。我们肩负着向世界推介中国的责任，我们要把对祖国和人民的感情、真情、热情、激情倾注到崇高的外宣事业中去，为之拼搏、奉献，努力奋斗，这就是我们的宣示、理念和追求。

（2005 年 12 月 3 日）

随笔——母亲迎子

春节前夕，
天，无论是狂风大作，还是风和日丽，
母亲总以多病之躯，
迎我村口站立，
多年如此，从未改变，

此景至今浮动眼前，不停不息。

一位年迈的母亲，
在机场迎接援非一年多的五十岁儿子，
多大也是孩子，
母子血脉相连。
牵肠挂肚，日日思念，
相见时泪流满面。

人头攒动，
迎接太空归来的亲人，
中华民族千年飞天梦想终于成真
英雄杨利伟刚一现身，
欢呼声立刻响如雷震，
祖国母亲迎子凯旋的场面激动人心。

2004年

中国人权事业历史性发展的重要里程碑
——人权入宪有感

从一定意义上看，《中华人民共和国宪法》的旗帜上始终飘动着两个醒目大字：人权。人民的权利和义务，集中体现在宪法之中。人权原则和人民主权原则贯穿宪法的各方面和全部内容。十届全国人大二次会议把"国家尊重和保障人权"载入宪法，把党的执政理念上升为国家和宪法理念，向全世界庄严宣示：以人权为基本原则的中国宪法建设，推动中国特色社会主义法治建设进入了健康发展，不断完善的崭新阶段。这是我国政治生活和政治文明建设的一件大事，是中华民族文明史和中国人权发展史上的重要里程碑，对中国人权事业的发展乃至世界人权进步事业都将产生积极以至更加深远的影响。

一、"国家尊重和保障人权"载入宪法，成为中国人权历史性发展的重要标志

尊重和保障人权，是我们党和政府一以贯之的主张和实践。中国共产党从成立之初就投身于为国家争主权，为人民争人权的斗争。以新中国成立为标志，我国真正获得了主权，人民有了真正的人权。社会主义为人权事业的发展开辟了广阔道路，建设中国特色社会主义，更是把中国人权状况推进到历史最好时期。改革开放以来，伴随中国社会的重大进步，中国人权发生历史性变化，为人权入宪奠定了坚实的基础。主要体现在四个方面：

一是摒弃"以阶级斗争为纲"，实现了以经济建设为中心的重大转变，为人权载入宪法奠定了坚实的政治基础。指导思想的重大转变，中国共产

243

2004年

党的发展重新回到马克思主义的轨道上来，中国的面貌随之不断发生着深刻变化。人民的政治和公民权利持续健康地改善和发展。

二是思想解放逐步深入，实现了思想路线的重大转变，为人权载入宪法奠定了坚实的思想基础。真理标准讨论，姓资姓社讨论，姓公姓私讨论，等等，极大地解放了人们的思想，人民的言论自由和社会文化权利得到进一步的保障和改善。

三是社会主义市场经济持续发展，实现了由计划经济到市场经济的重大转变，为人权载入宪法奠定了坚实的经济基础。中国特色社会主义市场经济蓬勃发展，生存权、发展权以及劳动和经济权明显得到提高和进展。

四是社会主义法治建设不断加强，实现了由人治到法治的重大转变，为人权载入宪法奠定了坚实的法治基础。以宪法为中心，以各种法律法规为环绕的中国特色社会主义人权法律保障体系基本形成，中国人权事业在法治的保障下呈现出前所未有的良好发展态势。

国家尊重和保障人权载入宪法，符合事物发展的内在逻辑，是中国人权和中国社会发展的必然结果，是名副其实的中国人权历史性发展的重要标志。

二、"国家尊重和保障人权"载入宪法，彰显中国人权发展进步的时代风范

国家尊重和保障人权载入宪法，向世界展示了中国人权的崭新时代风范，彰显了我国法治的风范、人民的风范、民族的风范、国家面向世界的风范、中国共产党的风范。

首先，彰显了宪法至上的法治风范。宪法是中国最具权威、至高无上的根本法，全体公民，一切政党、团体和各种机构，都要在宪法规定的范围活动。人权载入宪法，强化了人权原则，尊重和保障人权成为中国不可动摇的最高法律原则，成为中国法律的灵魂和本质，成为中国特色社会主义法治最具代表性的时代内涵。

第二，彰显了人民至上的民主风范。人民是中国政治、经济、文化、社会的创造者，是至高无上的国家主人。人民主权原则，是宪法的基本原则。人民当家作主，最主要的是体现在根本法的规定和社会生活的全部法治实践。人权载入宪法，进一步强调了人民当家作主，尊重和保障人权，

是宪法的本质和根本目的。

第三，彰显了崇尚人本的民族风范。我们民族历来具有以民为本的优良传统。人权载入宪法，将这一传统推进和升华到一个崭新高度，进一步融入了现代人权和法治理念，中华民族站到了珍重和维护人权的时代前列。

第四，彰显了世界视野的国际风范。目前，世界上已有近40个国家以不同表达方式将人权写入了宪法，对保障各自国家的人权、推动世界人权进步事业起到了积极作用。中国将人权载入宪法，赢得了国际社会的普遍赞誉，对世界人权进步事业将产生日渐扩大的积极影响。

第五，彰显了中国共产党的时代风范。全心全意为人民服务，是我们党的根本宗旨。尊重和保障人权，是党的宗旨的具体体现，是党的基本执政理念。人权入宪，把党的执政理念上升为宪法原则和国家规范，向世界宣示了党坚定不移珍重人权、维护人权、发展人权的价值追求和行为规范。

三、"国家尊重和保障人权"载入宪法，昭示中国人权进入了全面发展的崭新时期

"国家尊重和保障人权"载入宪法，必将给中国社会政治、经济、文化诸方面带来深刻变化，推动中国人权进入了全面发展的崭新时期：

中国人民的政治权利将得到进一步提高。在人权入宪后，国家相关法律将作相应的调整和完善，宪法内在规定的价值法则、政治法则和程序法则，将会更加融会贯通地体现到新增加的法律法规中。十届人大常委会五年内还将安排审议近60件法律草案，人民的公民权利、政治权利在人权法律保障体系不断完备的过程中会取得更大的进步。

中国人民的经济权利将得到进一步发展。人权入宪，将有力地促进生产力提高和发展，推动国民经济持续、健康、稳定地向前发展，人民的生存、发展和逐项经济权利会得到明显的进步和改善。

中国人民的文化权利将得到进一步改善。人权入宪，国家将采取有力措施，加大文化建设投入，加强文化、教育、科技事业推进力度，同时积极开展人权宣传教育，普及人权知识，加强人权研究，不断提高全民族的人权素质。

中国人民的社会权利将得到进一步保障。人权入宪，将促使全社会从维护、贯彻宪法的高度，更加积极地妥善处理农民增收、拖欠农民工工资、职

工再就业等社会焦点、热点问题，切实维护和保障人民群众的合法权益。

中国人权的对外交流合作将得到进一步加强。 坚持和平友好、合作发展，积极主动地"走出去，请进来"，广交朋友，多做工作，倡导对话，反对对抗，增进理解，扩大共识，创造良好的人权国际交流环境。

中国人权组织将更加积极活跃地开展工作。 中国人权组织人权入宪后将大有作为，要抓住机遇，乘势而上，积极为发展中国人权事业建言献策，开展人权宣传教育和知识普及工作，大力举办人权公益事业，为群众办实事、做好事。

（2004 年 3 月）

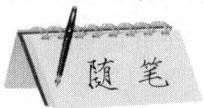

随笔 ——大家微笑

老子微笑，
"无为而治"目的是：
"民自化"，"民自正"，"民自富"，"民自朴"
关心百姓食粮，重视民生寒暑。

卢梭微笑，
自由、平等、人民主权、法律至上四种原则衍生问世，
自然、社会、政治、法治四种状态循序渐进，
社会契约理论梦想成真。

马克思微笑，
"共产主义幽灵"惠及了占世界五分之一人口的中国，
无产阶级"争得民主"，一切权利属于人民，
人的全面而自由的发展是人类进步的最终结论。

中国宪法微笑，
民主是基石，人民至上，
人权是灵魂，以人为本，
法治是真谛，依法治国。

美国提反华提案不得人心必将以失败告终

——接受中国网记者采访

笔者于 2004 年 3 月 25 日发表谈话，强烈谴责美国将在联合国第 60 届人权会上提出反华提案，坚决反对美国公然利用人权干涉中国内政，强调这种逆历史潮流而动的行径不得人心，必将以失败而告终。

第一，美国提反华提案与《联合国宪章》宗旨准则背道而驰，不得人心。 已为世界各国所接受和遵守的《联合国宪章》开宗明义，"重申基本人权，人格尊严与价值以及男女与大小各国平等权利之信念，"并着重强调了国家主权平等，领土完整，政治独立，不干涉内政，和平解决国际争端等国际关系基本准则。美国执意要提反华提案，公然违背《宪章》宗旨，践踏国际关系准则，干涉中国内政，伤害了中国人民的感情，实质上是对我国基本人权的严重挑衅，倒行逆施，必将以失败而告终。

第二，美国提反华提案与中国人权显著进步的基本事实背道而驰，不得人心。 中国政府一贯重视促进人权事业，取得了举世瞩目的巨大成就，国际社会给予积极评价。近年来，中国政府积极推进民主法制建设和司法体制改革，不断完善人权保障措施，尤其是刚刚结束的十届人大二次会议将"国家尊重和保障人权"写入宪法，这是中国人权发展的重要里程碑，是具有历史意义的伟大进步，得到了我国人民衷心拥护和国际社会的普遍赞誉。而偏偏就在这样时刻，美国执意要提反华提案，无视中国人权进步事实，蔑视国际社会对中国人权发展进步的肯定和赞誉，把自己摆在了中国人民和世界进步舆论的对立面，倒行逆施，必将以失败而告终。

第三，美国提反华提案与中美两国人民根本利益背道而驰，不得人心。 中美两国人民从 18 世纪 80 年代就开始交往，还有过相互支持的历史，此后由于历史原因，中美两国开始了长达 20 年隔绝和对峙。从 20 世纪 70 年代起，中美关系开始改善，尽管在一些问题上存在分歧，但在许多重大国际问题上双方存在共同利益，两国关系总体上稳定，各方面交往与合作日益增强。历史和现实反复证明，中美两国和则两利，斗则俱伤，加强理解与合作，符合两国人民的根本利益，是大势所趋，大局所在。美国政府执意要提反华提案，无视历史趋势和两国大局，把自己摆到了中美两国人民的对立面，倒行逆施，必将以失败而告终。

第四，美国提反华提案与倡导对话、反对对抗的国际人权进步潮流背道而驰，不得人心。在人权问题上，相互尊重、平等相待，倡导对话、反对对抗，是国际人权交往的唯一正确途径。对话必将战胜对抗，这是时代发展的必然趋势。联合国人权事务代理高级专员拉姆查兰在本届人权委员会开幕式上发言指出，各国间开展"建设性的合作"，是推进国际人权事业的最好途径。中美两国对人权问题的看法确实存在分歧，但中方一直主张通过对话与交流妥善解决，并为此作出了不懈努力，显示了最大的诚意和灵活性。美国执意提反华提案，横生枝节，挑起对抗，严重破坏了两国人权对话与交流的基础，导致人权对话中止，把自己摆在了倡导对话、反对对抗这一国际人权进步潮流的对立面，倒行逆施，必将以失败而告终。

美国坚持提反华提案，逆历史潮流而动，根本目的在于：推行霸权主义和强权政治，将人权问题政治化和实行双重标准，这不是关心、支持人权，而是践踏、破坏人权，是对崇高的人权进步事业的敌视和玷污。事实必将再次宣示，任何以人权为借口干涉中国内政，企图改变中国人民坚定不移地走中国特色社会主义道路的历史选择，都是徒劳的，必将以失败而告终。

（2004 年 3 月 25 日）

随笔 ——伊索的昭示

2004 年 3 月 25 日，我发表谈话《美国提反华提案不得人心 必将以失败而告终》，谴责美国将在联合国第 60 届人权会上提出反华提案。

此时，我想起了《伊索寓言》中《山羊与驴》的故事："有个人饲养着山羊和驴子，主人总是给驴子喂充足的饲料，嫉妒心很重的山羊便对驴子说，你一会儿要推磨，一会儿又要驮沉重的货物，十分辛苦，不如装病，摔倒在地上，便可以得到休息。驴子听从了山羊的劝告，摔得遍体鳞伤。主人请来医生，为他治疗。医生说，要将山羊的心肺熬汤作药给它喝，才可以治好。于是主人马上杀掉山羊去为驴子治病。"

这故事说明，凡是策划作恶的人，将自食其果。美国提出反华提案，也将如是结果。

美国人权报告是最具讽刺意义人权事件

——接受中新网记者采访

美国虐俘受到国际社会强烈谴责，其严重践踏人权，根本没有资格充当"人权卫士"。美发表的人权报告长达 270 页，只字未提虐俘丑闻，而大谈在一百多个国家"推进民主和人权"，这种泯灭人性、侈谈人权同时并举的卑劣行为，为国际社会和人类文明所不齿，理所当然地成为 21 世纪初最具讽刺意义的人权事件。

——**美人权报告企图转移视线**。在国际社会对虐俘事件一片谴责声中，美国原定于 2004 年 5 月 5 日出台的人权报告推迟到 17 日发表，这种企图冲淡世界对虐俘事件关注的做法是徒劳的。虐俘事件践踏人权，是本世纪引人注目的丑闻之一，美国发表人权报告，丝毫逆转和改变不了这种客观事实。

——**美人权报告暴露霸权心态**。虐俘事件是美国藐视国际社会、图谋独步世界的霸权主义所导致的必然结果，其不顾世界对虐俘事件的强烈谴责，我行我素，坚持发表人权报告，是霸权心态的又一次大暴露。

——**美人权报告凸显双重标准**。虐俘事件充分说明美国在人权问题上坚持的是双重标准，该报告对虐俘事件和自己的人权问题避而不谈，而对众多国家的人权状况说三道四，包括无视中国尊重和保障人权的历史性进步、积极推进中国特色社会主义民主法制建设的基本事实，颠倒是非、污蔑攻击，又一次凸显了其人权双重标准。

——**美人权报告自曝政治谎言**。虐俘事件充分暴露了美国所谓的"民主、自由、人权"的虚假面目，该报告再次打着"推进民主和人权"的旗号，推行美国自己的价值观念和行为模式，这无疑是自曝其政治谎言：它的所谓民主，就是由美国做主，独霸世界；它的所谓自由，就是由美国为所欲为，横行天下；它的所谓人权，就是利用人权践踏、干涉别国的人权和内政。

（2004 年 5 月 18 日）

随笔——培根的思索

思想大家培根的思索，给人以睿智享受。《论作伪与掩饰》中的一些思想，很令人深思。

培根从心里极其鄙视掩饰行为："掩饰不过是策略和机智中较差的一种，因为要知道什么时候应该说真话，什么时候做实事，需要极强的头脑和心胸。因此政治家中较差的一流，是那种善于掩饰的人。"

培根寥寥数语就把掩饰行为描述得活灵活现："这种自我掩饰分三等：第一等是秘而不宣、缄默不语和保守秘密；就是不让别人有机会看出或推测他的为人。第二等是消极地掩饰；就是故意露出某些端倪和迹象，掩盖自己的真正为人。第三等是积极作伪，主动骗人；就是故意装出他原本不是的那种为人。"

培根以独特视觉揭示了作伪与掩饰有三大弊端："第一，作伪与掩饰通常都带有一丝畏怯，以这种恐惧的态度处理任何事，都不免有阻挠直达目的之处。第二，作伪与掩饰让许多人感到迷惘和莫名其妙，这让本来有可能会助他一臂之力的人不解其意图。这样一来，作伪的人只好单枪匹马，一切都能靠自己。第三，也是最大的弊端，就是作伪与掩饰会使一个人丧失信任——这是为人处世的主要凭借。在这方面要做到万无一失，最好的办法是，在涉及名誉和观点方面开诚布公，要养成保守秘密的习惯，在合适的时候，也可以适当地作一点伪。倘若不是万不得已，不要轻易撒谎。"

善于学习，善于思考的人们，从培根的思索中可以得到一些有益的启示。

非政府组织发展人权大有可为
——在第六届中德人权研讨会闭幕式上的总结发言

我们第六届中德人权研讨会，在中德两国政府及有关方面特别是格梅林部长议员女士的重视、支持和帮助下，在中德双方主办单位尤其是艾伯特基金会认真、严谨、辛勤努力下，在全体与会者热情、理智、积极参与下，各项会议议程已经顺利完成。

这次会议，德方代表对中国人权入宪问题表示极大关注，并给予充分肯定，在此我代表中方代表团表示衷心感谢，并热切希望与德国朋友携起手来，共同促进国际人权进步事业的发展。

我们这次会议时间不长，但在大家共同努力下，取得了积极成果。尊敬的格梅林部长议员女士、库普夫议员女士、毕什议员、露丝—库尔部长女士等人的发言，中国代表团团长和其他成员的发言，还有中德双方的几位主持人和全体与会者的发言，更使会议充满活力，充满理性思维。总结起来，我认为，这次会议主要有三方面的收获：

第一方面的收获是：中德双方取得了一些具有建设性意义的共识。

一是双方都认为，由于中德两国社会制度、经济发展、传统习惯、文化背景等有所不同，对人权问题、公民社会以及公民社会组织的认知也不尽一致，尤其是两国公民社会组织在基本构架、活动内容、活动方式、发展水平等诸多方面也不可能完全一致，这是一种客观存在。对此，大家取得共识。

二是双方都认为，尽管中德两国公民社会组织的发展基础、背景和起点不同，但都在各自特有的社会环境下，按照自身内在规律，逐步发展，不断完善。对此，大家取得共识。尽管中国具有现代意义的公民社会组织起步比较晚，但伴随着中国社会的发展进程，发展比较迅速。至今在中国主管部门登记的公民社会组织已达 26 万多个；自愿组织为民服务的青年志愿者服务队已有 10 万多支，服务站已有 24000 多个；民主选举、民主决策、民主监督、民主管理的村民委员会和居民委员会已分别达到 79 万和 8.6 万之多；公民依据兴趣爱好、各自权益、自愿组织起来的学习、娱乐、健康和维权组织数以百万甚至千万计数。这些组织在中国计划经济向市场经济的转变过程中，在推进民主政治、经济建设、文化娱乐、信息传递、法律咨询、公益事业等多方面、多领域日益发挥着巨大作用。德国公民社会组织的发展比较早，人数比较多，公民参与程度比较高，达到上千万人，据德国议会议员介绍，14 岁以上的德国公民每 3 人就有 1 人参加公民社会组织，有的公民社会组织比如各类体育协会的参加人员近 2700 万人。公民社会组织在德国的政治、经济、文化等诸多领域中都发挥着重要作用。在这方面蒂宾根市长给我们介绍了很好的经验，使我们很受启发。

三是双方都对各自公民社会组织的发展前景充满信心。中国经济发展，社会进步，人民生活不断提高，尤其是中国民主政治建设不断发展，社会主义市场经济体制已基本建立，全面建设小康社会正在有序推进，这些都为公民社会组织的发展奠定了坚实基础。尽管我们前进中还存在着许多问题，这里包括所有发展中国家都难以避免的问题，也包括我国计划经济向市场经济发展出现的不同于其他国家特有的问题，还包括中西方文化碰撞而产生的问题，等等。我们相信在中国人民努力下，我们会解决问题不断前进。我们对此充满信心。德国公民社会组织在原有基础上也必然会有更大的发展，格梅林议员女士的发言已经传达了这方面信息。德国与会者也持有这种看法。我们对此持赞同态度。

第二方面的收获是：我们这次研讨会显示了平等对话、反对对抗的原则，在国际社会大背景下以及在国际人权领域里的重要意义和作用。

我们坚持平等对话，反对对抗的原则，顺应了国际社会发展的大趋势。这次会议大家坦诚相待，畅所欲言，多种观点互相碰撞，产生了一些很有见地的意见和观点，这里有相同观点，也有许多不同意见。这里有社会体制、经济发展影响的原因，但可能更多的是文化渊源和文化背景的因素。这种文化多元化的反映，从更广泛更宽阔的视野看，也是世界多极化和国际政治民主化在国际人权领域里的一种具体生动的反映，是顺应世界多极化、文化多元化、国际政治民主化这一国际大趋势的一种实际表现。

我们坚持平等对话、反对对抗的原则，与国际人权领域推行霸权主义和强权政治形成鲜明对照。尤其是伊拉克战争和虐俘事件的背景下，我们倡导和坚持的平等对话、反对对抗的原则，更显得迫切重要和珍贵。它再一次向国际社会表明，相互尊重，平等对话，反对对抗，是促进国际人权合作的唯一正确而有效的途径，这实际上是对霸权主义和强权政治的抵制和批判。它再一次向国际社会表明，对话、交流、合作，是国际人权领域的正义之举，必然走向兴盛；而搞人权对抗，用人权干涉别国内政，在国际社会是一种倒行逆施，必然为世界人民所唾弃，被时代进步潮流所淘汰。

第三方面的收获是：通过这次会议，中德双方进一步加深了了解，增进了友谊。

中德自 1303 年开始交往至今，已有 701 年的历史，两国人民历来彼此怀有友好情感。1972 年中德建交后，尤其是改革开放以来，两国关系全面发展，友好合作成效显著，中德人权研讨会就是这种友好关系的生动例证。连续六届的会议创造了我们两国民间组织在人权领域对话次数最多、持续时间最长、讨论最为广泛和最为集中而深刻的最新纪录，为中德两国政府及社会各有关方面所重视，也为国际社会所关注。我们的会议成果和影响远远超过会议本身，从一定意义上看，成为我们两国公民社会组织友好合作的典范。

此时此刻，我想起了中国唐代诗人的一名句："海内存知己，天涯若比邻"。我们与德国朋友虽隔千山万水，但友好情谊却把我们紧紧联系在了一起。我们之所以抒发这样的情感，这里有中德人权研讨会成功合作的因素，从更深的层次看，伟大的德国人马克思的理论和学识，在中国取得举世瞩目的成功实践和激励人心的巨大发展，可能是一个更重要的因素。中德的这种联系，是客观的，历史性的，任何人任何社会势力都无法阻挡和更改。我们可以断言，中德的交流、合作和友谊将与日月同辉、永世长存。

（2004 年 7 月 7 日）

以一当十，在中国语言中可以说是气冲霄汉，威风凛凛。

以一当十，出自《战国策·齐策一》："一而当十，十而当百，百而当千。"《史记·项羽本纪》："楚战士无不一以当十，楚兵呼声动天，诸侯军无不人人惴恐。"意思是一兵可当十兵用，战斗力很强。第六届中德人权研讨会人权与公民社会主题的选定，就很好地运用了这一成语之义。

公民社会在我国指的是非政府组织形态。选定公民社会组织这个"一"，作为展示中国人权形象的话题，可以起到"以一当十"的作用。

中国目前在主管部门登记的公民社会组织已达 26 万多个，民主选举、民主决策、民主监督、民主管理的村民委员会已分别达 79 万和 8.6 万个，公民依据兴趣爱好、各自权益自愿组织起来的学习、娱乐、健康和维权组织以数百万甚至千万计数。这些组织在推进民主、经济建设、文化活动、信息传递、法律咨询等多方面、多领域日益发挥着巨大作用。这也充分说明，当代中国人民享有广泛的公民权、政治权、经济权、社会权和文化权等各项权利。用公民社会组织这个"一"，可以反映中国人民享有诸如此类的各项人权，真可谓是"以一当十"。

伟哉，壮哉，我为你，"以一当十"喝彩！

255

希望寄托新一代

—— 在科尔沁名人爱心小学落成典礼上的祝辞

今天，置身于这美丽的大草原，我们的敬仰之情油然而生。这是一片伟大的草原、英雄的土地。这里物华天宝、人杰地灵，凝聚着中华民族深厚的文化底蕴，流动着改革开放、发展进步的时代神韵。相传，这里是一代天骄成吉思汗征战途中安营扎寨的地方，这里还是美名远播的孝庄皇后的故里，这些就足以使这片土地神奇化。在这里，我们的革命先辈们曾为中华民族和整个草原的解放抛洒过鲜血，牺牲过宝贵的生命，创造了永载史册的英雄业绩。这些足以使这片土地神圣化。在新的历史时期，我们科右中旗的各级领导和乡亲们艰苦奋斗，使草原面貌焕然一新，呈现出一派欣欣向荣的繁荣景象。这些足以使这片土地更加生机盎然，富有时代特色。我们来到这里不能不产生敬仰之情。

今天，置身于这崭新的校舍旁，我们的兴奋之情溢于言表。学校的落成，实现了 102 位国内外社会各界名人捐助西部儿童入学的美好愿望，履行了我们中国人权发展基金会关注人权、发展人权的重要职责。通过学校建设，我们看到了科右中旗各级领导以人为本，为百姓办实事、做好事的实际行动，看到了草原人民关心教育、重视教育的精神风貌，还看到了党的科教兴国的基本国策和开发、建设大西北的战略决策正在付诸实施的喜人景况。我们中国人权发展基金会能为党的事业付出一点努力，做出一点贡献，感到由衷的欣慰。

今天，置身于老师和同学之中，我们充满了期望之情。我们这些学生中很可能出现闻名中国、甚至誉满世界的科学家、发明家、文学家、艺术家、政治家等杰出人物，但绝有把握出现的是具有真才实学的中国特色社会主义的建设者。中华振兴的伟大目标，毫无疑问地会在这一代学生中实现。青少年是祖国和草原的未来与希望。我们的老师、我们的各级党政领导、我们的各位乡亲、我们的整个社会，都要为培养造就大有作为的新一代而不懈努力。我们热切希望，科尔沁名人爱心小学能够办成旗、盟以至整个内蒙古草原的名牌学校，能够培养出更多更好的草原和祖国的有用人才。草原文明曾经在人类文明发展史上做出过重大贡献。在新的历史发展阶段，只要我们紧密地团结在以胡锦涛同志为总书记的党中央周围，艰苦奋斗，勇往直前，全面建设小康社会的宏伟目标一定会实现，我们美丽的草原一定会建设的更加美好，草原文明一定会放射出更加璀璨的时代光芒。

（2004 年 11 月 16 日）

随笔 ——共青团情结

我怀着激动和喜悦的心情来到科尔沁大草原，怀着同样的心情撰写并在科尔沁名人小学落成典礼上宣读了这一祝辞。

我这次来到这美丽的大草原参加小学落成典礼，是在履行人权和公益组织的工作职责，同时，也是我作为一个老共青团干部情结的行为写照。

共青团情结是为党的事业不懈奋斗的情结。共青团是党的助手和后备军，党的事业就是团的事业。为党的事业奋斗终生，是每一个曾经是团干部矢志不渝的行为追求。学校和少年儿童工作，是团也是党的工作的重要组成部分，我应当积极参与，为之做出应有的贡献。

共青团情结凝结着我 20 多年人生奋斗的情结。我从基层团小组长做起，一直到共青团中央的工作人员，是党培养我在共青团的摇篮里成长起来。关心、支持学校和少年儿童的事情，我应当尽一份责任。

共青团情结浸渗着对祖国未来更加美好的期盼情结。中华民族伟大复兴，是几代华夏子孙的梦寐追求。少年儿童是祖国的未来和希望。关心、培育少年儿童，就是关心祖国和塑造祖国的未来。我和我们这个坚定不移的中国特色社会主义的爱国团队，为少年儿童做点事情感到兴奋和欣慰。

草原美丽，茁壮成长的少年儿童美丽，祖国的明天彩图更加美丽！这是我在美丽的科尔沁大草原的美的感受。

人才辈出的时代期望
——在广西三江县独侗乡中心小学捐赠仪式上的致辞

今天，我们中国人权发展基金会一行 4 人，携带 23 个包裹、共计 1600 余件学习用品，翻山越水，千里迢迢，来到充盈着生机和活力的独侗乡中心小学。我们这次捐赠活动，是在用事实展示社会主义优越性，说明中国人权正在不断发展进步，也是在用行动弘扬中华民族扶贫帮困的优良道德，倡导与时代血脉相连的新的道德观和价值观。摆在同学们面前的学习用品，包含着基金会帮助独侗乡儿童完善和发展受教育权利的真情爱心，也渗透着我们寄予同学们茁壮成长的殷切期望。这种期望，伴随着我们在三江县和独侗乡的切身感受，又增添了一些新的更实际、更生动的内容。

我们来到三江县和独侗乡，亲身感受到这里山青水美，环境幽静，空气清新，风景诱人。人与自然和谐发展，是党中央提出的科学发展观的重要思想，也是时代发展的需要和趋势。我们这里的环境与党中央提倡的科学发展观的思想是完全一致的，同学们应当为有环境优美的家乡而感到幸运和自豪。但同时，还应看到，我们的家乡目前还没有摆脱贫困，还需要不懈奋斗，使之逐步走上富裕新路。因此，立志成才，一定要从热爱家乡，奋力改变家乡面貌做起。从更广阔的意义上看，我们的祖国虽然日新月异，发展很快，综合国力和国际地位日益提高，但仍是发展中国家，还需要我们团结一致，努力奋斗，使我们的伟大祖国有更快更大的发展。我们希望全体同学要从热爱家乡，热爱祖国做起，认真学习，立志成才。这样，同学们成才的基础才会更加扎实，思想才会升华到一个新的更高的层次。这是我们的第一个期望。

我们来到三江县和独侗乡，亲身感受到这里具有深厚的民族文化的底蕴。独侗乡的语言、服饰，建筑尤其是闻名世界的风雨楼、鼓楼等，都有独特、浓郁的民族风格。同时，生活在这里的侗、苗、壮、瑶、汉等诸多民族和谐交往，亲如一家，具有民族团结的鲜明特色。这一切，都是中华民族优良传统具体、形象、生动的体现，都是中华民族文化内涵的重要组成部分。我们从县城到独侗乡的路途中，看到不少村寨中新建了一些零星的现代建筑，这与古朴典雅、别具一格、在世界建筑史上也占有一席之地的侗族民宅很不协调。只有民族的，才是世界的。我们的同学要与有关方面一起呼吁全社会都行动起来，从自己做起，继承、保护和发展好我们的民族遗产。我们希望全体同学紧跟时代发展步伐，读好课本之书，读好社会之书，从社会生活各个方面汲取民族文化的丰富营养，使中华民族优良的传统文化在新的历史时期发扬光大，成为中华盛世不断发展的重要推动力量。这是我们的第二个期望。

　　我们来到学校后，真切地感受到了这里的美术班很有特色。美术是美育的有机要素和具有代表性的组成部分。同学们在用画笔描述家乡美景、进行学习创作的同时，也是在启迪心智，陶冶情操；也是在叙发心境，表达情感；也是在证实自己，审视社会。我们开办美术班，实质上就是在对学生进行素质和能力教育。当今时代和未来社会鉴别一个学生优秀与否，最终是要看其能力和素质。我们相信，在学校老师和同学们的共同努力下，美术班一定会越办越好。我们希望参加和没有参加美术班学习的同学，都能够从美术班及其影响中得到启发和教益，这就是立志成才必须不断提高能力，全面优化素质。这是我们的第三个期望。

　　总之，我们真诚地祝愿全体学生都能热爱家乡，心系祖国，刻苦学习，努力向上，逐步成长为素质优良，人格健康，德、智、体、美全面发展，有能力创造幸福生活的一代独侗乡新人。我们渴望着学生中能够涌现出类拔萃、造福人类的美术家、文学家、科学家、发明家等杰出人物，我们也期盼着每个学生都能够学有所成，报效祖国，成为全面建设小康社会需要的各个方面、各个层次的人才。未来的独侗乡中心小学，必定是人才辈出的天地。这就是我们这次来学校进行捐赠的目的和期望所在。

（2004 年 12 月 14 日）

259

2004年

人权情怀

我 2004 年 12 月 14 日在广西三江县独侗乡中心小学捐赠仪式上的祝辞，中心内容是抒发了一种期待。

这次捐赠是中央电视台教育频道负责人希望我们实施的一次善举。该频道与中心小学美术班常有联系，了解这里的孩子缺少美术用品。我们得知这一情况后，迅速做出决定答应进行捐赠。理由主要有三：一是广做善事是我们的工作职责；二是三江县是全国需要帮助的重点贫困县；三是该县曾是团中央抓基层的重点县，时任团中央书记处书记刘奇葆曾在这里蹲点工作一个多月，而现在又任广西区委书记，为老书记工作的地方做些贡献理所当然。

12 月 13 日到达三江县城时，我还没有想好在捐赠仪式上讲何内容，来到中心小学触景生情，有感而发，形成了这篇祝辞。

这里，水秀，山青，景美，人善，就是经济尚欠发达，最根本原因是缺乏人才。我祝辞发出的呼唤是：培养人才，当务之急；抓好教育，百年大计。

我衷心期待：将来的三江县山青水秀，景美物丰，人才济济，兴旺发达。

2003年

创新是发展的灵魂

——工作会议发言

我们这次会议是一次深入学习贯彻党的十六大精神，认真学习贯彻全国外宣工作会议要求的会议。

创新，是十六大的重要精神，也是全国外宣工作会议贯彻十六大精神，反复强调、重点部署的工作内容。创新是一个民族进步的灵魂，是一个国家进步的主要动力，也是我们基金会发展的灵魂和动力。我们这次会议，以"三个代表"重要思想为指导，总结工作，布置任务，交流情况，沟通思想，自始至终充满着解放思想、实事求是、与时俱进的浓郁气氛，是一次研究大局、谋求发展的成功会议，是一次锐意改革、创新求实的重要会议，必将在基金会发展史上产生积极而深刻的影响。

综观全局，21世纪头20年，对我国来说，是一个必须紧紧抓住并且可以大有作为的重要战略机遇。这是十六大对时局作出的科学判断。这一判断，毫无疑义地统领着基金会对形势、任务的审视和分析。我们能否紧紧抓住这极其宝贵、极其重要的战略机遇，说到底，就是能否在创新方面有所作为。基金会目前正面临着创新的良好环境，具备了创新的工作基础，并且明确了创新重点以及相关的保证措施。我们义不容辞，必须奋发进取，坚持创新，这是时代、历史赋予基金会的崇高使命。下面，我就这一问题讲四点意见：

一、基金会面临着创新发展的良好环境

考察世界局势、国内发展、外宣成就、人权进步等广博而深刻的社会因素，可以得出一个确定无疑的结论，这就是：中国人权基金会正面临着

创新发展的良好环境。

基金会面临着世界创新发展的社会背景。目前世界各主要发达国家都在积极创新。这些国家之所以还在继续发展，是多种原因综合作用的结果，不管他们承认与否，其中很重要原因就在于努力创新，不断调整生产力与生产关系之间的矛盾。这一矛盾的存在，是一种客观现实，各个国家概莫能外。各发达国家无论何种表述，实质都在着意处理这方面矛盾，注意调节生产力各要素的关系，高度重视科学技术第一生产力。近些年来，主要发达国家兴起的知识经济，更为这些国家注入了新的发展活力，从而保持和推动了其经济发展。

基金会面临着中国创新发展的社会局面。中国特色社会主义本身，就是中国共产党人的伟大创新。十六大不仅对这一伟大创新给予集中展示，而且对新世纪的继续创新作了系统科学的全面部署。十六大最大的历史性创新，就是把"三个代表"重要思想写入了党章，并把它作为党长期坚持的指导思想。十六大提出的全面建设小康社会的目标，确立的解放思想、实事求是、与时俱进的思想路线，重申的发展社会主义市场经济的战略地位，阐述的把社会主义政治、经济、文化统一于中国特色社会主义实践中的思想，作出的不断为中华民族伟大复兴增添新力量的世纪性宣言等等，都是具有历史意义的创新。十六大是一次创新的大会，实质上决定了党和国家创新的未来走向和战略宏图。我们党是中国的执政党，这就从根本、整体和全局上决定了我们国家正处于一个创新的重要时期。

基金会面临着我国对外宣传创新发展的社会态势。这几年，我国对外宣传频频创新，最突出的是政府高级官员亲自出面做外宣工作。党和国家领导人多次在国际交往重大场合进行高质量、高水平演讲，多次与国际著名媒体主持人进行高屋建瓴、睿智深刻的对话，为国际社会所高度赞誉，在世界上产生了广泛而深远的影响。我国在美国、法国、德国、日本等国举办的大型文化交流活动，发表的一系列白皮书，举行的新闻发布会，以及灯下亮、走出去、外宣精品三大工程等，都是对外宣传的创新项目。整个外宣工作正处于方兴未艾的创新之中。

基金会面临着中国人权事业创新发展的社会环境。中国特色社会主义的人权事业取得了旷世未有的伟大成就，用占世界 7% 的耕地解决了占世界 22% 人口的生存问题，创造了中华民族引以自豪的人间奇迹。13 亿中国人民不但告别了贫困，解决了温饱，而且正在满怀激情地全面建设小康社会，奔向人权事业的辉煌未来，这是我们对世界人权事业的巨大贡献，是中国和世界人权发展史上的伟大创新。

二、基金会具备了创新发展的工作基础

我们基金会创新发展的工作基础，主要体现在六个方面：

一是目标明确。我们的目标是：努力把基金会建成有效传播我国人权立场观点和发展成就，积极开展国际人权交流、合作和舆论斗争，融政治、经济、文化活动为一体的著名综合型基金会；建成顺应世界大型基金会与思想库合而为一的发展趋势，充分利用各个方面、各个领域专家、学者和研究机构力量，为建设中国特色社会主义提供智力、思想、理论支持的国内外著名思想型基金会；建成公益事业成效显著和人权特色鲜明的国内外著名公益型基金会；建成具有相当基金积累的国内外著名实力型基金会。实践证明，我们确立的目标是正确的，已经取得了明显成效。

二是思路清晰。单纯地就基金抓募集基金，既不符合基金会的根本宗旨，也不可能收到良好效果，实践中已陷入尴尬境地。单纯地开展研究、宣传、教育活动，也难以收到募集基金的最佳效果。以活动为依托募集基金，募集基金与活动巧妙融合，构成基金会主要而有效的工作方式。同时，我们也注意发挥其他工作方式的积极作用，努力为基金会发展和人权事业多作贡献。实践证明，我们这一工作思路是正确的，已经取得并将继续取得良好效果。

三是社会影响逐步扩大。作为人权组织，我们在国内已有一定影响。作为基金组织，我们跃入全国知名基金会之列。对外交往，我们过去与外国联系甚少，现在则是合作对象遍五洲，朋友往来及天下。尤其在德国、日本等国家，我们的影响更为广泛。

四是基金募集成绩突出。我们从零起步，募集基金，逐步发展，积少成多，取得了数千万元基金总量的显著成效，已具备了继续发展的经济实力和物质条件。

五是解决问题的能力明显提高。基金会成立以来，我们妥善处理了一系列较为复杂的政治和金融问题，经受了一次次困难和风险考验，保证了基金会工作始终沿着正确方向健康发展。但是，我们的工作还存在创新活

力不足、用人体制不活、人员整体素质不够高、机构影响亦欠广泛、基金总量还未达到相当可观的规模等问题，这都需要我们继续采取有力措施加以解决。

六是团结奋斗的工作氛围基本形成。这是基金会不断发展的重要保证，这本身也是工作成绩的具体体现。我们取得的所有成绩，是基金会一批又一批人员包括前两任秘书长、老同志和现在工作机构同志奋斗的结果，也是领导关心、帮助、指导的结果。基金会的军功章里也包含着社会方方面面支持的辛劳，我们对此将永志不忘。

三、基金会创新发展的工作重点

我们生活在中国特色社会主义全面创新的年代，这也是一个前所少有、激情燃烧的年代。我们生逢其时，唯有奋发创新，才会不辱使命。这种创新，是全面的而不是偏颇的，是理智的而不是盲目的，是理论与实际结合的而不是言行相离的。这种创新最根本的是，坚持"三个代表"重要思想为指导，这是我们的创新之本、发展之基，也是整个基金会有所作为的灵魂。当前和今后一个时期，我们要重点抓好四个方面的创新：

（一）理论创新

我们党是注重理论创新的党，并且因此而创造辉煌。我们基金会也要注重理论创新，也必然因此而再创佳绩。

一是人权基本理论创新。我们这方面已有创新：其一，对社会主义市场经济与人权关系进行了探索。从指导思想、基本特征、依靠力量和实际成果等方面论证并得出了社会主义市场经济是对人权充分尊重的新结论。其二，提出了我国基本人权的新内容。从国际人权公约、我国宪法和有关法律以及我国国情等方面论证并得出了稳定权也是我国基本人权的新结论。其三，勾画了我国人权理论的基本框架。从科学的指导思想、贯穿始终的主线以及相关的范畴等方面，论证并得出了我国人权理论基本框架已初步形成的新结论。

二是基金会工作理论创新。我们这方面最主要的创新是，论证并提出了人权基金会必须发挥中国特色社会主义重要思想的作用，才能在中华民族伟大复兴中有更大作为的思想。这不仅使我们基金会有别于其他国家的基金会，而且也有益于与世界大型思想库基金会接轨，有益于基金会和中国人权事业的发展。

理论创新是我们基金会的一项艰苦异常、功德无量的工作，随着时间推移和实践深入，其意义、作用才会逐步显现出来。我们唯有加倍努力，才能把理论创新成果转化为实际工作效益，促使我们的工作不断取得新成绩。

（二）体制创新

目前我们基金会体制存在一些弊端，编制按社团组织确定，工资按事业单位执行，经费自负盈亏，人员责权利有所分离。这就难免出现干好干坏一个样、干多干少一个样的现象，体制创新势在必行。

我们体制创新的目标是：建立与社会主义市场经济相适应、责权利相统一的全员聘用制体制；原则是：全面系统观察人，实事求是评定人，德才兼备选拔人，不拘一格聘用人；方法步骤是：先是反复研究、制定方案，然后思想动员、竞争岗位，再是确定人选、层层聘用。

（三）政策创新

政策问题，与我们基金会生命紧密相连。基金会的一系列制度，具体贯彻和体现了党的方针政策，取得了良好实践效果。继续发展和完善，将会取得更大成效。

我们制度的核心是奖罚，主旨是调动一切积极因素。以奖为主，以罚为辅。努力团结一切可以团结的力量，充分调动一切可以调动的积极因素。当前要进一步制定和完善好募集资金、重点工作、项目创新、加班加点等奖励制度。

（四）工作创新

工作创新和基金会其他方面的创新是一个相互影响和作用的整体，理论、政策、体制创新的结果，必然有益于工作创新，而工作创新也一定会影响其他方面的创新。这几年，我们基金会在各方面创新的综合作用下，融募集资金、开展活动、扩大影响为一体的工作创新，日益显示出旺盛的生机和活力。

我们已经开展的较有创新价值和一定社会影响的活动是：连续四届的中德人权研讨会；声援我国民间对日诉讼的诸项活动；百位名人捐赠西部失学儿童慈善活动。

我们正在策划准备开展的具有创新价值的活动有：和平与人权国际研讨会；我国民间对日诉讼法律援助专项基金活动；与中央电视台同一首歌

专题节目开展的公益活动。

我们能够长期坚持开展的创新活动和工作是：与国外开展的双边和多边的人权对话活动；设立和实施的各项专项基金工作；基金会各专业委员会的活动；中国人权文库的编辑出版工作。

我们的工作创新是一个动态过程，现在的创新活动，以后必然为更新的创新活动所替代。创新是一个历史的、发展的、具有相对意义的概念和实践。实践永无止境，创新永不止息。这是事物发展和基金会工作创新的必然逻辑。

四、基金会创新发展的保障措施

基金会的创新是一个系统工程和科学体系，既有社会背景和工作基础，也有创新重点和保障措施。这些措施主要有三个方面：

第一是加强学习。这是创新的智力和知识支持。人权基金会工作涉及国内外多个战场和人权、基金、外交、外宣等诸多领域，涉及政治、经济、文化等很多方面和人文科学、金融科学、自然科学等多个学科，思想性、政治性、政策性很强，边缘性、复合性、综合性鲜明。因此，对员工素质要求很高，我们的学习任务很重。要敢于直面现实，迎接挑战，为了中华民族的伟大复兴，基金会事业的发展，每个人的生存、发展和人格尊严，必须刻苦学习，不断学习，终生学习。向书本和社会学习，向历史和现实学习，向中国优良的传统文化和现代科学技术知识、以及基金会工作所需的多方面知识学习。重点学好党的基本路线、基本理论、基本政策和基本经验，尤其要用"三个代表"重要思想武装头脑、指导工作、促进创新。

第二是增强团结。这与我们事业发展和个人成长直接相连。缺乏团结，一盘散沙，绝难形成集体与个人创新的氛围和力量，这是历史和现实反复证明的客观真理。团结问题，浸渗着品格和追求，也蕴涵着艺术和经验。提高个人修养可助团结。个人修养好，益于化解矛盾，和谐关系，促进团结。批评与自我批评可促团结。关键是与时俱进，勇于创新，把敢于和善于开展批评与自我批评结合起来，才能收到最佳效果。事业发展可兴团结。同志间的某些矛盾，往往与我们的工作条件、待遇、环境有某种关联，只要我们努力推进事业发展，注意调节和消解矛盾，影响团结的一些问题就会迎刃而解。

第三是拼搏精神。没有拼搏精神，就不可能成就任何事业包括我们追求的创新。创新必须拼搏。这种拼搏，遵循规律、拒绝盲目，信奉艰苦奋斗、劳逸结合，摈弃透支体力、一味蛮干，是凝聚着世界眼光、时代品格、民族精神的以知识取胜，以智力取胜，以科学取胜。我们崇尚拼搏，实践拼搏，弘扬拼搏。我们要用拼搏拥抱创新，用创新赢得进步，赢得人权的民族性、国情性、阶段性、历史性等在世界各国不可能相同的、丰富多彩的个性特色、蓬勃发展和世纪光荣。

　　现在，基金会方向明确，思路清楚，重点突出，措施得力，最关紧要的是扎扎实实、稳步行动。我们要横下一条心，拧成一股劲，团结奋斗，锐意创新，努力创造基金会的崭新业绩和美好未来。

（2003 年 1 月 18 日）

随笔——高尔基之语

　　创新，归根结底是按科学规律办事。

　　此时，我想起了高尔基早在 1927 年 4 月的一篇演讲——《科学万岁》，其中的一些思想情趣盎然，很有教益。

　　高尔基有一个充满魅力的理想："我幻想着建设一座'科学城'——在这里，科学家天天用自己的睿智、无畏的眼光探索着我们星球周围的奥秘；在这里，科学家像铁匠和宝石匠一样锻炼、雕刻着世界的全部经验，并把这些经验变成行之有效的学说，变成进一步探索真理的武器。"

　　高尔基有一个真情的期待："在这座科学城里，科学家将沐浴在自由和独立的阳光之中，沐浴在激发创造力的阳光之中，而他们的工作则将在这个国家造成热爱知识的空气，将在人民中间唤起对知识的力量和美的热烈感情。"

　　高尔基有一个准确的判断："自由展翅的科学上繁荣昌盛的越高，它的视野就越宽广，科学知识应用于生活实际的可能就越充分。正如我们大家都知道的那样，在自然界，没有什么东西比人脑更奇妙，没有什么东西比思维更好，没有什么东西比科学研究的成果更宝贵。"

　　高尔基由衷地高呼："科学万岁！"

中国特色社会主义事业就是一座举世无比的科学城，我们由此完全可以高歌：

科学万岁！

创新万岁！

中国特色社会主义创新事业万岁！

坚定不移地走中国特色社会主义人权发展道路

——在澳大利亚国立大学召开的"中澳人权发展研讨会"上的发言

十分高兴与澳大利亚朋友交流人权问题，我作为中国人权发展基金会的负责人，可以非常负责地告诉大家，中国人民的人权已经从新中国成立时起就发生了本质性变化，尤其是改革开放以来，更是发生了翻天覆地的历史性巨变，走出了一条中国特色社会主义人权发展之路。其核心是邓小平理论和"三个代表"重要思想的指导；关键是中国共产党领导下全国人民的拼搏奋斗；重点是以生存权、发展权为基本人权的我国人权的全面发展和进步；结果是我国人民生活水平、人权状况以及整个中国国际地位的显著改善和提高。这主要体现在以下六个方面：

一、中国人权重点突出：生存权、发展权、和平权和稳定权为首要人权

我由衷地羡慕澳大利亚，国土面积比我国约少200万平方公里，而人口却只有2000多万，如同我们上海市的人口那么多。中国的这种客观实际，从一定的层面上决定了我们必须把生存权、发展权放在我国人权的首位，我们别无选择。实践证明，我们的这种选择是正确的。同样，如果没有一个和平的国际环境和稳定的国内环境，我们就不能集中精力搞建设，着力推进和完善我们的生存权和发展权。因此，我们义无反顾地把和平权和稳定权也作为我们首要人权的重要组成部分。实践证明，我们的这种选择是完全正确的。经过不懈努力，我们赢得了比较安详的周边环境和安全团结的国内环境，整个中华大地国泰民安，生气勃勃，我们用占世界7%

的土地解决了占世界22%人口的温饱问题，可以问心无愧地说，我们为世界人权事业做出了积极贡献。

二、中国人权目标科学：全面建设以民为本、惠及中华的小康社会

我国曾在历史上失去了几次发展机会，我们不能也不会再失去任何发展的时机。早在1987年，我们就完整地提出了现代化建设"三步走"的战略目标，即在20世纪走两步，解决温饱和总体上达到小康，在21世纪中叶，达到中等发达国家水平。在全国人民的共同努力下，我们胜利实现了现代化建设"三步走"战略的第一步、第二步目标，人民生活水平总体上达到小康水平。这是中华民族发展史上新的里程碑。在21世纪之初，我们提出了用20年时间全面建设小康社会，加快中华民族的伟大复兴。这是中国社会主义现代化建设的伟大目标，也是中国人权建设事业现阶段的战略目标。我们最终目标是实现人的全面而自由发展的社会。我们全面建设小康社会的每一个实际行动，从根本上讲，就是在向人的全面而自由发展的社会进发。我们相信，经过全国人民的不懈奋斗，这些凝聚着华夏民族利益和愿望的伟大目标一定能够实现。

三、中国人权内容全面系统：个人人权与集体人权有序实施，公民权利、政治权利和经济、社会、文化权利协调发展

人是一切社会关系的总和。人权是社会历史的产物。个人人权与集体人权紧密相连，密不可分。个人人权实现的基础在于集体人权的实现程度，而集体人权的实现则势必要在个人人权的状况中体现出来。我国宪法是维护、发展、完善人权的根本大法。宪法对维护和完善集体人权和个人人权作了明确规定。我们现行宪法在阐述集体人权的同时，也对个人人权作了进一步强调，并一改前三部宪法的惯例，将公民权利调至国家机构之前，内容由30项增至38项，比美国宪法还多10项。这充分证明我国对个人人权的重视和维护。

同样，我们在充分尊重我国人民的公民权利、政治权利的同时，也十分尊重公民的社会经济、文化权利。我们不仅在宪法中对公民权利、政治权利加以确认和肯定，而且采取坚持人民代表大会制度，中国共产党领导的多党合作制度、政治协商制度以及县级直接选举、村民自治等制度，加

以维护和改善。我们不仅在宪法和法律中对公民的经济、社会、文化权利加以肯定和强调，而且把教育放在优先发展的战略位置，把公民劳动就业，妇女、儿童、老年人、少数民族以及残疾人权利的保障放在重要位置，取得了举世瞩目的伟大成就，赢得了国际社会的普遍赞誉。

四、中国人权富有辩证思维：权利与义务融合，普遍性与特殊性统一

作为人的社会关系在法律上表现的人权，权利与义务一致是其重要内涵。没有无义务的权利，也没有无权利的义务，毫无疑问是人权的辩证法则。我国宪法公开申明："任何公民享有宪法和法律规定的权利，同时必须履行宪法和法律规定的义务"。我们的人权实践充分贯彻和体现了这一要求，这里明显地浸渗着科学辩证的思想理念。

辩证法还昭示我们，一切事物和现象都是普遍性和特殊性、共性和个性的统一。人权问题亦概莫能外。我们承认人权的普遍性，因为人权的主题、价值、基本内容和理想追求等是为世界各国所认同的，是具有普遍意义的共识；我们也承认人权的特殊性，因为人权的民族性、国情性、阶段性、历史性等在世界各国不可能是相同的，具有丰富多彩的个性特色。正因为如此，我们认为人权的普遍性与特殊性是统一的，普遍性不可能离开特殊性而抽象地存在，必须通过特殊性表现出来。这也就决定了人权的观念、政策、制度和模式必然是多样性的。中国特色社会主义人权发展道路贯穿和体现了普遍性与特殊性统一的辩证思想，具有坚实的理论和实践依据，已经赢得了世人瞩目的现实，也一定会拥抱更加辉煌的未来。

五、中国人权保障可靠：物质、政治、精神三大文明建设给予强有力支持

人权既然是社会历史的产物，就不可能超出社会的经济结构以及由经济结构制约的社会文化发展状况。中国人权的发展轨迹也同样如此。如果没有我国经济总量已居世界第六位的时代跨越，就不可能有我们生存权、发展权前所未有的历史巨变。如果没有我国法律体系基本完备、民主程度日益提高，就不可能有我们公民政治权利持续发展的喜人景观。如果没有我国教育为先的战略举措和道德建设的蓬勃进展，就不可能有我们社会、

文化权利不断发展和完善的崭新局面。如此等等，不一而足。中国的人权实践已经向世人昭示出一个不可辩驳的历史结论：物质文明、政治文明、精神文明既是我国人权的有机组成部分，同时也为我国人权发展提供了更为广阔、深厚的坚实保障。

六、中国倡导的国际人权交流原则，符合世界进步潮流

在人权问题上，我们一贯坚持相互尊重、平等相待、求同存异、增进理解的原则，倡导对话，反对对抗，尤其坚决反对以人权为借口干涉别国内政。这是中华民族和为贵传统美德的生动体现，也是我国和平共处五项原则在人权领域的具体应用。这已成为不可阻挡的世界进步潮流，成为深得人心的促进国际人权合作的唯一正确途径。

我们之所以不远万里奔赴澳大利亚进行人权对话，是因为中澳彼此都有这方面的客观要求。我们双方有共同点，在人权交流合作的原则、人权发展的阶段性以及相关的一系列问题，有些看法趋向接近乃至形成共识；我们双方也有不同点，有些分歧认识甚至有截然相反的看法。这些都充分说明：扩大共识，需要交流；减少分歧，还应对话；避免误会，必须沟通。这也使我们远道而来的人权对话有了更为深厚、深刻的本质内涵：我们是为沟通理解而来，是为增进友谊而来，是为共筑世界人权的美好家园而来。由此，我们完全可以断言，这次对话交流活动一定会取得圆满成功。

（2003 年 9 月 2 日）

随笔 ——老华侨的叙说

在澳洲见到了一位八十多岁的华侨，
两泓泉水一样的眼睛盯着我们说，
他说的不是泉水是井水，
老人不是诗人胜诗人，
几句话把家乡的饮水变化湿润润地画在了眼前，

井水啊，现在成了祖宗了，
自来水是家长，
纯净水、矿泉水是子孙满堂。
家里那口井不用了，
成文物了供大家瞻仰，
我回去看看它，
心里那个甜哪，
是清冽冽的那个甜呀！
我们心里也甜，
像喝着甘甜的井水那样清冽冽的甜哪。

为人权、正义、友好而奋斗
——谈谈对当前我国民间对日诉讼的看法

如何看待民间对日诉讼，我愿就此谈一下个人的看法：

一、关于目前民间对日诉讼的总体评价

我国民间对日诉讼总体上可以用三句话来概括，这就是：目的正确，已有成效，还须努力。

从诉讼目的看：日本侵华所犯的滔天罪行，是不可更改的历史事实。前事不忘，后事之师。我们民间对日诉讼的目的，绝不是纠缠历史旧账，而是为了维护史实、捍卫人权，是为了以史为鉴、面向未来，从本质上讲，是为了中日两国人民世代友好的根本利益。事实充分证明，我们的目的是正确的。

从诉讼成效看：尽管日本某些政要"皇国史观"阴魂不散，极右分子百般阻扰，我们的诉讼之路艰难曲折，但也确实取得了一些令人欣慰的成效。目前，我国民间对日的 20 多起诉讼案，有的已经和解赔偿，有的也已一审胜诉，有的虽在审理之中但也微露了获胜的曙光。这也是我们可以向全世界人民宣传的事实。九泉之下被日本法西斯残害的死难同胞得知此况，也肯定会稍感慰藉。

从诉讼前景看：由于这些诉讼案的涉及领域、影响范围等诸多方面，已经远远超出诉讼案本身，也由于日本政界、社会以及国际社会种种复杂因素的制约和影响，我们的民间对日诉讼要取得全面和整体的胜利，前景不容乐观。但正义必定战胜邪恶，光明必将驱散阴霾，这种历史的规律，

使我们对诉讼抱有必胜信心。历史必将证明，胜利一定属于坚持正义的中国、日本和世界人民。

二、关于民间对日诉讼的特点

目前我国民间对日诉讼已呈现出三个特点：

一是诉讼案件日趋增多。 日本法西斯侵华罪行罄竹难书，对日诉讼案增多是历史必然。从花冈劳工案件开始，逐步增加了山西慰安妇、南京大屠杀等案件，再后来又增加了刘连仁等诸多劳工案件，目前已经形成了包括化学武器伤人等为世人震惊案件在内的全方位、多层面展开民间对日诉讼的局面。这是任何人、任何社会势力都无法阻拦的客观现实。

二是参与力量不断增加。 一开始参与者仅是某个案件的当事人、律师和某些群众，逐步发展为相当多的群众公开支持。而且有关的非政府组织以及从中央到地方的许多媒体也积极参与。我们中国人权发展基金会积极加入了支持民间对日诉讼的行列，自公开声援南京大屠杀幸存者夏淑琴诉讼案起，已连续支持了10多起对日诉讼案。我们将一如既往地为人权、正义和中日两国人民的世代友好而不懈奋斗。

三是影响范围不断扩大。 正义之举具有辐射历史、穿越时空的巨大力量，这是社会发展之定律，对日诉讼就是鲜活、生动、具体的最佳例证。这些诉讼一开始仅在中国、日本有些影响，以后范围日渐扩展，目前，不仅在中日及其邻国和整个亚洲，而且在美、德、英、法等发达国家都有相当影响。

三、关于深入开展民间对日诉讼问题

深入开展民间对日诉讼，是一个异常复杂的综合性问题，现阶段应当抓好规划、研究、取证、宣传四项工作。

总体要规划。 对日诉讼不能零打碎敲，必须要有计划。哪一个案件先打，哪一个案件后打，案与案之间如何呼应，怎样配合，都要有比较缜密的思考和设计。既要有阶段性构想，又要有长远性规划，近远期目标结合，计划与措施一致，扎扎实实，循序渐进，坚定不移地向着既定目标迈进。

研究要深入。 加强国际形势和日本政局的研究，找准我国对日民间诉讼在整个国际局势的位置和作用，是非常重要的研究步骤。要在把握大局的基础上，进一步加强对日本法律及相关法规的研究，着意探索民间对日诉讼的内在规律，抓准诉讼的各个关键问题，确保诉讼取得更好效果。

取证要抓紧。日本侵华战争的中国幸存者，现在年事已高，而且多是体弱多病。要抓紧时间，从这些老年人那里取得更多的证据。同时，还要千方百计地从其他方面多多取证，为搞好现有的诉讼和进行更多的诉讼做好必要的证据准备。

宣传要扩大。不仅要在中国、日本，而且要在整个国际社会尤其是西方发达国家，大力宣传我国民间对日诉讼的真实情况。正义与邪恶、进步与倒退的历史较量，一定会引起世人的重视；维护史实、捍卫人权、崇尚和平、唾弃战争的正义之举，一定会赢得全世界人民之心；得道多助、失道寡助的名言，一定会不可阻挡地再一次成为客观现实。未来的环球，必将是和平之旗高扬的世界。我们对此深信不疑。

（2003 年 10 月 21 日）

随笔 ——挚友

面对小野寺利孝先生，感想良多，欣然命笔：

正视历史的眼睛不歇，
维护史实的心灵执著，
珍爱和平的呼吁频急，
捍卫人权的决心挺坚。

放弃诉讼挣钱，
家产抵押变现，
奔波两国忙碌，
倾力劳工奉献。

这是对日本人民、中国人民、世界人民的真正负责，
这是对历史、现实、未来的万般珍视。
小野寺利孝先生啊，

你不是孤身奋战，
三百多为中国劳工伸展正义的日本律师挺身助阵，
两亿多日本人民和十三亿中国人民坚决支持。

你代表正义、公理和良知，
你庄严的天空善意融融，
你是日本人民的忠诚儿子，
你是中国人民的真挚朋友，
你是世界人民信赖的忠义之士，
你是获享着人权、和平的崇高敬意！

2003年

青年是人权事业发展的生力军

——在第五届中德人权研讨会闭幕会上的总结

在具有重要历史意义的中国共产党十六届三中全会结束不久的十月深秋，伴随着中华民族飞天梦想奋斗成真的胜利喜悦，第五届中德人权研讨会凝聚着中德政府的关心支持、与会者的辛勤努力，顺利完成了各项议程，即将胜利闭幕载入中德两国友好往来的历史史册。

中德人权研讨会历经五年，长盛不衰，本身就是一件可喜可贺的事情。德国古典哲学集大成者、伟大的辩证法大师黑格尔曾说过："欲望是人类一般活动的推动力。"这睿智的语言，揭示了研讨会历久不衰的奥秘，这就是中德两国人民呼唤正义、增进友谊的愿望，推动着它不断走向新的境界。从历史发展的层次审视我们的会议，可以得出一条重要结论：是理解宽容选择了它，和平追求培育了它，人类进步造就了它。我们每届研讨会，两国与会者都平等相待，坦诚交流，显示了超越社会制度、意识形态、价值取向的宽阔胸怀和远见卓识。今年的北京会议，一如既往，讨论热烈，和谐切磋，气氛友好。相互信任、共筑友谊成为贯穿连续五届尤其是本届会议的思想主线。

人权是社会发展的产物，涉及政治、经济、文化等诸多领域，也与连绵不断的历史沿革紧密相连。我们今天集聚一堂，探讨人权问题，离不开中德两国的历史交往和整个社会的广阔背景。中德两国人民历来彼此怀有友好情感，自 1303 年开始交往至今，已有整整 700 年的历史。1972 年中德建交后尤其是改革开放以来，两国关系全面发展，政府互访频繁，民间往来甚多，经贸、科技、文化和教育及其他各方面交流成效显著；中国十分重视德国在欧洲以及在国际社会的重要作用，德国也把中国放在亚洲和整个世界政策的突出位置，两国友好合作关系不断朝着更好的方向迈进。这些都与人权问题息息相关，不仅是人权事业发展的有机组成部分和强有力的支持因素，而且是我们人权交流的基本话题和重要内容。紧贴现实，传承历史成为贯穿连续五届尤其是本届会议的主要议题。

人权问题与青年有着天然的联系，人权事业的不断发展，归根到底是靠一代又一代青年的不懈奋斗。我国有一句脍炙人口的名言："青年人朝气蓬勃，好像早上八、九点钟的太阳，希望寄托在你们身上。"这诗一般的语言，出自首先是伟大政治家然后才是诗人大家的毛泽东之口。古往今来，大凡有见识、有抱负的政治家、思想家和超凡脱俗的文人墨客，都会把目光投向青年。谁赢得了青年，谁就赢得了世界、赢得了未来。我们这次会议的主题定为人权发展与青少年权益，思想内涵丰富，时代品格鲜明，颇有见地，充满魅力。中国全国人大内务委员会副主任委员张丁华及其他各位专家学者和相关部门负责人，系统介绍了我国未成年人的成长教育、权益保护等方面取得的显著成效，同时系统介绍了未成年人犯罪预防等方面的工作。德国格梅林议员女士及其他各位专家学者，也系统介绍了德国未成年人权益保护所做的工作和取得的突出成效，以及未成年人犯罪和青少年刑法方面的有关情况。中德两国青少年权益的保护工作，各具特色，各有千秋，都取得了巨大成就。两国与会者联系实际，畅所欲言，加强沟通，友好交流，在贯彻联合国人权公约、青少年立法与执法，以及青少年道德建设等方面取得了相近和比较一致的看法。主题突出，特色鲜明成为连续五届尤其是本届会议的成功做法。

人权事业本质上是不断创新的事业。我国的人权状况，自新中国成立起就发生了本质性变化，中国特色社会主义的创新实践更使我们的人权事业取得了举世瞩目的伟大成就，发生了翻天覆地的历史性巨变。我们的人权理论簇拥时代发展，相继阐发了社会主义市场经济是对人权的充分尊重等一系列新的思想观点，人权理论体系雏形也在实践中逐步形成和完善。德国的人权理论和实践，在创新中不断取得新成就，给了我们许多启示和经验。我们本届研讨会同样充满创新氛围。从主要是照本宣科发展到多是脱稿阐述，甚而即席演说，就是具体的创新举措。我们从以往研讨会中总结的有效方法，诸如理性问题从感性认识入手，消除分歧认识从共识问题渐入，理解对方从善于了解对方开始，等等，在本届研讨会上也得到进一步的实践和深化。从更广阔的视野看，我们倡导和坚持对话，反对和唾弃对抗，积极主动发挥非政府组织在人权交流中的独特作用，本身就是合于时代进步潮流，促进国际人权合作的创新实践。不断创新，勇于实践成为连续五届尤其是本届会议的基本经验。

在会议即将落下帷幕的此时此刻，我想起了黑格尔大师在《小逻辑》中阐述的一个重要思想，他认为，能够辨别铅笔和骆驼、槐树和橡树、寺庙和教堂的思维是肤浅的，而能够在异中见同、同中见异的认识才是深刻的。整个会议包括刚才几位嘉宾的总结和致辞，已经贯穿了这种思想。大家对人权的认识千差万别，而对人权存在着普遍性、阶段性，以及对青少年权益保护诸多问题的认识却是共同的；大家对会议的感受不尽相同，而对会议倡导的理解、信任、沟通、创造精神的首肯却是一致的；大家普遍认为会议存有时间较短的缺憾，而对会议的肯定和赞赏却是同声的。会议取得圆满成功，这是全体与会者的共同评价。这成功浸渗着大家的努力和奉献。

（2003 年 10 月 29 日）

随笔——青春魅力

毛泽东当年曾对青年人说过一句话："世界是你们的，也是我们的，但是归根结底是你们的。你们青年人朝气蓬勃，好像早晨八、九点钟的太阳，希望寄托在你们身上。"

此语，高屋建瓴、气势如虹，成为中国社会家喻户晓的言语，成为青春魅力的经典名言。

毛泽东的名言穿透时空，直到今天仍有很强的现实意义。这就是谁赢得了青年，谁就赢得了世界，赢得了人权世界，赢得了人权未来。

我们要赢得青年，最为直接和基本的途径是教育。切实有效的是事实教育和理论教育：

中国特色社会主义事业的蓬勃发展，是最现实、最深刻的人权教育，这是任何人、任何社会势力都必须承认、无法更改的实际教育。同时，正确认识、分析和把握国际形势的变化及走向，也是一种基本教育。要以世界视野、战略思维，总结实践经验，传播事实理念，坚定不移地走中国特色社会主义道路，坚定不移地走中国特色社会主义人权道路，成为青年人的行为追求和内心信念。

中国特色社会主义理论，是理论教育的基本内容，人权理论是这一理论的有机组成部分。同时，马克思主义经典作家的理论，中华民族优良文化传统以及世界其他国家的先进文化和科学理念等内容，都要融入到理论教育中去。通过深入浅出、生动有效的理论教育，达到像列宁所说的那样：用全人类的先进文化和理论知识武装引导青年。

赢得青年需要综合力量、全民动员。党、政、军、民、学，社会的各个部门、各个领域都要动员起来，参与进来，为教育青年、引导青年、培养青年、武装青年献计献策，各尽其责，勤恳工作，努力服务。只要我们同心同德，不懈奋斗，就一定会赢得青年，赢得世界，一定会赢得人权世界更加辉煌的未来。

契诃夫作品中三个艺术形象的人权警示

——与俄罗斯"契诃夫中心"人道主义基金会主席科宁谈话

在世界文坛上，目前被公认为短篇小说之王的有三人，他们是中国的蒲松龄、法国的莫泊桑和俄罗斯的契诃夫。大名鼎鼎的契诃夫先生，不仅属于俄罗斯，而且属于全世界。他的不朽作品，是全人类的共同财富。他用寥寥数语，就能把一个人物刻画得栩栩如生、入木三分，艺术之高超、思想之深刻，令人由衷赞叹。我对契诃夫作品情有独钟，早在20多年前的1978年我就购买过一套他的短篇小说集，至今时常翻阅，爱不释手。我认为，他塑造的众多艺术形象中，有三人最能震撼人心。这三人，在异国他乡，又年已久远，但穿越时空、不限地域的艺术魅力，仍把他们推到我们面前，并引发出许多富有时代价值的人权警示。

第一个人物是《一个官员的死》里的小公务员切尔维亚科夫。他因打喷嚏搅扰了一位职位并不太高的官员，而自寻烦恼，反复道歉，最终导致一命呜呼。这里的人权早已被虐杀殆尽！这是谁之罪？罪在沙皇专制制度。罪在黑暗的社会！我们由此体验到，生活在人权愈来愈受重视的当代社会的幸福，生活在人民当家作主的社会主义中国的欢愉。这启迪我们，要进一步加强民主法制建设，用法制维护、保障和完善人民的各种权利。这警示我们，各级领导干部一定要像胡锦涛总书记所说的那样："权为民所谋，心为民所系，利为民所想，"努力促进人权事业的全面发展。至于极少数欺压百姓、践踏人权的败类，迟早要受到人民和历史的惩罚。这是社会发展的必然规律。

第二个人物是《套中人》里的教师别里科夫。他是一位自私、保守、反对新生事物，既把自己套在套子里，又用套子去钳压别人的人。他套来套去，最终套丢了自己的婚姻权，泯灭了自己的生命权，把自己永远套在了套子里，一死了之。这种人与时代发展的总趋势极不吻合，与当代中国改革开放的现实更是格格不入。中国特色的社会主义人权事业，本身就是前无古人的伟大实践，需要不断创新。同时，这种实践也会进一步发展和完善人权，塑造和培育出大批创新人才。当代中国拒绝别里科夫，不断发展的人权事业唾弃别里科夫。我们要以实际行动让保守远离、创新永驻。这是别里科夫从反面对人权的特别奉献。

第三个人物是《变色龙》里的巡警奥楚蔑洛夫。他因狗的身份变化而不断变化着自己的态度，变来变去，变掉了做人的尊严，亵渎了自己的人权。这种人，做事难以共进，为友不能持久，历经漫漫岁月，嘴脸仍未绝迹，在现代社会常有显现。对此，我们要保持清醒头脑。在事关中国人权的原则问题上，不能有半点"奥楚蔑洛夫"。中国特色社会主义人权道路，要坚定不移走下去不能停；党的基本路线、基本理论、基本政策，要持之以恒不能变。这就是我们的态度，这就是我们正在创造的现实，让这一切告诉世人和未来：奥楚蔑洛夫可以休矣！

（2003 年 11 月 10 日）

随笔 ——品味巨匠

《契诃夫作品中三个艺术形象的人权警示》，是据我与俄罗斯"契诃夫中心"人道主义基金会主席科宁谈话记录整理而成的。这次会谈安排仓促，没有过多准备，但效果很好。当时，谈及契诃夫短篇之作，几乎所有小说我都能作答。俄方认为，我文学素养很高。其实，友人不知，外国文学是我研究生的专业，读过这些小说极其正常。

契诃夫短篇小说是我之所爱。我曾经把我们山东淄博的蒲松龄与契诃夫两人的短篇小说在揭示人权方面作过对比，主要有六点不同：

一是表现人物的手法有些不同。契诃夫写人叙事基本是直接描写，蒲松龄则多是通过狐仙等间接描写。

二是叙写人物的类别多有不同。契诃夫写中老年而且小人物居多，蒲松龄则多是年轻人社会中低层人物均有。

三是描述情节的侧重略有不同。契诃夫细节描写重彩浓墨较多。蒲松龄不少细节往往是几笔点睛、大笔勾勒，有些细节也用墨较多。

四是揭示的人权范围稍有不同。契诃夫揭示的具体人权较多，蒲松龄则揭示的综合人权居多。

五是追求的人权目标稍显不同。契诃夫昭示的目标是推翻贵族统治制度，渴望实现人的政治经济社会自由。蒲松龄向往的目标是"仙化生活"，期盼实现人的宽泛而具有相当高度的自由。

六是叙述的伦理角度些许不同。契诃夫多是通过鞭挞邪恶阐释人权。蒲松龄则往往是通过褒奖良善，颂歌人权。

契诃夫与蒲松龄的短篇小说对人权的表现，细细划分还可以列出诸多不同。在会谈中，谈及契诃夫的生平，友人滔滔不绝，而我仅能招架应付，不能深入阐释。知识若海，学无止境。学习、学习、再学习，努力、努力、再努力，是学习人生的座右铭。

西藏和我的两位同乡
——与政盟浙江联谊总会主席谈话

每谈到雪域高原，我都不由想起两位山东同乡：一是1300多年前的山东任城（今济宁）人——文成公主，一是当代的山东聊城人——孔繁森。

这两个人，将历史与今天、平凡与伟大、内地与西藏连接起来，像丰碑，矗立在世界屋脊圣洁的蓝天白云之间，永立在汉藏两族人民的心中。

这两个人，年代相隔久远，身份经历各不相同：一为大唐王朝的皇家公主、吐蕃王妃；一为齐鲁子孙、共产党员、中共阿里地委书记。今古悬隔，岁月悠悠，两人都把共同的理想、热血和生命献给了神圣的雪域高原。

为了雪域高原，两人历尽千辛万苦。文成公主用了3年之久才走完了这人类历史上距离最长、艰险最多的成婚之路，这位美貌的山东少女比起"风萧萧兮易水寒，壮士一去兮不复还"的燕赵男儿荆轲，可能还要承受更多的苦难、艰险和心灵的煎熬。洪荒、寒冷、缺氧、语言不通，也许正是这无数难以想象的艰难困苦，才成就了公主为藏汉民族世代流传的历史伟业。巍巍喜马拉雅山为之仰视、动容。孔繁森先后两次赴藏，十年奋斗、无怨无悔，同样的荒芜、高寒、缺氧、贫困和语言阻隔，同样需要面对难以想象的艰难险阻和重重考验，成就了这位共产党人为藏汉民族世代永记的平凡而伟大的业绩。奔腾不息的雅鲁藏布江为之礼赞、高歌。

心系雪域高原，文成公主奉献了全部的爱。爱，是公主用心灵、热血献给松赞干布和西藏人民最美好的礼物，一切都在这无言的灵犀中相通，这力量胜过千言万语、千军万马。正是这藏汉一家、超凡脱俗的人间大爱，使松赞干布脱掉毡裘，改穿绢绮，派吐蕃贵族子弟赴长安国学读书；她甚至融化了松赞干布在险恶政治风云和战火磨砺下形成的猜忌与残忍，进而善待众生，柔和施政，藏族百姓更多地感受到了阳光般的体贴和关怀。在爱的培育下，公主带来的玉米、土豆、菜豆、油菜，成长良好，小麦则变为青稞，成为藏民喜爱的主要食品；在爱的引导下，公主带来的车、马、骡和骆驼，丰富了吐蕃的交通工具，增添了吐蕃的畜牧品种，公主带来的工艺、医学和历法著作，滋润并温暖了吐蕃人的心灵，簇拥了吐蕃社会进步的热流；在爱的支持下，公主在丈夫去世后，坚强地跨越了失去最挚爱亲人的痛苦深渊，在吐蕃又整整生活了30年，把爱升华和融入了吐蕃这片年轻而广裹的土地上。爱因为承受苦难而美丽和伟大。她从家乡带去的经书和佛像至今还供奉在布达拉宫和大昭寺；她带去的种子仍在一年又一年地播种、收获；她的爱和柔情像圣山圣湖一样长存在高原上，永驻在世世代代高原人心灵的殿堂上。今天的藏民把她当作保护神，与松赞干布一起供奉在各大寺庙里，她是照亮藏民人生长河的一盏明灯。

建设雪域高原，孔繁森奉献了全部情感。他家有年近九旬的老母、身体不好的妻子、未成年的孩子，而他又是个有情有义的孝子、丈夫和父亲。但为了西藏发展和藏汉民族的共同利益，他舍弃了山东亲人和温暖之家，一次又一次来到雪域高原。正是这超越个人情感和一己私利的人生大爱，使他忘我奋斗，勤恳奉献，炽热之情能融冰雪、可鉴日月。他在拉萨任副市长、分管文教卫生和民政工作期间，跑遍了全市8个县区的所有公办学校和一半以上乡村办小学，街头巷尾、雪野田旁都有他辛劳的身影，全市适龄儿童入学率从45%上升为80%，就是对他最好的报答。他在任阿里地委书记一年期间，全区106个乡，他跑了98个，行程8万多公里，村庄牧场、雪山高地几乎都有他忙碌的足迹，一年全区国民生产总值超过1.8亿、比上年增长37.5%，国民总收入超过1.1亿元、比上年增长6.9%，这都是对他最好的答谢。他对藏族人民亲如一家的深情，能感动雪花飞舞，可催促冰峰融化。他在藏工作期间几乎没有往家里寄钱，工资大部分花在藏族群众身上。拉萨48所敬老院的不少老人都接受过他的馈赠，至今还有些老人保存着他送给的棉鞋、收音机等物品。最催人泪下的是他作为一个市级领导人竟背着众人3次悄悄献血，筹款养育3个收养的藏族孤儿。他把齐鲁儿女的真情都奉献给了这片壮丽、神圣的土地和世世代代生活在这里的藏族人民。"一尘不染，两袖清风，视名利安危淡似狮泉河水；两离桑梓，独恋雪域，置民族团结重如冈底斯山"，这撼人心魄的挽联，是对孔繁森的真实写照。

献身雪域高原，孔繁森和文成公主都赢得了崇高荣誉。文成公主被藏民称为"活菩萨"。当年由公主提议建造的大昭寺，如今已成为人们祭祀礼佛的佛教圣地；看到巍峨的布达拉宫，人们自然想到公主，因为这是松赞干布为她建造的宫殿。而孔繁森，这位深得藏民爱戴的共产党人，同样也像一座辉煌的宫殿，矗立在藏族人民心中，人们发自内心的称他为好党员、好干部，笃信佛教的藏民也执著地称他是"活菩萨"。

从文成公主到孔繁森，绵延千余年，我的两位同乡用他们的行动，向世人诉说着一个颠扑不破的伟大真理：藏汉团结，亲如兄弟，两个民族都是中华民族的重要组成部分，这是任何人、任何社会势力都无法更改的历史、现在和将至永远的事实。藏汉民族亲密无间，符合藏汉民族和全中国人民的根本利益，符合社会发展潮流。人心不可辱，大势不可违，这是历史和现实昭告我们的客观规律。

（2003 年 11 月 18 日）

 随笔 ——敬仰崇高

《西藏和我的两个同乡》是据我与欧盟浙江联谊总会主席的谈话记录整理而成。

我向侨友叙说文成公主和孔繁森，不仅因为这两人是我的山东同乡，而且更重要的是我敬仰他们的崇高行为，也可以说是两者兼而有之的缘故。

西藏自古是中国的一部分。藏汉和其他各民族为保卫、建设、发展西藏付出了艰辛汗水和奋斗智慧，甚至抛洒鲜血和献出生命。文成公主和孔繁森就是他们的杰出代表。巍巍喜马拉雅山为之庄严敬礼，滔滔雅鲁藏布江为之引亢放歌，壮阔的玛雅则湖为之动情礼赞。

山东人以其实干、勇敢、敦厚、忠诚、聪颖和勇挑重担的行为表现，在建设西藏的事业中脱颖而出，受到全中国人民的关注和赞誉。我接触的几位山东籍的西藏负责人的表率行为，就是具体例证。20 世纪 80 年代中

期的西藏区委书记阴法唐的爱人李国柱，与我在山东省委宣传部理论教育处同一办公室工作，因此我对阴书记有所了解；2004 年至 2006 年西藏区委书记杨传堂曾任山东团省委书记，我与其是好朋友；现任西藏区委书记张庆黎，我们是前后进团中央工作，庆黎书记当时已是青农部领导，我有时向他请教问题，而且又是北京前门东大街团中央宿舍的邻居，因而更为了解和熟悉。这些同志特点各异，但共同的特征是政治坚定、信仰崇高、学习刻苦，善于实干、勤勤恳恳、乐于奉献，宁肯舍弃自己的小家小业，全部身心地建设西藏的大家大业，为全国人民树立了学习的榜样。

巍峨五岳和华夏群山肃然起敬，黄河长江和神州河流纵情高歌，礼赞无怨无悔、无私无畏地支援、建设、保卫西藏的全国和山东人民。

2002年

人权交流合作的创举

——在第四届中德人权研讨会开幕式上的致辞

今天，我能在诞生过马克思、恩格斯、歌德等杰出人物的伟大国度里，能在世界思想大师黑格尔先生、誉满世界文坛的著名的故乡召开的第四届中德人权研讨会上，对前三届研讨会情况作简要回顾，深感荣幸和欢愉。

在以前的会议上，我们分别从会议主题、求同存异原则、参会人员、两国政府的重视支持等方面作过回顾。我们不能割断历史，这些方面无疑是这次回顾的重要内容。我们又不能简单地继承历史，而要用新的眼光来审视、思考历史，辩证地、历史地看问题，这正是辩证法大师黑格尔先生留给我们的宝贵精神遗产。在过去的基础上，对前三届会议作出新的总结和判断。这就是创新，是具有时代意义的继承和发展。

论及我们开过的三届会议，感受颇多。"三"字在我们民族文化中，具有丰富而特殊的内涵。2000多年前我国著名的思想家老子曾说过一句耐人寻味的话：一生二，二生三，三生万物。"三"是个继往开来的数字，喜气洋洋的数字，充满生机和神奇魅力的数字。

我们连续三届的研讨会是在世界多极化、经济全球化的大趋势下召开的，是在我国改革开放进入新的伟大时期、德国进入新的发展阶段成功举行的，已经载入世界人权事业史册。中国最古老的历史典籍春秋《左传》中说，世有"三不朽"，即"立德、立言、立功"。我们三届会议的成功作法就具有"三不朽"的意义。

首先，我们的会议是在世界人权事业上"立德"，倡导了相互尊重、平等待人的行为规范。

德，是人类提倡的一种行为规范。相互尊重，平等相待，是我们坚持的一贯原则，也是我们在世界人权事业中树立的新的道德规范。

尊重、平等，是对人格、人权的珍重，是两个既平常又珍贵的字眼。只有相互尊重，才能平等相待。唯此，我们才超越了不同的信仰宗教、制度和文化传统、行为习惯，汇聚一堂，共议人权大计。唯此，我们才能坦诚相见，畅所欲言，在人权的诸多问题上取得了比较接近和趋向一致的看法。唯此，我们的会议才步步递进，从第一届讨论人权发展与文化、社会、经济问题，发展为第二届讨论人权与社会发展问题，再递进到第三届讨论人权发展与法制建设问题，这样由浅入深，层层提升，学术水平和理论素养都达到了新的层次。这种行为规范，不仅在人权对话中有所作为，而且对建立国际政治、经济新秩序也将发挥积极作用。

其次，我们的会议是在世界人权事业上"立言"，倡导了以诚相见、求同存异的行为准则。

言，就是理论、学说和不同价值观念之间的交流。我们的会议阐发了许多真知灼见，在人权对话的原则、宪法与人权、人权普遍性和特殊性、集体人权与个体人权、人权与法制建设、人权与主权、人权与少数民族以及人权与社会、经济、文化、人权与恐怖主义等问题上，都有深刻见解。但重点是阐述了以诚相见、求同存异的人权对话行为准则，以及其实践和理论依据及相关的范畴与观点，以逐步在国际社会倡导和形成一种科学理念。

我们的"立言"既有思想理论的阐发，也有物质形体的支持。通过媒介广泛传播会议的思想观点，是我们的职责，为此我们已经作了大量工作，产生了广泛而深刻的社会影响。同时，我们还精心编纂了《人权发展与社会、经济、文化》、《人权发展与法制建设》两本书，向国际社会较为系统的传播会议见解，展示会议成果。

第三，我们的会议是在世界人权事业上"立功"，倡导了摒弃对抗、崇尚对话的行为模式。

功，就是有所建树。我们的会议开创了人权问题搞对话不搞对抗的范例。在人权问题上搞对抗，是自虚、贫血、失重的表现，已经被国际社会边缘化，为历史所唾弃；搞对话，是自信自重、理解礼让、和睦合作的行为，已经成为任何人、任何社会势力都无法阻挡的历史潮流。中德连续进行人权对话，向世人表明了我们的立场、观点和态度，倡导了一种合于时代发展的行为模式。

我们通过人权对话增进了中德两国人民的友谊。我们的会议，两国的专家学者和非政府组织踊跃参加。两国政府的高级官员和政治家都纷纷出席。尊敬的格梅林部长几次莅临会议，尤其是去年亲赴北京，在第三届研讨会上发表了理论与实践、政治与学术有机结合，逻辑严谨，水平很高的演说。会后，朱镕基同志亲切会见了格梅林部长，中国国务院新闻办公室赵启正主任等多位政府高级官员分别与其友好会谈，受到社会的关注和好评。现在这一会议已列入中德两国政府"法律交流与合作"的长期项目。这充分说明两国政府、人民对人权的重视和相互交流、合作的诚意。

总之，我们的前三届会议在人权问题上"立德、立功、立言"，倡导了新道德，阐发了新思想，取得了新建树，在国际社会产生了良好影响。

我们这次会议的主题是：妇女与人权问题。它具有永恒的审美和研究价值。美是人类创造的，我们有责任对它进行孜孜不倦的探索。这次会议是在凝聚着历史文化、充盈着现代气息的斯图加特市召开的，这本身就具有传承历史、开辟未来的深刻内涵。这一城市，规模不能算大，但它的名气却很大，奔驰汽车名冠中西，誉满全球；这一城市，人口不能算多，但它的文化名人和名牌产品却很多，令我和我的与会同胞由衷地羡慕和钦佩。因此，我完全有理由相信，在富有魅力、风景如画的斯图加特市召开的这次会议，在中德两国政府、非政府组织、全体与会者和社会有关方面的共同努力下，一定会取得更大成功，一定会为世界人权对话史册增添更加美好的篇章。

（2002 年 6 月 18 日）

随笔 ——交流之法

《人权交流合作的创举》是我在第四届中德人权研讨会开幕式上的致辞，与会代表认为，"有味道"、"利交流"。

"有味道"，就是有耐人寻味的理念。我在致辞中主要贯穿两个观点：一是中国人权发展进步的事实，这最引人注目。二是中华传统文化，这也诱人心灵。

"利交流",就是要同与会者有所呼应。致辞中主要有四个呼应:

一是中德经典文化的呼应。黑格尔、马克思等德国名人思想与中国圣贤老子等人的思想呼应。

二是古与今的呼应。中国圣贤思想与会议内容呼应。

三是古与古的呼应。老子的"三生万物"理念与《左传》的"三立"观念呼应。

四是今与今的呼应。中国人权成就与德国人权进步呼应,等等。

总之,有效交流之法是,手中握事实,呼应讲力度。

妇女是维护和发展人权的重要力量
——在第四届中德人权研讨会上的总结致辞

$第$四届中德人权研讨会即将胜利闭幕，以求实态度、时代眼光和战略思维总结会议，可以得出这样的结论：我们会议圆满成功，取得六大收获：

第一个收获是：领略了世界大趋势下人权对话的时代魅力

我们的会议没有集聚万人，但各位朋友的发言，表达的却是彼此国家千千万民众的共同心声；我们的会场不是千里疆域，但各位朋友关注的却是整个世界。

我们在世界多极化的大背景下进行了人权对话的政治性探索。世界走向多极化，有利于促进世界协调平衡发展，符合世界发展的客观规律。独步世界，强权政治，早已被历史和世界人民所唾弃。在人权问题上，搞对抗不搞对话已是穷途，陷入尴尬的窘境；友好协商，平等相待，坦诚交流，和谐对话，才为国际社会所接受和称道。我们的会议开创了人权对话的范例，在多极化趋势的进程中，将愈来愈显示出蓬勃生机。

我们在经济全球化的大背景下进行了人权问题的经济性探索。经济全球化，有利于世界生产力的发展，是一种不可阻挡的客观趋势。妇女是推动世界进步的重要力量。不断提高妇女素质，保证妇女享有更广泛、更充分的权利，对推动经济全球化具有难以替代的重要作用。我们的会议对此进行了深入讨论，产生了深刻见解，获得了新的共识。

我们在文化多元化的大背景下进行了人权问题的文化性探索。任何文化愈具特色，愈有世界性意义。这是文化的特性和规律性反映。中华文化源远流长，有着深厚的底蕴和东方特色。德意志文化悠久，是典型的西方文化代表。我们的会议实质上是东西方两种文化的对话、交流，是两个精神世界的碰撞和交融，必然具有超越地域、覆盖世界的特色。

第二个收获是：探索了人权对话的有关原则

我们的会议始终坚持了"相互尊重、平等交流、求同存异、增进理解"的原则，这正是会议取得成功的根本原因所在。

"相互尊重"，是人权对话的基础。我们历来崇尚和睦相处、与人为善。尊重他人的习惯、信仰、观念，是我们的自觉信念和行为规范。这次会议，相互尊重的原则发挥明显作用。中德两国朋友彼此尊重、礼让，使会议始终充满热烈而友好的气氛。

"平等交流"，是人权对话的核心。我们历来崇尚平等待人，友善处事。平等，是对人格的尊重，是人权的本质体现。平等意识，已成为我们内心信念和自觉行动。中德朋友在会议中平等相处，坦诚交流，对讨论的许多问题都取得比较满意的答案。

"求同存异"，是人权对话的关键。我们历来崇尚求大同存小异。大同为主导，支撑全局；小异是从属，无涉整体，这次会议是求同存异又一成功例证。

"增进理解"，是人权对话的重要目的。我们历来推崇理解。"春兰秋菊互知其美"，"己所不欲，勿施于人"等中国古语，就是我们民族对理解的一种真实写照。这次会议印证了这种理解的作用力和影响力。

这些原则是我们民族优秀文化在新世纪的延续和升华，是我国和平共处五项外交原则在人权领域的展示和应用。这些原则相互关联，相互依存，构成了一个开放系统，在人权对话中将日益显示出独特作用。

第三个收获是：初步总结了人权对话的有效方法

一是研究理性问题从感性认识入手。从感性到理性，再从理性到感性，循环往复，这是人的认识提高的内在规律。我们会议探讨的人权问题也常常是用事实说明观点，用观点分析问题，从而得出更为深刻的认识。包括会议议程安排，也体现了这一特点。我们先到格梅林部长的家乡进行参观，直接感受到了德国妇女的生活、工作和广泛享受的人权情况，然后再到会上进行交流，对许多问题就容易取得比较接近和易于相互认同的认识。

二是探索女性问题从男性参与深化。女性是一个严肃而为人们关注的话题。每当提到它，人们自然想到母亲、妻子和女儿。我国有位伟人曾说过，妇女能顶半边天。女性，神圣、伟大，读懂了她，就是读懂了男性自己，读懂了整个世界。这是朋友们阐发的一些富有哲理和极具亲和力的观点。

三是消除分歧认识从共识问题渐入。 任何事物都是相比较而存在，有对立就有统一。中德两国相隔遥远，社会制度、宗教信仰、价值观念、行为习惯都有所不同，在人权问题上有不同认识是正常的。共识与分歧是相对的。共识中会有某些不起决定性作用的分歧因素，分歧意见中也会存有某些趋向融合的见解。这是辩证法的客观反映。这次会议，我们注意先从共识谈起，逐步论及分歧问题，循序渐进，坦诚交流，共识明显增加，分歧有所减少，收到了求同存异的良好效果。

四是理解对方从善于了解对方开始。 学会用对方的眼睛看对方，看问题，就容易了解对方，进而逐步理解对方。这是中德双方在会议中再次重申的共识。

第四个收获是：感受了中德妇女人权状况的历史性变化

通过会议，我们真切地感受到了中德妇女人权状况的历史性变化。就中国妇女而言，这种变化的转折点和质的飞跃是新中国的成立，使这种变化增添时代活力的是改革开放。从旧中国深受政权、神权、族权、夫权压迫，生活在社会最底层的妇女，到今天享有广泛人权，在政治、经济、社会、文化各领域纵横驰骋的新女性，中国妇女的这些震撼人心的巨变，任何人都不能无视，任何人也绝难否认。就德国妇女而言，人权状况的变化也是闻名于世，为中国和国际社会所赞誉。

通过横向的现实比较，我们也清晰地看到中国妇女人权状况的进步和不足。 人权的发展是一个循序渐进的历史过程。任何国家包括西方最发达国家的人权状况都不可能尽善尽美，都是优劣并存，长短同在。看到长处，是一种理智；找准不足，更需要头脑冷静，理智思考。实事求是，是一种勇气，更是一种尊严。我们与发达国家相比，有优点也有缺憾。我们向发达国家学习，更需发扬成绩，弥补不足。这就是勇气和尊严，是站在更高的层次上对人权的理智思考。

第五个收获是：进一步向国际社会展示了人权对话的重要作用

我们的会议进一步向国际社会说明，在人权问题上搞对话不搞对抗，**是国际社会人权合作的唯一正确途径，是一种不可阻挡的社会进步潮流。**

我很欣赏德国18世纪文学界的"狂飙突进"运动。这一运动对当时的封建专制制度进行了有力的批判，享誉德国、欧洲和世界文坛。从一定意义上说，我们今天的中德人权对话，也是人权领域的"狂飙突进"运动。这种提倡对话、摒弃对抗、提倡相互尊重、平等交流的行动，已经在国际社会产生良好影响，也一定会从人权的角度，对建立国际政治、经济新秩序产生一些潜移默化的影响和作用。

我们的会议向国际社会展示了非政府组织在人权对话中的独特作用。

我们中德两国的非政府组织，以国家、民族利益，人类和平与发展为重，以顺应时代发展，反映民众意愿，活动灵活多样等诸多优势，活跃在各自国家的政治舞台上，在连续四届的人权对话中发挥了重要作用，已经为各自国家与国际社会所认可和称道。

我们的会议进一步增进了中德两国人民的友谊。中德两国往来最早可追溯到1303年，当时的德国人阿诺尔德兄弟就曾到过今日的北京，至今已有699年的历史。两国人民历来彼此怀有友好感情。中国一直支持德国统一，德国也一直坚持一个中国政策。中国把德国视为自己在欧洲经贸关系的重要伙伴之一，德国也把中国放在亚洲政策的重要地位。今年我们两国将共同庆祝建交30周年。30年来，两国关系得到迅速、全面发展。改革开放以来，尤其是近几年来，两国高层来往日趋频繁。中国国家主席、政府总理和诸多部长都曾到德国进行过友好访问。德国政府的14个部长中已有12位访问过中国。两国民间组织也往来不断。连续四届的中德人权对话会议就是具体例证。我们三个非政府组织间的友谊是中德友谊的有机组成部分，并对中德友谊起到了重要的促进作用。

第六个收获是：**进一步认识到21世纪必将是女性大有作为的世纪**

我们这次会议研究妇女人权问题是及时、必要和有远见的，因为21世纪是必将是女性大有作为的世纪。各位朋友在会议中已经对此作了充分论证。同时，我们从社会其他方面也可以得到同样认识。美国方言学会2001年1月举行过一次"世纪之字"的评选活动。最后表示女性的"她"字，以较大优势战胜其他的字，成为21世纪最重要的一个字。当然，这不能说明全部问题，但这也确实意味着女性将在21世纪发挥重要作用。21世纪是知识经济时代，竞争方式将主要不再是工业文明时代的体力拼搏，而更多地表现为策划、沟通、协调，等等。女性特有的敏感、细腻、关爱以及第六感觉等优势，将在21世纪大显身手。妇女人权的充分实现，将会促使妇女在新的世纪有更大作为。

女性问题，以其丰富的内涵和魅力，成为人民长久探索的课题。这次会议上中德双方的朋友在集中精力研讨妇女人权的同时，也为开好下一届会议献计献策，提出了许多好的建议。我们主办单位一定会认真考虑朋友们的建议，尽快作出决定，尽早为下届会议做好准备。在此，请允许我代表中方主办单位真诚地欢迎德国朋友参加下届在北京举行的人权研讨会，共同度过友好相会、真诚交流的美好时光。

在会议即将结束之际，我想起了黑格尔先生的一句话，大意是，太阳从东方的中国升起，而从西方的德意志降落。不管他当时说这话的语言环境和目的是什么，但他用太阳把中国与德国联系起来的独特视角，确实是有气势、有远见。中德双方的联系和交往是客观的永恒的。中德友谊将与日同辉，永世长存。这是我们的心愿，也是不可逆转的客观现实和历史趋势。至此，我们可以绝有把握地说，我们这次会议的思想和对话成果将连同德国人民的热情、友情、真情一起载入世界人权对话的历史史册。

（2002 年 6 月 19 日）

随笔 ——礼赞女性

这是我在第四届中德人权研讨会上的总结发言，与会者给予了多次鼓掌和喝彩。

这次会议的主题是妇女与人权。我总结了领略世界大趋势下人权对话的时代魅力，探索人权对话的有关原则，初步尝试人权对话的有效方法，感受中德妇女人权状况的历史性变化，进一步向国际社会展示了人权对话的重要作用，进一步认识到 21 世纪必将是女性大有作为的世纪等六个方面收获，主要贯穿了四个观点：

倡导对话，一定推崇尊重。我们的民族历来讲究崇本息末。尊重，就是本，是对话的基础。没有尊重，就不可能有和谐的对话，更谈不上平等和理解。相互尊重统领整个会议交流，是平等对话、增进理解的关键所在。

讴歌伟大，一定歌颂平凡。从平凡女性的担当中可以见证伟大。当我说到"女性，神圣、伟大，读懂了她，就是读懂了男性自己，读懂了整个世界”时，全场给予热烈的掌声。

描述世界，一定奖赏妇女。男女两性共同组成人类世界。推动世界发展，也必须男女协力、共同奋斗。毛泽东同志“妇女能顶半边天”的语言，德国许多人耳熟能详，德国人民在此与我们产生心灵共鸣。

研究妇女，一定探索男性。从男性事业中，可以看出女性的身影。妇女权益的取得、维护和发展，得益于法治不断健全和切实保障，同时，从一定意义看，也是妇女自己努力奋斗、有所作为的结果。德国与会者对此给予充分肯定。

在哲学家辈出的德国，只要寓理于事实和真情之中，公众也会予以认同。这是我参加此次会议的切身感受。

中国人权事业新世纪新阶段的行动纲领

——学习十六大报告体会

党的十六大报告，是一篇马克思主义纲领性文献，是我们党也是中国人权事业在新世纪新阶段的政治宣言和行动纲领。认真学习、深刻领会、全面贯彻十六大精神，是我们每个共产党员和人权组织的历史职责和崇高使命。

一、充分认识中国人权发展的崇高使命

中国共产党肩负着人民的期望和历史的重任。党领导人民"举什么旗、走什么路、实现什么目标"，是关系到党的整个事业包括中国人权事业发展的根本问题。党向全世界庄严宣告，十六大的主题是：高举邓小平理论伟大旗帜，全面贯彻"三个代表"重要思想，继往开来，与时俱进，全面建设小康社会，加快推进社会主义现代化，为开创中国特色社会主义事业新局面而奋斗。这就从传承历史、指导现实、昭示未来的时代和战略高度，准确、鲜明、深刻地回答了这一问题。这也就向世界昭告，我们高举的是马克思列宁主义、毛泽东思想、邓小平理论和"三个代表"重要思想的伟大旗帜；我们走的是邓小平同志开辟的、以江泽民同志为核心的第三代领导集体坚持和发展的中国特色社会主义道路；我们现阶段的奋斗目标是全面建设小康社会。辉煌旗帜、光明道路、科学目标，构成了中国人权事业新世纪新阶段的崇高使命。不辱使命，创造辉煌，是我们矢志不移的初衷和意愿，更是我们让党、人民、历史满意的自觉行动。

二、牢牢把握中国人权发展的指导思想

十六大在我们党和中国社会发展史上，具有划时代的重要意义。其中

最值得大书特书的历史性举措是，把"三个代表"重要思想作为党的指导思想写入了党章。这不仅仅是党的代表大会、全体代表的行动，也是全体党员、全国人民的共同心愿，是全面贯彻党的基本理论、基本路线、基本纲领和基本经验，把一代又一代共产党人为之不懈奋斗的社会主义伟大事业不断推向前进的必然要求。"三个代表"重要思想，深化了党对世情、国情、党情、民情的认识，深化了党对共产党执政规律、社会主义建设规律、中华文明发展规律、中国人权事业发展规律和人类社会发展规律的认识，以新的思想、观点、论断，继承、丰富和发展了马克思列宁主义、毛泽东思想、邓小平理论，继承、丰富和发展了中华灿烂文化的精华，为马克思主义理论宝库和中华文明的经典宝库增添了新的丰富的内容，是新世纪共产党人继往开来、与时俱进的新的强大思想武器，是我国社会主义自我完善和发展的新的强大思想武器，是我们党必须长期坚持的指导思想，也是中国社会发展和中国人权事业发展必须长期坚持的指导思想。在"三个代表"重要思想的指引下，未来的中国特色社会主义人权事业，必将是生机盎然、蓬勃发展的壮阔天地。

三、全力实现中国人权发展的奋斗目标

十六大确定了我们党新世纪新阶段的奋斗目标是全面实现小康社会。这是中国特色社会主义经济、政治、文化全面发展，与加快推进现代化相统一的目标，符合我国国情和现代化建设实际，体现着中国人民推进中华民族伟大复兴的热情、智慧和意愿。这一目标从根本上看也是中国人权事业现阶段的奋斗目标，它所规定的经济、政治、文化、社会和可持续发展的一系列要求，实际上也是维护、保障和发展人权的要求。为实现这一目标，我们的发展要有新思路，改革要有新突破，开放要有新局面，各项工作要有新举措。实现了这一目标，我们的国家必将更加繁荣富强，人民的生活必将更加幸福美好，我国的人权必将得到全面而充分的发展，中国特色社会主义人权事业必将进一步显示出巨大的优越性。我们是理想与现实、理论与实践的统一论者。为共产主义而奋斗，是我们矢志不移的信仰和实践：为全面建设小康社会而努力，也同样是我们矢志不渝的信仰和行动。通过我们的艰苦努力，全面建设小康社会的目标一定会实现：通过一代又一代共产党人不懈奋斗，中国的社会主义事业一定会取得彻底胜利。在社会主义社会充分发展和高度发达的基础上，共产主义、人全面而自由

人权情怀

RENQUAN QINGHUAI

发展的理想一定会变为美好现实，一定会毫无愧色地被镌刻在全人类的旗帜上，这是任何人、任何社会势力都无法逆转的社会发展的必然趋势。

四、深刻领会中国人权发展的时代精髓

十六大报告指出，坚持党的解放思想、实事求是、与时俱进，是我们党坚持先进性和增强创造力的决定因素。这是十六大报告的精髓，也是中国人权事业发展的时代精髓。这一精髓，凝聚、体现着党的三代领导核心的心血、智慧和不断创新的理论魄力。毛泽东继承和发展了中华传统文化的精华，将《汉书》中"实事求是"这一古语进行了深刻的理性阐述："'实事'，就是客观存在着的一切事物，'是'就是客观事物的内部联系，即规律性，'求'，就是我们去研究。"并创造性地将其上升为党的思想路线的高度来认识和实践。邓小平冲破"左"的束缚和阻力，提出了解放思想，实事求是，团结一致向前看，为党的思想路线增添了新的内容。江泽民同志面对国内外新的实际，紧扣时代脉搏，创造性地提出了解放思想，实事求是，与时俱进，进一步丰富、发展了党的思想路线，使之提高到一个新的认识和理论高度。我们的人权事业要发展进步，就要不断创新。创新是民族进步的灵魂，国家兴旺的动力，也是中国人权事业永葆生机的源泉。我们要在理论上有所创新，不断扩展人权理论的新视野，逐步建立和完善中国特色的人权理论体系；我们要在观念上有所创新，自觉地把思想认识从不合时宜的观念、做法和体制的束缚中解放出来，从对马克思主义的错误的和教条式的理解中解放出来，从主观主义和形而上学的桎梏中解放出来；我们要在活动的方式方法上有所创新，用人们喜闻乐见的形式，传播我们的人权立场、观点和取得成绩，尤其是对外国人，更要因人制宜，有的放矢，确保取得良好效果；我们要在工作机制上有所创新，用制度促进各种德才兼备的优秀人才脱颖而出，用制度调动各方面的积极性，共同促进中国人权事业的蓬勃发展。

五、自觉落实中国人权发展的第一要务

发展是当今世界的主题，也是当代中国的主题。十六大高屋建瓴地把发展作为党执政兴国的第一要务，融马克思主义基本原理于纷繁复杂而又绚丽多彩的中国实际，形象地展现了执政党与时俱进推动社会进步的开拓风范。发展，顺应着中国社会不可阻挡的进步潮流，凝结着中华民族伟大

复兴的壮志雄心，也历史地成为中国人权事业的第一要务。这种发展，以经济建设为中心，以发展社会生产力为根本，与世界科学革命为一体，与经济全球化同行进，必将有力地改善中国人民的生存和发展环境，提高人民生活的水平和质量；这种发展，以推进社会主义民主政治，建设社会主义政治文明为重要目标，把坚持党的领导、人民当家作主和依法治国有机地统一起来，必将进一步巩固和发展民主团结、生动活泼、安定和谐的政治局面，有力地提高中国人民的公民权和政治权；这种发展以推进社会主义文化，建设社会主义精神文明为重要内涵，坚持先进文化的前进方向，弘扬科学、民族精神和传统美德，必将进一步提高人们的思想道德素质和科学文化素质，有力地保障和发展中国人民的社会和文化权利；这种发展，经济、政治、文化相协调，物质文明、政治文明、精神文明同进展，经济效益、社会效益、生态效益相统一，必将最大限度地保障、维护、发展人民群众的切身利益，全面地实现、维护和完善中国人民的各项人权，促进人的全面发展，筑造起一座不朽的中国人权蓬勃发展的历史丰碑。

六、切实明确中国人权发展的建设力量

十六大报告指出，最大多数人的利益和全社会全民族的积极性创造性，对党和国家事业的发展始终是最具有决定性的因素。我们的事业需要调动一切积极因素，历来是革命导师和马克思主义经典作家的思想主张。马克思、恩格斯在《共产党宣言》中明确指出，共产党人到处都努力争取全世界的民主政党之间的团结和协议，并在文章的最后发出了"全世界无产阶级者，联合起来"这一震撼寰宇的伟大号召。毛泽东创造和实践的"统一战线"的革命法宝，在当代中国仍具活力。他在《论十大关系》中阐述的"团结一切可以团结的力量，调动一切可以调动的积极因素"的重要思想，至今还在启迪着我们的心智和行动。邓小平以无产阶级革命家和思想家特有的气质和品格，用"不管黑猫白猫逮住老鼠就是好猫"这一全国人民都耳熟能详的通俗、简洁的语言，揭示了调动一切积极因素这一深刻、透彻的客观真理，整个党的事业由此而大受其益。江泽民从中国特色社会主义大局和全国最广大人民的根本利益出发，以马克思主义的远见卓识和进取胆略，发出了"必须最广泛最充分地调动一切积极因素，不断为中华民族伟大复兴增添新力量"的时代号召，并且庄严宣布：民营科技企业的创业人员和技术人员、受聘于外资企业的管理技术人员、个体户、私

营企业主、中介组织的从业人员、自由职业人员等社会阶层，都是中国特色社会主义事业的建设者。这些新的社会阶层人员，无疑也是中国特色社会主义人权事业的建设者。这对组成和调动浩浩荡荡、气势如虹的建设大军，振兴中华民族人权发展的宏伟大业，具有极为重要的现实作用和深远的历史意义。

七、科学确定中国人权发展的工作方针

确定我们工作方针的根本依据是党的十六大精神。十六大确立了"三个代表"重要思想，与马克思列宁主义、毛泽东思想、邓小平理论一起为我们党的指导思想；总结了党领导人民建设中国特色社会主义基本经验，与党的基本理论、基本路线、基本纲领一起为我们党的工作法宝；提出了全面建设小康社会，加快推进社会主义现代化，使社会主义中国发展和富强起来，为人类进步事业做出更大贡献为我们党的历史任务，等等。根据十六大精神，我们的工作方针确定为：坚持导向，注意方法；突出重点，有序发展。以"三个代表"重要思想为指导，以全面实现小康社会为目标，以稳定为前提，发展为关键，改革为动力，法律为保障，道德为必不可少的支持力量，逐步实现全面而充分地发展人权。这是坚持导向、注意方法的基本内涵。依循中国社会的客观实际，一如既往地把生存权和发展权作为首要人权，将和平权和稳定权放在重要位置，同时重视政治、经济、社会、文化权利和个人、集体权利的协调发展。这是突出重点、有序发展的主要内容。科学的工作方针有益于中国人权事业的明天更加辉煌。这是事物发展的辩证法则。

八、精心实践中国人权发展的对外原则

十六大报告强调，我们要始终不渝地奉行独立自主的和平外交政策。中国外交政策的宗旨是，维护世界和平，促进共同发展。我们愿意同各国人民一道，共同推进世界和平与发展的崇高事业。根据十六大精神，我们在人权问题上的对外原则是，相互尊重、平等相处，摈弃对抗、友好协商。在人权的立场、观点上，我们主张维护世界多样性，提倡相互了解，求同存异，不把自己的观点、主张强加于人，更不应以此为借口攻击他方，干涉别国内政；在人权交往上，我们主张顺应历史潮流，提倡相互尊重、平等协商，倡导对话、反对对抗，增进了解、扩大共识，以更好地促

进国际人权交往健康有序、稳步进行；在国际人权活动上，我们主张国际关系民主化，愿意与国际社会共同努力，积极促进世界多极化，推动多种力量和谐并存，保持国际社会的稳定，维护全人类的共同利益，努力建立公正合理的国际政治经济新秩序。通过我们的不懈努力，展示我们人权组织良好的国际形象，增进世界各国人民在人权问题上的相互理解，为共同推进世界人权进步事业做出无愧于时代的更大贡献。

（2002 年 12 月 6 日）

随笔 ——春风

党的十六大必将引领中国人权事业与时俱进，持续发展，为之感慨而作。

这是人们心灵的春风，
温和清暖，
正气昂然，
沁润着天地人间。

它和着自然的春风，
唤醒沉睡，
结伴生机，
润绿了万物竞发的祖国大地。

它和着温暖民心的社会清风，
尽情吟唱民主公正、和谐进步、科学发展的嘹亮之歌，
簇拥着凛然正气，
呵斥、抵制、荡涤着形形色色的倒行逆施。

它和着合作进步的世界清风，
拥抱宽容和谐，
呵护真诚协作，
紧扣和平发展的时代脉搏。

新世纪新阶段中国人权的八大历史性变化

——学习十六大报告体会

十六大报告指出，"十三年来，我们思想统一，目标明确，工作扎实，取得了重大的历史性成就。"中国人民在波澜壮阔的改革开放和现代化建设的进程中，真切感受到了我国人权的状态和人权事业的八大历史性变化。

一、生存权和发展权发生了历史性变化

十六大报告指出，我国"国民经济持续快速健康发展"。中国人民在改革开放的历史进程中，实现了从贫困到温饱和从温饱到小康的伟大跨越，生存和发展条件发生了前所未有的历史性变化。

这种变化，明显表现在经济总量的提高上。中国人民的生存和发展条件随着改革开放的历史进程发生了历史性变化。中国经济总量由 1990 年世界排名第 10 位、发展中国家排名第 2 位，上升为 2001 年的世界第 6 位、发展中国家的第 1 位。中国国内生产总值 2000 年首次突破 1 万亿美元，人均 GDP 超过 800 美元，到 2001 年达到 95933 亿元人民币，人均 GDP 超过900 美元，按不变价格计算，比 1990 年增长近两倍

这种变化，突出表现在中国民众的收入水平和生活质量的提高上。中国人均可支配收入，城镇居民 2001 年已达到 6860 元，是 1978 年 344 元的20 倍；农村居民人均可支配收入 2001 年已达到 2366 元，是 1978 年 134 元的 18 倍。居民的恩格尔系数逐年下降，城镇居民 2001 年恩格尔系数是37.9%，比 1989 年下降 16.6%，比 1978 年下降 19.6%；农村居民恩格尔系数 2001 年是 47.7%；比 1989 年下降 7.10%，比 1978 年下降 20%。目

前，中国城镇居民的人均居住面积已超过 10 平方米，农村居民已达到 25 平方米左右，中国城市居民现在每万人拥有轿车 100 多辆，这在过去简直不可想象。

这种变化，还表现在社会生活的方方面面。中国内地市场从 1998 年开始，已由短缺转为相对宽裕，目前已无短缺商品，86% 以上的商品供大于求。中国用占世界 7% 的耕地解决了世界 22% 人口的生活问题，创造了人间的伟大奇迹。

二、公民权和政治权具有鲜明的时代特色

十六大报告指出，我国"社会主义民主政治和精神文明建设成效显著。"中国人民的公民和政治权利在社会主义市场经济的历史进程中更具有鲜明的时代特色。

在经济生活中，中国人民切实享受到了社会主义基本经济制度所带来的自由、平等和实惠。中国民众在以公有制为主体、多种所有制经济共同发展的条件下，自主投资、自主经营、自负盈亏、自由自在地参加经济活动，公民权利被赋予了崭新的时代内涵，这在中国是一种伟大的历史性进步。

在政治生活中，中国民众切实体验到了主人翁的职责、崇高和尊严。民营企业家、自由职业者等都是随着中国社会主义市场经济的发展而出现的新社会阶层，这一阶层中的广大人员，是中国富民政策的受益者和市场经济的参与者，也同样是有中国特色社会主义事业的建设者和国家的主人。中国共产党和各级人民代表大会、各级政治协商会议，都给予这些人员以充分的尊重和重视。他们中的一些佼佼者，已经加入了中国共产党。他们中的代表，在 1998 年选出的 2979 名第九届全国人大代表中，与工人、农民、知识分子、干部、民主党派、无党派爱国人士、军人、港澳特别行政区代表、归国华侨代表一样，都相应地占有一定比例。第九届全国政协委员和常委的 59.5%，63.4% 是新阶层人员、民主党派和无党派人士。中国人民的公民和政治权利得到了具有崭新时代价值的生动体现，这同样是一种伟大的历史性进步。

在社会生活中，中国民众切实感受到了社会主义民主政治所带来的民主、自由和文明。全国人大和全国政协在中国的民主政治建设中发挥着重要作用。中国农村基层民主政治建设稳定推进，村民自治已成为中国农村

民主发展的必然趋势。中国保护公民的宗教信仰自由和正常的宗教活动，各宗教已同世界70多个国家、地区的宗教组织与人士建立了往来联系。中国高度重视人权的司法保障，各级公安、司法机关依法打击各种刑事和经济犯罪活动，有力地保障了民众的生命和财产安全，同时，依法维护犯罪嫌疑人和被告人的合法权利，中国各级法院自1983年以来，已对证据不足不构成犯罪的4万余人宣告无罪。

三、和平权和稳定权成为中国人民的自觉追求

十六大报告指出，我们坚持稳定压倒一切的方针，"坚持独立自主的和平外交政策，维护世界和平与促进共同发展。"和平权和稳定权已经成为中国人民的自觉追求。

和平权是我们的重要人权——这已是中国人民的共识。中华民族屡遭列强战争摧残，深知和平的珍贵。今天，战争并没有消除。世界要发展，人类要和平，是不可阻挡的时代进步潮流。追求、实践和维护和平，已成为中国人民名副其实的人权理念和行为规范。

稳定权是我们的重要人权——这也是中国人民的共识。中国人民从中国近代历史中深刻认识到，没有稳定，就没有国家的发展、繁荣和昌盛，也就没有生活的殷实、祥和和欢愉。稳定，是中国人民生活幸福的前提、事业兴旺的基石，是民族和国家的发展需求。无视稳定，就是蔑视中华民族的追求、亵渎我们的国家意愿；破坏稳定，就是侵害我们的人权，践踏我们民族和国家的尊严。

"东突"恐怖势力倒行逆施，自1990年至2001年，在中国新疆境内制造了至少200余起恐怖暴力事件，造成162人丧生、440多人受伤。危害和平、破坏稳定、践踏人权，为中国人民和世界人民所不容。

四、少数民族和特殊群体人权保障获得重大成就

十六大报告指出，"人们公认，这十三年是我国综合国力大幅度跃升、人民得到实惠最多的时期，是我国社会长期保持安定团结、政通人和的时期，是我国国际影响显著扩大、民族凝聚力极大增强的时期。"我国少数民族和特殊群体人权保障获得重大成就，必将载入中华民族发展的光辉史册。

中国对少数民族人权的保障，是中华文明时代魅力的真实写照。民族

区域自治制度是中国的一项基本政治制度。开发大西北战略，是事关中华民族时代发展的重大举措，给民族地区带来了希望和穿透历史的跨越式进步，自 1997 年以来，中国民族地区国民生产总值的增长率已连续多年保持高于中国平均水平。中国政府投巨资支持民族地区发展教育事业，重视保护和发展少数民族传统文化，中国 55 个少数民族中 53 个有自己的语言，语种达 80 多种，展示着中华文化的绚丽风采。

中国对妇女儿童的特殊保护，是中华民族优良传统的生动展现。妇女预示着关爱，儿童昭示着未来。中国政府 2001 年 5 月发布《中国妇女发展纲要（2001—2010）》和《中国儿童发展纲要（2001—2010）》实质上是对人权的关怀、对未来的关切。妇女参与国家和社会事务，是在实践和弘扬人权。中国妇女干部总数现已达 1488 万人，占中国全部干部总数的 36.7%，比 1991 年增加 406 万人。中国重视保障妇女劳动就业，是在尊敬和呵护人权，城乡妇女就业人数从 1990 年的 2.88 亿人增加到 2000 年的 3.3 亿人，约占中国全部就业人员总数的 46%。中国妇女对中国 GDP 的贡献份额约为 38%，真正撑起了半边天。妇女受教育水平上升，妇女、儿童健康状况日趋改善，孕产妇死亡率已从 1990 年的十万分之八十八点九下降到 2000 年的十万分之五十三。

中国对残疾人权益的保障，是中华文明彪炳史册的佳话。1990 年，《中国残疾人保障法》颁布后。已有过 40 部重要法律在相关的条款中规定了保障残疾人权益的内容，2001 年又制定实施了《中国残疾人事业"十五"计划纲要（2001—2005 年）》中国政府保护残疾人劳动就业的权利，目前中国有 96 万名残疾人在福利企业集中就业；有 720 个地市、2529 个县区实施了按比例安排残疾人就业的制度，中国残疾人就业总人数已达 111 万，就业率提高到 83%。中国政府将残疾人扶贫作为扶贫开发的重点之一，2001 年共扶持 168 万残疾人解决了温饱问题，扶持 260 多万特困残疾人解决了基本生活保障问题。中国残疾人的精神生活日益丰富，中国已开辟残疾人文化活动场所 300。目前整个社会已形成了一个理解、尊重、关心和帮助残疾人的风尚。

五、人权保障法律体系逐步形成

十六大指出，社会主义"民主法制建设继续推进"。中国目前已形成了以宪法为基础，以民事、刑事、经济、行政和诉讼等基本法律为核心，以各个不同层次的法律、法规为内容的法律框架，中国特色社会主义人权保障的法律体系逐步形成。这是中国人权史上具有伟大历史意义的发展变化。

中国人权保障的根本大法是《中华人民共和国宪法》。人民是国家的主人，国家的一切权力属于人民。中国曾对宪法作过几次修改，重点是增加了人权保障的内容，宪法中对人民的公民权、政治权、经济权、文化权、社会权和个人权利、集体权利等主要人权都作了明确规定。《中华人民共和国宪法》是在新的历史时期实践、维护、保障和发展中国人权的总章程。

中国人权法律保障体系的鲜明特色是全面、系统、科学。至 2002 年 9 月，全国人大及其常委会共制定了 430 件法律和有关法律问题的决定，国务院制定了 800 多件行政法规，地方各级人大制定了 8000 多件地方性法规。这些法律法规涉及人权的方方面面，体现了人权保障的全面性。中国宪法及宪法相关法、民法商法、行政法、经济法、社会法、刑法、诉讼与非诉讼程序法等 7 个法律部门中主要的和必须的法律，现已基本制定出来并付诸实施。这些法律与中国公民政治生活、经济生活、社会生活中的人权问题有序而紧密地连为一体，体现了中国人权保障的系统性，中国现已出台的每一件人权保障的法律法规，全都经过了实践的检验、周密的论证和严格的程序，才得以颁布面世，充分体现了中国人权法律保障的科学性。

中国人权法律保障体系的突出特点是与时俱进。第九届全国人大把修改法律与制定法律放在同等重要位置，在继续制定一批必不可少的新法律的同时，还修改完善了一批与市场经济和人权保障要求不相适应的法律。近几年，全国人大及其常委会相继制定了信托法、职业病防治法，修改了药品管理法、专利法、中外合作经营企业法、外资企业法、中外合资经营企业法、著作权法、商标法等法律，为规范市场经济条件下财产关系和信用关系，保护劳动者合法权益和健康安全，为中国积极参与国际经济合作与竞争，提供了法律基础和法律保障。

六、中国特色人权理论体系初显轮廓

十六大报告指出，我们"坚持以邓小平理论为指导，不断推进理论创新。"中国特色社会主义人权理论体系现已初显轮廓，这也是我们党不断进行理论创新的重要实践。

鉴别一个理论是否形成体系，主要看是否有科学理论指导、是否有贯

穿体系的主线、是否有要研究解决的主要问题以及是否有一系列相关的概念和范畴等条件。根据这些条件，我们完全有理由说，有中国特色的社会主义人权理论体系轮廓已初步形成。

这一体系有科学理论指导。"三个代表"重要思想是马克思主义基本原理同当代中国具体实践相结合的新论断，是马克思主义在当代中国发展的新境界。在新的历史发展阶段，学习、实践和发展马克思主义，就要全面贯彻"三个代表"要求，并用以指导有中国特色社会主义建设事业的各项工作，推进和发展中国人权理论建设，就必须全面贯彻"三个代表"的要求，这是历史演进的逻辑要求和时代发展的必然需求。

这一体系有贯穿始终的一条主线。中国人权发展的最终目标是实现人的全面而自由的发展，实现全面而充分的人权自然成为中国人权理论建设的主题，成为贯穿中国人权理论体系的一条具有永恒价值的主线。

这一体系有要研究解决的重点问题。中国人权事业发展涉及很多问题，人权研究的课题必然很多。如何更好地以"三个代表"重要思想指导中国人权建设事业、如何应对和解决社会主义市场经济给人权提出的一系列问题、生存权和发展权，如何更好地实现与递进、和平权和稳定权，如何进一步实践和发展、各项人权，怎样全面实施和保障以及怎样更好地认识人权的普遍性和特殊性、个体人权与集体人权等，都是需要认真研究和正在探索的重点问题。

这一体系有一系列相关的概念和范畴。人、人格、人权，人权理念、人权实践、人权发展、人权保障、人权合作、人权交流、人权斗争，人权与政治、经济、社会、文化，人权与法制建设，人权与全球化，人权与信息，人权与新经济，等等，都是人权理论的基本概念和重要范畴。

七、人权国际交流的社会化工作体系建立

十六大报告指出，我们"坚持正确的对外方针和政策，广泛开展双边和多边外交，积极参与国际交流和合作，我国的国际地位进一步提高。"中国国际人权交流大体上在政府和民间两个渠道进行，具体又在四个层次上展开：

首先是政府层次。中国政府一贯倡导在平等和相互尊重的基础上，与各有关国家开展人权问题的对话、交流和合作，进一步增进相互间的了解和理解，减少分歧，扩大共识。

其次是各领域非政府组织层次。中国的非政府组织从自身特点出发，在各自的工作领域和职能中，积极开展了一些很有成效的国际人权交流活动。

第三是与人权紧密相连的民间组织层次。中国慈善总会、红十字会、残疾人联合会等与人权血脉相通的社会组织，在国际人权交流工作中取得了引人瞩目的成绩。

第四是直接标有人权字样的人权组织层次。中国人权发展基金会自1994年注册成立以来，一直活跃在国际人权交流的舞台上，发挥着越来越重要的作用，受到国际社会的关注和好评。

八、中国特色社会主义人权发展道路基本确立

十六大报告指出，"我们高举邓小平理论伟大旗帜，开拓进取，把中国特色社会主义事业全面推向二十一世纪"，中国已经探索出一条有中国特色社会主义的、充满生机和活力的人权发展道路。

这一道路的奋斗目标是：最终实现人的全面而自由的发展。现阶段的目标是：集中精力发展生产力，把生存权和发展权放在首要位置，艰苦奋斗、开拓进取，逐步实现人的全面而充分的发展。

这一道路的发展方针是：坚持发展生产力和共同富裕的原则，全力以赴地提高中国人民的生活水平和促进中国人权的全面发展。

这一道路的重点内容是：高度重视生存权、发展权的重要地位，同时也重视政治、经济、社会、文化权利和个人、集体权利的综合发展。

这一道路的推进方式是：以稳定为前提，发展为关键，改革为动力，法律为保障，道德为必不可少的支持力量。

这一道路的国际交流原则是：提倡相互尊重，平等对话，摒弃对抗，求同存异。减少分歧，扩大共识，增进同全世界人民在人权问题上的了解、理解、合作和友谊。

（2002 年 11 月 3 日登载于中国网）

谁在放歌人权，
是你？
你五音不全，
你不用嗓子用实干。

是他？
他不吭不响，
只知干不会唱，
用实干向社会奉献安详。

是我？
我只略懂文墨，
唱歌纯属外行，
崇尚扎实肯干铸造辉煌。

本质起身发话，
你们都是歌唱家，
弹好本职工作乐曲，
就是在造福社会，放歌人权。

全面、准确、辩证地看待中国
——与日本和平株式会社董事长山中干雄先生的谈话

外国朋友看中国，有一个方法问题。怎么看？我认为，有三点可供参考：

一是好、中、差的事情都要看。在我国，催人奋进、神采飞扬的好事情举不胜举，主导、显示着中国形象，但也存在着一些中间状态和令人尴尬、难堪，甚至汗颜的事情。因此，看中国，我们主张好、中、差的事情都要看，切忌看一舍二，有失偏颇。中国有个名寓言，叫作盲人摸象，说的是几个盲人，各摸到象的一部分，就盲目作出结论。摸到腿的说，象是一个柱子；摸到肚子的说，象是一面墙；摸到尾巴的说，象是条绳子……这显然都不对，均是以偏概全。我们都耳聪目明，岂是盲人？中国幅员辽阔，情况复杂，绝非大象！看中国，需多尽心思，多用脑想，反复思索，比较鉴别，才能得出正确结论。

二是点、面、线的情况综合看。点，即典型。看点，容易观察入微。面，即某一方面。看面，容易获得综合信息。线，即某一领域。看线，容易形成系统概念。看事物，往往立足点不同，得出的结论也有所区别。中国有古诗曰："横看成岭侧成峰，远近高低各不同"，说的大概就是这个意思。中国古人睿智，用一句神韵四溢的诗文，就把一个深刻的道理揭示得清清楚楚。看中国，不存偏见，不带成见，多察看些典型，多体验各个领域的情况，把点、面、线连接一起，多研究方方面面，悉心揣摩，才能得出正确看法。

三是历史、现实、未来联系看。今天美好的中国，是昨天历经沧桑的中国演变而来，这是历史的昭示和社会发展的事实；如今生机盎然的中国，一定会走向更加灿烂辉煌的未来，这是历史的启迪和社会发展的必然。人称汉代史学家司马迁是"究天人之际，通古今之变"，大概也有褒奖其穿透历史的研究张力和辩证联系的科学方法。看中国，把历史的中国、现实的中国、未来的中国联系起来，进行观察、分析，经过毛泽东所倡导的"去粗取精、去伪存真、由此及彼、由表及里"的研究、处理，才能得出正确观点。

总之，全面而非偏颇，准确而忌偏差，辩证而不孤立、静止地来看中国，就会得出两个最基本的结论：

第一，中国特色社会主义事业取得了举世瞩目的伟大成就，中国人权发生了历史性变化。

第二，中国和中国人权一定会在发展中解决存在的问题，明天会更加美好。

（2002 年 12 月 17 日）

随笔——向辩证法致敬

《全面、准确、辩证地看待中国》是我 2002 年 12 月 17 日与日本和平株式会社董事长会谈的主要内容。友人给予积极评价。此事影响实在有限，但这确实是学习辩证法带来的实践成果。仅此理由，我就应当向辩证法致敬。

我要向马克思、恩格斯、列宁阐述的辩证法致敬。辩证法一词源于古希腊文 dialego，意即谈话、论战。后来辩证法指和形而上学相对立的世界观和方法论，成为关于普遍联系和发展的哲学学说。黑格尔在《逻辑学》中率先提出和阐述了对立统一、量变质变、否定之否定辩证法的三大规律，但基点是唯心主义。马克思把辩证法从唯心主义中解放出来，确立了唯物主义的辩证法，这是人类文明史上的重大发现。恩格斯从黑格尔的《逻辑学》中抽象和总结出辩证法的三个规律，辩证法的规律由此更加明确清晰，这在哲学理论上是一个重大贡献。马克思在主要著作尤其是《资本论》中运用辩证法的规律，给人类奉献了宝贵的伟大精神财富。列宁在《哲学笔记》等著作中进一步发展了这些辩证法思想，明确提出了对立统一是辩证法核心的思想。这些思想现在已成为当代中国的主流思想，已经渗透到我们的工作学习中去，与日本友人会谈就体现了这些思想。

我要向中国古已有之、至今仍生机勃勃的辩证法致敬。我国早在公元前11世纪，就提出了早期的阴阳学说。《易经》的"八卦"以及以两卦相叠演为六十四卦的学说，就是从正反两面的矛盾对立来说明事物的变化和发展。德国著名生物科学家施恩伯格对此评价极高，指出，关于遗传密码的发现是人类历史上一种最重要的发现。至今已被认识的所有的动物和植物都具有一个特殊系统，这就是生命的组合形式。这个由64个生物遗传密码组成的系统，与中国《易经》六十四卦结构相似，64种遗传密码分别对应六十四卦。中国依据5000年的《易经》就可宣称它在自然哲学方面的优先权。

现在学界一些人认为，"辩证法"一词实际源于《老子》。从1870年第一个德译本算起，《老子》的德文译本多达82种，研究老子思想的专著也高达700多种。德国著名思想家和数学家莱布尼兹成为研究的最佼佼者。他"继承、捍卫并创造性的发展"了《老子》和《易经》思想，一是根据伏羲黄老的阴阳学说，提出了二进制思想；二是给太极阴阳八卦起名为"辩证法"。伊曼努尔·康德成为著名的哲学家、辩证法的奠基人和阐发者，与莱布尼兹的思想影响有重要关系。黑格尔师承康德，把老子学说看成是真正的哲学，将老子所说的"一生二、二生三、三生万物"发挥得淋漓尽致，使其哲学逻辑合理，充满生气，理论新奇，论述动人。哲学家海德格尔更把老子的"道"视为人们思维得以推进的渊源。唯意志主义哲学和悲观主义的大师叔本华其精神源头中，就深受老子人生和处世态度的启迪。德国哲人尼采认为老子思想"像一个不枯竭的井泉，满载宝藏，放下汲桶，唾手可得"。托尔斯泰曾说过，自己良好精神状态的保持应当归功于阅读《道德经》。

我国古代从"河图"、"洛书"、夏代的"连山"易、殷商的"归藏"易、周易、一直到老子、孔子的一系列理论，总结出了具有中国特色辩证法的执中律、质变律和返复律三大定律，以及与其相联系的变化、发展和联系的法则。这些规律、法则深刻影响了人们的思想行为，预则立、用则成、变则通、和则美成为人们追求的行为规范。我与日本友人的谈话从实质上看就有我国辩证法的思想要素。

我要向中国化的马克思主义辩证法致敬。中国党和国家的领导人为实践和发展中国化的马克思主义辩证法付出了艰辛努力，做出了光辉榜样。毛泽东的《实践论》、《矛盾论》等著作，把马克思主义辩证法和中国特色的辩证法思想融为一体，开创了马克思主义辩证法和马克思主义中国化的先河，把马克思主义辩证法和整个马克思主义提高到了前所未有的崭新水平和时代高度。毛泽东思想是中国革命和建设，是中华民族自立于世界民族之林的伟大的行动指南。邓小平著作渗透着马克思主义辩证法，中国特色社会主义理论的创立，洋溢着中国特色辩证法的思想光辉，是毛泽东倡导的马克思主义中国化的重要里程碑，邓小平理论成为中国特色社会主义的指导思想。江泽民"三个代表"重要思想是马克思主义辩证法和马克思主义中国化的光辉典范，是中华民族实现伟大复兴的重要指导思想。以胡锦涛为总书记的党中央与时俱进，提出了一系列全面建设小康社会的思想理论和政策策略，实现了马克思主义辩证法和马克思主义中国化的时代发展，为中国特色社会主义理论宝库增添了崭新的时代内容。胡锦涛同志提出的以人为本的科学发展观，成为我们高举中国特色社会主义伟大旗帜前进的重要指导方针。这些当代中国的最高水平的思想理论精华，理所当然地成为我们以一以贯之的价值追求，也理所当然地成为我们与外国友人交往一以贯之的价值追求和行为指南。

社会主义市场经济是对人权的充分尊重

——在"学习贯彻党的十六大精神汇报交流会"上的发言

十六大报告的一个重要精神，就是进一步发展社会主义市场经济，努力推进中华民族的伟大复兴。在社会主义条件下发展市场经济，是前无古人的伟大创举，是中国共产党人对马克思主义发展做出的历史性贡献。社会主义市场经济是对人权的充分尊重，这是中国特色社会主义和我国良好国际人权形象的有机组成部分，是十六大昭示给我们的一个富有时代价值的重要结论。

一、社会主义市场经济的指导思想蕴涵着对人权的充分尊重

"三个代表"重要思想是党的指导思想，毫无疑问，也是社会主义市场经济和人权建设事业必须长期坚持的指导思想。

"三个代表"重要思想，已经并且继续指导、推动社会主义市场经济进入更为广阔的新境界。这一重要思想本身就具有丰富的对人权充分尊重的深刻内涵。

生产力的决定性因素是人。科学技术是第一生产力，学习、运用和发展科学技术必须依赖于人。先进生产力是具有时空运动相对意义的历史概念。从人类智能、经济技术、效率效益和人类文明、社会进步、生态平衡、可持续发展等多方面综合考察，具有符合社会发展要求的良好素质的人，具有在中国领先的科学技术，具有民族进步灵魂意义的创新意识等等，构成为当代中国先进生产力的主要标志。其中最有决定意义的仍然是良好素质的人。代表中国先进生产力的发展要求，必然包含尊重人和人权的思想理念。这是中国共产党人创造性地运用马克思主义唯物史观，把市

场经济与人权建设、生产力与生产关系具体和谐地统一起来，展现了中国特色社会主义波澜壮阔、与时俱进的风采。

文化的主体是人民。人民是文化的创造、使用和建设者，也是文化权利的实践、承担和受益者。先进文化是人类文明的结晶，是推动社会进步的动力，体现着最广大人民的根本利益。先进文化是一种历史现象和动态过程。当代中国先进文化已经深深熔铸在民族的生命力、创造力和凝聚力之中，具体生动地表现为面向现代化、面向世界、面向未来的世纪眼光，传统文化与世界文明有机融合的中华气派，以及民族、科学、大众的中国特色社会主义的创新实践。这里最重要的还是人的积极性和创造力。代表先进文化的前进方向，必然包含着尊重人和人权的思想内涵。这是中国共产党人创造性地运用马克思主义的文化观，把经济、人权、文化融为一体，展示了中国先进文化在大气磅礴的社会主义市场经济和人权建设事业中的突出作用。

最广大人民的根本利益，是我们党一切工作的出发点和落脚点。利益关系凝聚着社会的本质内涵和基础因素。从马克思关于"人们奋斗所争取的一切，都同他们的利益有关"的名言中，我们真切地看到中国共产党和中国特色社会主义深得民心的历史源泉，就是忠实地代表了最广大人民的根本利益。今天的中国用占世界7%的耕地，解决了世界22%人口的生活问题，创造了人间奇迹，书写了中国共产党人为最广大人民谋利益、发展社会主义市场经济的奋斗篇章。一切为了维护、实现、发展最广大人民的根本利益，是我们党矢志不渝的主张和实践。全心全意为人民服务，是我们党的根本宗旨。代表最广大人民的根本利益，必然包含尊重人和人权的思想观念。这是中国共产党人创造性地运用马克思主义的利益观，把发展市场经济和推进人权建设，统一于中国特色社会主义事业的各项实践中，显示了最广大人民根本利益的时代特色和马克思主义中国化的旺盛活力。

二、社会主义市场经济的重要特征体现着对人权的充分尊重

发展社会主义市场经济凝聚着中国共产党执政为民的根本要求，体现了解放生产力，发展生产力，消灭剥削，消除两极分化，最终达到共同富裕的社会主义本质。社会主义市场经济的一系列特征，都包含着对人权充分尊重的深刻内容。

一是社会主义市场经济是注重自由竞争的经济，而自由则正是人权的

本质。马克思主义经典作家曾以人的发展为尺度，把人类社会的演进分为三种形态，这就是人的依赖关系占统治地位的形态；人的独立性以物的依赖性为基础的形态；人全面而自由发展的形态。目前人类社会整体上正处于第二种形态。这一社会形态中的人，已是可以支配自己劳动力的自由人。自由，是市场经济形成、发展的必然产物，也是人权产生、发展的必要条件。商品交换领域是天赋人权的真正乐园，这是马克思的一句睿智四溢的名言，至今仍富有启人心智的思想魅力。改革开放以来，随着社会主义市场经济的发展，人民群众自主投资，自由经营，自我管理，自负盈亏，社会权利、经济权利得了充分的维护和保障。

二是社会主义市场经济是注重平等竞争的经济，而平等则正是人权的基本要求。在等价交换法则面前人人平等，是市场经济的本质特征。平等张扬，凸显着人权的尊严和崇高。我国社会主义市场经济的发展，保证和促使人们能够平等地参与市场竞争，平等权在安定、祥和的社会氛围中进一步得到维护和落实。社会主义市场经济中出现的私营企业主等，同其他群众一样参与和享受社会政治、经济和文化生活，平等权得到切实落实和保障。我国对少数民族和妇女儿童等群体的人权给予特殊保护，平等权在社会主义市场经济进程中被赋予崭新的时代内涵。

三是社会主义市场经济是法制经济，而法制则正是人权得以维护和发展的基本条件。市场经济注重遵循规则、依法行事，人权发展注重健全法制、依法保障，两者都与法制血脉相连。我国现已加入世界贸易组织，完全具备了融市场经济和人权建设为一体的基本条件；利用这一组织的规则，可以保护人民的合法经济权利；利用这一组织的机制，能够广泛地同各成员体国家展开更有成效的人权交往。我国积极推进社会主义法制建设，目前已形成了以宪法为基础，以民事、刑事、经济、行政和诉讼等基本法律为核心，以各个不同层次的法律、法规为内容的法律框架，中国社会主义市场经济和人权保障的法律体系已初具规模。

四是社会主义市场经济是道德经济，而道德正是人权生存、保障和发展的重要支持力量。市场经济需要道德呵护，人权需要道德支持，两者都与道德息息相关。社会主义市场经济倡导的公平、公正、守法、诚信等道德观念，对于市场经济和人权建设都有良好影响。与改革开放和社会主义市场经济同步进行，我国连续开展的文明岗位、文明社区、文明城市、贯彻《全民道德建设实施纲要》等一系列活动，在职业岗位、社会交往等诸多领域，从弘扬优良传统、坚定科学信念和形成良好氛围等方面，发挥着维护、保障社会主义市场经济和人权事业进展的积极作用。

三、社会主义市场经济的依靠力量反映着对人权的充分尊重

十六大报告立足于为中华民族伟大复兴增添新力量的战略高度，从人员、方针、标准等方面，创造性地阐述了社会主义市场经济依靠力量的重大问题。

关于人员。十六大报告指出，"包括知识分子在内的工人阶级，广大农民，始终是推动我国先进生产力发展和社会全面进步的根本力量。在社会变革中出现的民营科技企业的创业人员和技术人员、受聘于外资企业的管理技术人员、个体户、私营企业主、中介组织的从业人员、自由职业人员等社会阶层，都是中国特色社会主义事业的建设者。"这就从更深远的历史意义和更广阔的时代背景上，充分肯定了工人阶级、广大农民和这些新阶层人员都是国家的主人，都是我们宏大事业的依靠力量，都给予了人权充分的尊重和保障。当年法国空想社会主义思想家圣西门关于工厂主、商人、银行家和农场主等都是劳动者的天才思想，在今天的中国历史地得到了认可，并被创造性地赋予了崭新的时代内涵。思想家可至永远，即使点滴思想对人类有益，他也将永恒。

关于方针。十六大报告指出，"必须尊重劳动、尊重知识、尊重人才、尊重创造，这要作为党和国家的一项重大方针在全社会认真贯彻。"报告还进一步指出，"一切为我国社会主义现代化建设作出贡献的劳动，都是光荣的，都应该得到承认和尊重。海内外各类投资者在我国建设中的创业活动都应该受到鼓励。一切合法的劳动收入和合法的非劳动收入，都应该得到保护。"这不仅对我国公民，而且对外国投资者在我国的合法权益都给予了充分尊重和保护。当年，列宁实行允许私人租赁国家中小企业，鼓励外国人投资等新经济政策，写下了社会主义发展史上的光辉一页。今天，中国共产党人实行的发展经济、保障人权的一系列方针政策，一定会再创中华民族伟大复兴的历史辉煌。

关于标准。十六大报告指出，"不能简单地把有没有财产、有多少财产当作判断人们政治上先进和落后的标准，而主要应该看他们的财产是怎么得来的以及对财产怎么支配和使用，看他们以自己的劳动对中国特色社

会主义事业所作的贡献。"这震撼人心的论述，迸发着穿透历史、指导现实、昭示未来的巨大力量。这是中国共产党人洞察中国国情，纵观时代趋势，立足于中华民族的伟大复兴，所作出的马克思主义的经典式结论。这里，生产力与生产关系融为一体，昭示出理论上的力度、广度和深度；这里，直言财产价值、劳动理念、政治判断、标准趋向，表现了政治上的勇气、胆略和创新；这里，人权尊严又一次得到历史性确认，这无疑是对人的生产力的又一次极大解放，社会主义市场经济和人权事业又一次被注入了新的发展活力。

四、社会主义市场经济的发展成果展现着对人权的充分尊重

社会主义市场经济的两大发展成果都展示了对人权的充分尊重。

社会财富和个人财富显著增加是社会主义市场经济发展的一大成果。我国在计划经济的年代，从 1958 年至 1978 年的 20 年间，人均收入农民增加不到 2.7 元、城镇居民增加不到 4 元，个人的收入增长和财富积累步履维艰，社会的经济总量和财富积累上升缓慢。而在改革开放、发展社会主义市场经济的今天，到 2001 年止，我国人均国内生产总值突破 900 美元；经济总量由 1989 年的世界第八位跃升为第六位；我国私营企业注册资本已达 1.82 万亿元；城乡居民资产已约为 32 万亿元。目前城市居民每万人有轿车 100 多辆。社会主义市场经济给个人财产权以充分尊重，这是社会财富和个人财富涌流不竭的重要源泉。

观念更新是社会主义市场经济发展的又一大成果。列宁在研究《资本论》后曾说过，"滋生自由、平等思想的土壤正是商品生产"。随着社会主义市场经济的逐步深入，充盈着自由、平等内涵的市场、竞争、效益、人才等新的观念，已取代不讲市场、不重竞争，不讲效益、不重人才等陈腐、落后观念，顺理成章地成为全社会的共识。生存权和发展权是我国的首要人权已为人们所熟知，政治、经济、社会、文化权利是我国的重要人权，也已深入人心。人权知识逐渐在全社会得到更大范围的传播和推广。尊重、维护、保障和发展人权逐步成为人们的自觉行动。

社会主义市场经济的这些重要成果，从根本上讲，是中国特色社会主义事业全面发展的结果，归根结底是人的全面发展的结果。中国从商品交换到社会主义市场经济历尽沧桑，从货币的产生、到汉唐的丝绸之路，从明代中后期的资本主义萌芽、到清末民初的民族工业初显规模，中国人民

苦苦奋斗并没有摆脱贫困和落后，真正使人民走向富裕、赢得进步，使市场经济蓬勃发展、景象繁荣的是中国共产党。只有社会主义才能救中国，只有社会主义市场经济才能强盛中国。人民是社会主义市场经济的最大受益者。这是我们对外宣传中国人权事业最基本的事实，最生动有力的依据。

综上所述，社会主义市场经济是对人权的充分尊重，不仅深刻反映了中国特色社会主义的本质内涵，而且揭示了中华民族伟大复兴的创新实践。向国际社会广泛介绍中华民族发展史上这一具有历史性意义的重要实践，进一步树立我国良好的人权形象，是我们应当认真思考和研究的重大课题，也是我们学习贯彻十六大精神的实际行动。

(2002 年 12 月 27 日)

随笔 ——邓公睿智

邓公睿智，
真理标准讨论不休争执，
两个凡是振振有词，
实践第一，
意识反映，
邓公一语定赢输。

姓资姓社讨论沸沸扬扬，
左右观点难分难解，
解放和发展生产力，
消灭剥削，共同富裕，
是社会主义本质，
邓公一语定乾坤。

解放思想，实事求是，
社会主义也有市场，

资本主义也有计划，
有形之手和无形之手紧相握，
社会主义市场经济独具特色，
中国特色社会主义蓬蓬勃勃。
中华气象全球壮阔，
邓公睿智，功不可没。

2001年－1997年

美国人权提案失败四大原因

——答《大公报》记者问

美国等一些西方国家在今年联合国人权会议上第十次搞反华提案，昨天再次失败。这一预料中的结果再次证明，我们选择的有中国特色的社会主义人权建设和发展道路是完全正确的，不仅得到中国人民的支持，而且得到爱好和平的世界人民的支持。

美国继续坚持冷战思，推行新霸权主义，逆世界进步潮流而动，只能使自己陷于更孤立、更尴尬的境地，最终逃脱不了失败的命运。

他指出，美国的失败有四个原因：

第一，美国把人权问题政治化，必然陷于孤立。人权问题本质上是一个国家的内政问题。美国却摆出一副"世界人权警察"的架式，对别国人权状况说三道四，竭力污蔑和歪曲，借人权问题干涉别国内政，理所当然地受到强烈反对，这是任何人、任何社会势力都无法逆转的历史潮流。

第二，美国兜售人权模式美国化，必然受到唾弃。各国人民有权根据国情，选择自己的人权道路。美国在人权领域也像在其他领域一样，恣意推行美国模式，把自己的人权观念、价值趋向强加于人，一副十足的霸权主义面目，必然受到人们的谴责和唾弃。

第三，美国行人权标准双重化，必然受到抵制。人权的发展和完善是一个历史过程。每一个国家的人权状况都不可能尽善尽美，发达国家也无一例外。中国人权状况在改革开放以来，取得了长足的进步，发生了翻天覆地的变化。美国对此也不得不承认，但仍顽固地坚持双重标准，对自己诸多的人权问题轻描淡写，对别国的所谓人权问题却大肆渲染，极尽污蔑、攻击之能事。这不能不受到人们的坚决抵制。

第四，美国实行人权交往对抗化，必然走向失败。平等对话、广泛交流，加强合作，是人权交往中消除误解、达到共识的唯一正确途径。美国却与此背道而驰，肆意挑起事端，一意孤行，坚持搞对抗不搞对话，制造与人权事业健康发展不和谐的气氛，自然受到世界人民的坚决反对。事实再次证明，反华不得人心，正义必定胜利。

（2001 年 4 月 19 日）

随笔 ——逆流则败

逆历史潮流而动则败。这是事实反复证明的真理性结论。

2001 年 4 月 18 日美国等国家在联合国人权会上第十次反华提案再次失败。我向香港《大公报》发表谈话，指出了美国人权提案失败的四大原因，社会舆论给予好评。

历史、现实、未来昭告世人：逆世界和平与发展的时代进步潮流而动，为提案必败的根本原因。

提案败于逆世界人民崇尚和平的时代进步潮流而动。珍爱生命，尊崇和平，是经过两次世界大战摧残的各国人民的执著追求和行为规范。相互尊重，平等对话，求同存异，增进理解，是和平内涵的自然展伸，是和平福祉的形象体现。背道而驰的人权提案，失败为事物逻辑和客观规律所然。

提案败于逆世界各国追求发展的时代进步潮流而动。携手合作，谋求发展，是世界各国的共同心愿和行为追求。中国坚持和平发展、合作发展、科学发展，人权状况发生了翻天覆地的历史性变化，取得了举世瞩目、举世公认的伟大成就。无视事实的人权提案，被中国人权发展进步的事实所击败为历史必然。

求和思进，大势迅猛，摧枯拉朽，挡则必败，这是任何人任何社会势力都无法更改的历史进程和事实结论。

关于对中国人权基本立场的认识

——与日本友人小野寺利孝谈话录

关于中国人权的基本立场问题，我作为中国人权发展基金会的负责人，有责任和义务从非政府组织的角度对此作一系统介绍。我认为可以从六个方面来认识这一问题：

一、生存权和发展权是我国的首要人权

生存权和发展权是我国的首要人权，这是中国共产党和中国政府一贯坚持和身体力行的人权基本观点。这一观点，体现了中国共产党人和中国政府关心、重视、发展、完善人权事业的眼光、智慧和不同凡响的战略决策。这一观点，与时俱进，创新求实，符合当代中国国情，符合人权发展规律，赢得了中国人民的衷心拥护，也赢得了世界人民的赞同和支持，取得了世界瞩目的巨大成就。

确立生存权和发展权是我国首要人权的依据有很多，在我看来主要有三条：

一是人口资源因素。我国的 13 亿人占世界人口的 22%，但土地面积只占世界的 7.2%，人均只占世界人均水平的 7.2%。我国 65% 以上的国土面积是山地丘陵，33% 的国土面积是干旱荒漠。我国的耕地面积 13.51 亿亩，人均耕地面积不足世界人均数的 43%。我国现已探明的矿产资源总量约占世界的 12%，只占世界平均水平的 58%，列世界第 53 位。这就是我们的国情。这就是我们人口多、底子薄、资源相对不足的国情。这国情就是一位老师，她使我们沉思、清醒、理智。我们别无选择，必须把生存权和发展权放在我国人权的首位。

二是经济实力因素。面对 13 亿人的生存问题，如果我们是发达国家，承受和解决这个问题的能力可能会强一些，比如日本，同样人多地少、资源不足，但由于工业化程度较高，相对缓解了这方面的压力。问题是我们是发展中国家，传统农业所占的比重还很大。新中国成立以来尤其是改革开放以后，中国取得了旷世未有的伟大成就，经济每年以 8% 左右的速度快速、稳步、健康发展，但总体上看还处于发展阶段，与西方发达国家相比，经济实力还有相当大的距离。2000 年人均 GDP 按购买力平价算，美国为中国的 8.8 倍，日本为中国的 7 倍，欧洲为中国的 5.3 倍；按美元汇率折算差距则更大，美国、日本都是中国的 40 倍，欧洲是中国的 30 倍。13 亿人口如何生存，始终是我们聚精会神要切实解决好的大问题。我们别无选择，必须把生存权和发展权放在我国人权的首位。

三是社会稳定因素。中国是发展中国家，同其他发展中国家一样面临贫困、失业、收入差距、地区差距、城乡差距等一系列问题；中国还是一个从计划经济向市场经济转型的国家，面临国有企业、国有银行、计划控制、政府体制等一系列问题。这些发展问题与转轨问题交织一体，相互制约，错综复杂。解决问题的根本出路在于改革，而实施改革的基本前提是社会稳定。如果我们解决不了 13 亿人的生存问题，就无法保障社会稳定，容易造成社会震荡，甚至还会形成难民问题。如果出现这种情况，不仅会影响亚洲的稳定与发展，而且对世界的稳定与发展也会造成直接而巨大的威胁。从中国、亚洲和世界的大局着想，从和平、稳定、发展的大局着想，我们别无选择，必须把生存权和发展权放在我国人权的首位。

生存权与发展权是我国的首要人权，我们必须为摆脱贫困、赢得幸福而奋斗。这是中国共产党和中国政府唯一正确的具有战略意义的决断与选择。尽管我们现在还有几千万贫困人口，但不懈奋斗的中国人民已经从整体上达到小康水平。历史进程和严正现实是最严格最无情的裁判法官，她会证明，我国把生存权和发展权放在人权的首位，正是中国共产党人代表了先进生产力的发展要求，代表了先进文化的发展方向，代表了最广大人民群众的根本利益的具体体现。在历史和世界人民面前，我们问心无愧，解决了 13 亿人口的吃饭问题，就是中国为世界人权进步事业做出的巨大贡献。

二、和平权和稳定权是我国始终坚持和维护的重要人权

和平，蕴涵着祥和、平安和幸福；稳定，意味着平稳、安定和进步。我们热爱和平，追求稳定。我们把和平权和稳定权作为我国的重要人权。和平权已经普及社会，稳定权也应广播世界，让我们共同努力，筑造起世人心中的和平权、稳定权的坚固长城。

和平权和稳定权具有坚实的现实基础。中国经历了太多的战争摧残和列强蹂躏。一部中国近代史，从某种意义说，就是一部我们民族遭受列强战争欺凌的血泪史。仅日本侵华就长达 14 年之久。我 3600 多万同胞死伤在日军的屠刀下。白骨累累的"万人坑"，惨不忍睹的"无人区"，惨绝人寰的拿活人作细菌试验事件，震惊世界的南京屠城事件，等等，这一切的一切都在向侵略者进行控诉，都在向世界呼喊人权与和平。中国共产党领导全国人民打败了侵略者，推翻了蒋家王朝，把中国从战争、苦难、深渊中拯救出来，人民获得了自由、和平和人权。从战争磨难中站立起来的中国人民最懂得珍惜和维护和平，把和平权看得比生命还重要。这是全世界都有目共睹的基本事实。

中国同样经历了太多的动乱和动荡。十年动乱的惨痛教训，至今还令中国人民心灵颤抖。拒绝动乱、追求稳定是全国人民的共同心愿。中国政府甚至把稳定视为压倒一切的首要任务。任何有碍于稳定的言行都是不得人心的，都理所当然地受到全中国人民的唾弃。稳定生长出幸福和进步，稳定奉献出繁荣和强盛，稳定已经成为中国人民自觉的行为规范。稳定权庄严、神圣、不可侵犯，稳定权是中国人民的基本人权。中国人民像珍惜生命一样珍惜和维护来之不易的稳定权。

和平权和稳定权具有可靠的法律依据。《世界人权宣言》等法律文书对和平权作了明确规定，对稳定权从安居权、娱乐权、健康权等方面作了充分说明。我国不仅在宪法中对和平权、稳定权从多方面作了规定和阐述，而且在其他诸多法律中从保证实施的角度作了详细规定。中国是法制社会，亵渎和损害和平权、稳定权的行为必将受到法律的惩处。

和平权和稳定权从本质上看是一种权利，对外反对战争、维护和平，体现为和平权；对内拒绝动乱，保证稳定，表现为稳定权。这是一种追求幸福、追求发展的权利。和平和发展是时代的主题，是不可阻挡的世界进步潮流。和平权和稳定权已经成为世界人民的基本人权。

我们反对一切形式的恐怖主义，正是因为恐怖主义极大地危害了中国人民的和平权和稳定权。中国是恐怖主义的受害者。在中国境内从事恐怖活动的"东突"分子长期受到国际恐怖组织的训练、武装和资助，打击"东突"恐怖势力也是国际反恐斗争的组成部分。恐怖主义践踏和平，破坏稳定，危害无辜百姓的生命、尊严和安全，是和平、稳定和无辜百姓、世界人民的大敌。从世界人民的共同利益和国际社会的共同安全出发，无论恐怖主义以何种方式出现在何时、何地、针对何人，国际社会都应采取一致立场，坚决打击，不能搞双重标准。我国作为国际社会负责任的成员，愿在包括安全领域在内的国际事务中，与世界各国加强合作，为实现一个持久和平与普遍繁荣的世界，为建立公正合理的国际新秩序作出积极努力。

三、主权与人权相互依存不可分割是我国基本的人权观点

主权与人权不可分割的关系是一个古老而又新鲜的问题。这一问题所谓古老，是因为主权与人权是历史久远的社会发展的产物。从一定意义上说，人权意识是在生产力、生产关系不断发展的前提下，随着人的自然属性和社会属性的不断完善和提高而产生的思想意识。从科学意义上说，国家一经形成后，主权观念尽管不是作为具有完整和科学内涵的主权意识便随即产生。随着历史的进展和时间的推移，又逐步产生了现代的人权观念。17 世纪荷兰的雨果·格劳秀斯在《战争与和平法》中，第一次赋予人权与主权法的内涵，将人权与主权一起推向了国际社会。18 世纪法国的让·雅克·卢梭在《论人类不平等的起源和基础》、《社会契约论》中，完整地把人权与主权统一起来。联合国宪章及其发布的宣言和声明，进一步把人权与主权统一起来，强调了相互依存、相互作用的关系。18 世纪的美国独立战争和法国资产阶级大革命，不仅把主权与人权统一起来，而且开创了将其付之于实践的先河。令人遗憾的是，现在美国不仅把主权与人权分裂开来，而且宣扬人权高于主权，并且以此为借口干涉他国内政，彻底暴露了霸权主义的真实面目。这一问题所谓新鲜，是因为主权与人权在新的历史条件下，不仅各自的内涵都有了丰富和发展，而且相互关系也有了新的更富有时代特色的具体表现。我们认为，在当代，国家主权不仅具备国际法认可的质的规定，而且首先是与社会尤其是公民的基本人权连在一起。主权是人权实现和发展的基本前提，人权的充分实现和发展又会使主

权更富有权威和尊严。

主权与人权不可分割的关系是一个纷繁复杂而又简单直观的问题。说它纷繁复杂，是因为主权与人权既涉及政治、经济、文化等诸多领域，又牵连宏观与微观、普遍与特殊以及历史、现实和未来等诸多方面，是头绪繁多、覆盖面广、十分敏感而又非常重要的问题。说它简单直观，是因为主权与人权的表现形式则往往是简单而突出、具体而形象，只要是正直、公正、富有良心、思维正常的人，都会从中得出没有主权就没有人权的结论。至此我想起了百年前中国历史甚至是世界历史上人类文明遭受的最大践踏和最不平等的《辛丑条约》。这一条约，完全是对人类文明的践踏，是对人的尊严和神圣人权的亵渎。列强威逼清朝政府解除北京、天津、塘沽战略要地的军队武装，允许列强驻兵，承认其在北京扩大使馆区和永久驻军，允许其在华享有领事裁判权等广泛的权利。中国主权几乎丧失殆尽，中国人民遭受列强任意欺辱和杀戮。堂堂中国人民在自己的京城行走也要受到严格限制，列强的活动区域很长时间禁止中国人进入，有些地方甚至挂出了"华人和狗不准入内"的招牌。将中国人与狗同等对待，中国人的人格、人权和尊严何在？世界的公理、公道和文明何在？没有主权就没有人权，没有主权就必定丧失人权，对此我们有刻骨铭心的体会。

主权与人权不可分割的关系是一个理论内涵丰富而实践特色突出的问题。之所以称其为理论内涵丰富，是因为主权与人权具有特定的内涵与外延以及相关的一系列范畴，具有明确的价值指向和紧密的逻辑关系。主权是国家的基本属性，是国际法的基础。主权国家是独立的，完全自治的，不服从任何其他国家法律秩序的行为体。人权是人应该享有的基本权利。人权不仅是一种思想，也是一种理论，还包含一系列旨在尊重和保护人权的制度。在新的历史条件下，主权与人权实质上已经融为一体。主权体现和凝聚着个人人权，是一种集体人权；个人人权包含着主权的本质内涵，是集体人权的重要体现；两者相互依存，不可分割。主权能否落实不仅意味着对外行使各种权利，而且意味着对内人权的实现和发展，意味着不断使人民生活幸福，社会和谐进步，国家繁荣昌盛。之所以称其为实践特色突出，是因为主权与人权绝不是虚无缥缈的空幻之物，而是实实在在的富有时代内涵的实践活动。当今世界，发展中国家的人权保护和人权尊严已渐入新的发展时期。人权高于主权的理论，割裂主权与人权密不可分的关系，干涉别国内政，推行新霸权主义，引起国际社会的高度关注，受到世界人民尤其是发展中国家人民的坚决反对和严厉谴责。我们从历史和实践中得出的结论是：没有主权就没有人权，人权绝不会高于主权。这是颠扑不破的真理。

四、实现人权全面发展是我国人权的奋斗目标

关于我国人权是否全面的问题，西方国家有人微词很多。但我想，这很大程度上是因为误解的缘故，只要说明我国人权的奋斗目标，这些问题可能就会迎刃而解。实现人权全面发展是我国人权的奋斗目标，我认为其中主要有三个方面的含义：

第一，我国的人权是全面的而不是单一的。我国不仅重视公民的生存权、发展权，而且同样重视公民的政治、社会和文化等诸多权利。我们之所以这样做，是由我国建设有中国特色社会主义事业所决定的。按照建设有中国特色社会主义的政治、经济、文化的要求，我们的各项事业，我们的一切工作，都是既着眼于人民现实的物质文化的生活需要，同时又着眼于促进人民素质的提高，努力促进人的全面发展，努力促进人权的全面发展。我们之所以这样做，我国宪法和诸多法律给予了充分保障。我国现行宪法一改前三部宪法惯例，将公民权利调至国家机构之前，内容由30项增至38项，比美国宪法多10项。宪法对公民的人身权利，政治权利，社会、经济、文化权利，对妇女、儿童、青少年、老人和少数民族权利作了明确规定。我国还制定了一系列法律来确保人民群众享有广泛而全面的人权，这是任何人都无法抹杀和诋毁的事实。

第二，我国的人权是发展的而不是停滞的。发展是硬道理。只有发展，中国的人权事业才会进一步显示出时代风采；只有发展，才能进一步振奋不屈不挠、奋发进取的民族精神；只有发展，中华民族才能更健壮、更自信地立于世界民族之林。一切停滞的观点、为难的观点、无所作为的观点都是错误的。停滞、为难、无所作为不属于中华民族。任何社会势力都无法阻挠我们全面发展人权的信心和决心；任何社会势力都无法阻挡我们全面发展人权的坚强步伐；任何社会势力也都无法阻碍我们全面发展人权的战略措施。我们是人权事业的发展论者，我们在为发展人权事业而勤恳工作，全力奋斗。

第三，我国的人权发展是过程也是目标。人权是历史的产物，其发展不可能一蹴而就，只能是一个逐步推进的历史过程。我国在人权发展的各

个历史时期和各个历史阶段，既有近期的努力方向，也有远期的奋斗目标。我们是近期方向和远期目标的统一论者。我国已经在全面建设小康社会，人权事业也进入了一个新的发展时期。我们是一个发展中国家，人权状况也必然有些不尽如人意的地方。我们要扎扎实实地做好人权的各项工作，促使整个人权事业向更高水平发展。实现人的全面而自由的发展，不仅是人类的最高理想，而且也是我们人权事业的最高奋斗目标。我们要为实现这个目标而奋斗，我们正在为实现这个目标而努力奋斗。"我们的目标一定会达到，我们的目标一定能够达到。"这是毛泽东的一句穿透历史、英气勃发的名言。我们在这里引用这句名言，目的是向世人表明：实现人权的全面发展，我们对此义无反顾，矢志不渝。

五、加强法制和道德建设是我国发展与完善人权的基本保障

"法"和"德"是两个宝贵的字眼。依法治国和以德治国已成为我国独具特色的战略决策，自然也与人权事业血脉相连。法律和道德是实现、维护和发展人权的重要支柱。法律是从必须的角度对人权的实现作出的硬性规定，道德则是从应当的角度对人权的完善作出的适度要求，两者相辅相成，融和于建设有中国特色的社会主义实践中，共同支持着人权事业不断发展和进步。

加强法制建设是我国发展和完善人权的基本保障。从人权保障主要是通过法制得以实现的意义上说，法律适应人类的权利要求而产生，以保障人权实现为使命。人权的法律保护是国家稳定的前提，是我国社会制度的基本要求，也是国际社会公认的原则。我国十分重视人权的法律保障，积极推进社会主义民主法制建设，取得了国际社会公认的巨大成就。我们几十年来尤其是改革开放以来，先后制定了400多个法律法规，在立法规模和数量上均居世界前列，形成了比较完整的以宪法为纲、以部门法为目的的人权保障法律体系。我们实行人民代表大会制度，实行共产党领导的多党合作和政治协商制度，保证人民当家作主、广泛参与国家事务。我们普遍实行村民自治制度、基层民主制度以及其他的民主选举、民主决策、民主管理、民主监督制度，保证人民依法享有更加广泛的民主权利。我们深入开展反腐败斗争，努力加强廉政建设；深入开展法制教育，进一步增强了全民的法制观念和人权意识。随着法制建设的进一步加强，我国的人权保障将更加坚实有力，更加富有实效和时代特色。

適应有中国特色社会主义法制、外交和人权事业等多方面发展的需要，我国迄今为止已签署、批准了18个国际人权公约。令世界瞩目的是在新世纪之初，我国批准了《经济、社会、文化权利国际公约》。中国从签署到批准公约，只用了3年多的时间，而英国用了8年，意大利11年，比利时15年，荷兰、卢森堡9年，德国、奥地利5年。美国1977年签署了该公约，但至今尚未批准。中国在这样短的时间批准该公约，充分体现了中国非常重视促进和保护人权，积极倡导并致力于开展人权领域国际合作的一贯立场。这是中国政府向世界作出的庄严承诺，是中国在人权领域采取的重大举措，必将进一步推动中国人权事业的发展和进步。

加强道德建设同样是我国发展和完善人权的基本保障。我国是一个传统的伦理型社会，道德观念在我们这个古老的东方社会起着不可忽视的重要作用。道德是用社会舆论、传统习惯、内心信念维持和调节的人与人之间的行为准则。这种准则随着时间的推移，注入了一些紧扣时代脉搏的精神和内涵，它不仅涉及人与人之间的关系，而且也涉及人与社会、人与自然的关系，同时更应当涉及人权的维护、保障、实施、发展和完善。在我们的国度里，任何违反、亵渎、妨碍、损伤人权的言行，都将受到道德的谴责和鞭挞。我国道德建设的重要任务，就是为人权的保障、实行、完善创造良好的舆论和社会环境。改革开放以来，我国先后开展的文明礼貌、五讲四美三热爱、学雷锋树新风、文明岗位、文明社区、文明城市、贯彻《全民道德建设实施纲要》等一系列活动，在职业岗位、社会交往、家庭婚姻等诸多领域，从政治、经济、文化等诸多方面，对人们增强人权道德意识、履行人权的义务和责任，以及创造优良的人权保护、实施氛围，都起到了直接与间接、形象具体与潜移默化的积极作用，中国公民的人权意识已经得到了普遍的提高。这在中国道德建设史和人权发展史上都具有独特的风采和魅力。

六、坚持对话、反对对抗是我国一贯坚持的国际人权交往的基本原则

世界丰富多彩，人权领域有对话，也有对抗，同样异彩纷呈。我们的立场是：坚持对话，反对对抗。

我们始终认为，由于经济发展、社会制度、宗教信仰、文化习惯、传

统习俗、价值趋向等诸多不同，各国的人权观呈现多样化特点，是客观事物符合逻辑的必然反映。在人权问题上，坚持对话，就会减少分歧、化解矛盾、扩大共识、增进理解，这是国际人权交往的唯一正确的途径，已经成为不可阻挡的世界进步潮流；坚持对抗，则会增加分歧、扩大矛盾、延伸误解，这是国际人权交往的一股逆流，已经为世界人民所唾弃。我国在人权问题上，一直坚持对话、反对对抗，赢得世界人民的赞誉。我国的人权组织在人权问题上，以超越社会制度和意识形态差异的广阔胸怀，在经济全球化、文化多元化和世界多极化曲折发展的社会背景下，着眼于推进国际关系民主化和建立国际政治经济新秩序，坚持相互尊重、友好协商、求同存异、增进理解的原则，与世界各国包括西方主要国家坦诚交流，平等对话，对国际人权交流、合作起到了积极的推进作用。这是世界人民有目共睹的事实。

坚持对话、反对对抗，是中华民族优良传统文化在人权领域的延伸和应用。我们坚持对话、反对对抗的正义之举，体现了中华民族"和"的重要思想。在我国几千年的文明史中，源远流长的儒、道、释文化都对"和"的思想，进行了反复阐释和张扬传播，形成了经典、精粹、系统而又为广大民众所普遍接受的理论体系，因而在我们民族文化中占据了举足轻重、独树一帜的显要位置。"和"的思想已经渗透于我们民族的方方面面，成为具有标志意义的我们民族的行为规范。在新的历史条件下，"和"的思想发扬光大，更富有鲜明的时代特色。在人权领域倡导、坚持和实行对话、谴责、反对和唾弃对抗，就是"和"的思想充盈着时代风采的突出表现。我们为民族文化历经千年而不衰，至今仍充满生机和活力深感自豪和欣慰。

坚持对话、反对对抗，是对外和平共处五项原则在人权领域的具体应用。我们历来坚持相互尊重、和平共处的态度，与世界各国友好交往。在人权问题上，我们历来坚持对话，反对对抗，坚决反对以人权为借口干涉他国内政，与世界各国平等交流，相互学习、求同存异、增进了解，共同促进人权事业的发展进步。对话，代表了人权交往的进步潮流和发展方向；对抗，是人权领域的逆流，必然被历史所淘汰。我们高举对话旗帜，拥抱世界、倡导和谐，直面邪恶、鞭挞对抗，广交天下之友，共行正义之举。未来的人权领域，不可能彻底清除对抗、对立、对搏，但它一定是对话、交流、合作的世界；未来的人权领域，不可能彻底清除邪恶、颓废、停滞，但它一定是正义、进步、发展的天下。

（2001 年 4 月 19 日）

随笔 ——追寻大家踪影

《关于对中国人权基本立场的认识》一文，是我访日期间，与友人的多次谈话记录整理而成。友人评价是，有针对性。如何把握针对性，可以总结出追寻经典大家踪影的"三视"之法：

视"人"讲话。谈话，时而人多，时而人少，必须因人而异。但总的要通俗易懂，言简意赅。尽量精确，讲究雅韵。马克思的所有文章包括演讲稿和与人的通信稿都具有很强的针对性，而且篇篇都沁人心智，神采飞扬。这给我与友人交流提供了高屋建瓴、统揽全局的永恒示范。

视"问"作答。友人提问，能答则答，耐心解释。不畏惧不退缩，敢答巧答善答。毛泽东在重庆、延安面对记者谈笑风生，有问必答，言语精当，伟人风采，永耀后世。这给我与友人交流提供了中国风格、领袖风范的经典示范。

视"况"渐行。谈话场面，要着意观察，注意引导，保持与对话者坦诚交流，气氛热烈。周总理接待美国前总统尼克松，切磋会谈，引导有度，既坚持中国立场，又益于美方接受，堪称谈判艺术大师，成为传世美谈。这给我与友人交流提供了张弛有度、循循善诱的引领示范。

百年老镜头　历史新启示

—— 《外国人镜头中的八国联军》前言

2001 年 9 月 7 日，对于中国和其他国家而言都是一个具有特殊意义的日子。整整一个世纪前即 1901 年的今天，英、美、法、德、日、俄、奥、意等八国组成侵华联军，强迫清政府签订了人类文明史上最蛮横、最不平等的条约，此年为中国辛丑年，史称《辛丑条约》。本图册以照片真实反映了这一段历史。

这些照片主要是外国人拍摄的。其中三分之一第一次面世，拍摄者是一位亲身参与联军侵华的英国军人。1996 年英籍华人陈钧先生在英国伦敦佳士德拍卖行购得这些照片，遂转赠与中国第一历史档案馆。这些百年前的镜头，给人以历史的启示和教益。

在八国联军炮击和烧杀抢掠下，京津一带几十座城镇和几百个村庄成为废墟，北京城内断壁残垣四处可见；奋起反抗的义和团民、清军官兵和无辜百姓惨遭杀戮，尸首遍地；皇家珍宝及科学仪器被抢，商贾富户财产遭劫，连喇嘛寺庙的财物也被掠夺；数不清的百姓衣不遮体、无家可归……这些照片真实地记录了战争给中国人民造成的极大创伤。

八国联军威逼年收入仅有 8000 万两白银的清政府，赔偿列强白银 4.5 亿两，39 年还清本息，总计 9.8 亿两。巨额赔款，国库亏空，人民遭受重重压迫，积贫积弱的中国进一步走向灾难深渊。照片令人深思，每一个国家的发展都有一个积累和渐进的过程，不少发展中国家都曾遭受列强掠夺与摧残，各国经济联系更加紧密的今天，发达国家有责任支持发展中国家尽快发展。

八国联军威逼清政府解除京、津、唐战略要地武装，允由列强驻兵，镇压人民反抗，重惩附和义和团的官吏，承认列强在北京扩大使馆区和永久驻军，允许其在华享有广泛领事裁判、协定关税、海关控制、沿海贸易、江河航行、开矿筑路、租界等权利。偌大中国几无主权可言，中国人民遭受列强任意欺侮和杀戮，无人权可言。从照片反映的史实清楚看出，失去了国家主权，人权就是梦想。

中国和世界人民渴望所有国家相互尊重主权和人权，共同发展和繁荣。世界要和平，人民要合作，国家要发展，社会要进步，是任何势力都无法逆转的时代潮流。这是本图册给我们的历史性启示。

随笔 ——追念雨果

圆明园中矗立着一尊引人注目的半身塑像，
他，就是雨果，正义凛然，神思和祥。
法兰西引为自豪的民族精英，
全世界共同赞誉的文豪巨匠，
中国人民最为真挚、可信赖的伟大朋友。
三山五岳、湖泊川江，
蓝天白云，万物敬仰，
追念伟人，实践畅漾，
托起珍重人权的朝阳
播撒永世和平的晨光，
这是对雨果的最好纪念，
这是历史、时代对现实、未来的绝好奖赏。

圆明园名播世界，雨果神往盛赞：
请用大理石、玉石、青铜、瓷器建造一个梦，
雪松做屋架，缀满宝石，披上绸缎，
造城楼，建后宫，盖神殿，
放上神像、兽颜，
饰以琉璃、珐琅、黄金、脂粉，
建筑师建造一千零一夜的一千零一个梦，如同诗人一般，

一方方水池，一眼眼喷泉，一座座花园，
天鹅、朱鹭、孔雀结群留恋，
放情幻想的美景美物令人神思缭乱，
这魅力无穷的神庙宫殿，
世界独一无二，人间奇迹罕见。

1860 年 10 月 17 日至 18 日，
辉煌绝世的圆明园奇迹消失。
雨果叙述，如同亲历：
两个欧洲强盗烧杀呼啸着闯进圆明园，
一个洗劫财物，一个肆意放火，
艺术珍品，金银制品，两个强盗均分赃物，
欧洲所有大教堂的财宝，
抵不上这座东方神宫，富丽堂皇，硕大无比，
收获巨大，丰功伟绩！
一个塞满了腰包，一个装满了箱箧，
两个胜利者，洋洋得意，
回到欧洲，手挽手，乐滋滋。

雨果愤怒：我抗议！
火烧圆明园罪责至极，
"文明人"欺辱"野蛮人"的行为必须遏制，
两个强盗必将受到历史制裁，
一个叫英吉利，一个叫法兰西。
法兰西吞下了一半赃物，显示胜利，
居然把赃物珍品公众展出，
以为自己就是真正的物主，恬不知耻。
渴望有朝一日，
解放了的干干净净的法兰西，
会把战利品归还给真正的物主中国，
创造正义和道德的新奇迹。

亨廷顿"文明冲突论"的演化及其影响

——载《当代思潮》1997年第5期

美国当代具有重要影响的国际政治学家、哈佛大学教授塞缪尔·亨廷顿于1993年发表《文明的冲突?》，对冷战结束后的国际政治形势进行了独到的解释和预测，提出了建立国际政治的新模式，同时还发表了相关的一系列文章，引起了强烈而广泛的影响。最近亨廷顿又发表了新著《文明的冲突与重建世界秩序》，在坚持"文明冲突论"思想体系的同时，又集中对其中一些问题进行了深入阐述，明确提出西方的全球责任是：维护西方文明，确保自身利益而不是促进非西方社会的利益。这些思想观点可能会在西方社会产生一定影响，值得我们注意和研究。

一

亨廷顿的新著从总体和实质上看，是对"文明冲突论"中的主要问题进行了再论述和再深化。

（一）从论述"文明冲突"，到强调"西方独特"

亨廷顿的前作认为，人类历史新阶段中冲突仍是不可避免的。而冲突的主要根源将不再是意识形态因素或经济因素，主导人类最大纠纷和冲突的因素将是文化上的差异。文明的冲突将取代意识形态和其他形式的冲突，成为未来左右全球政治的最主要的冲突。

亨廷顿的新著不再突出西方文明同其他文明的冲突，而是强调两者的不同，强调西方文明的特殊性，否定其普遍性。他认为，文化的核心是语言、宗教、价值观和习俗，并分析概括了西方文明的8个特征，包括：特有的西方传统文化遗产，基督教信仰，由罗曼语和日耳曼为主的欧洲语言，多元化社会，代议制，崇尚个人自由等。而这些并不具有世界性，这些特点使西方文明成为独特的文明。

（二）从论述国际关系将日趋非西方化，到强调现代化不等于西方化

亨廷顿的前作认为，冷战结束后，国际政治已迈出西方阶段，重心转到西方与非西方文明的相互作用上。未来世界政治的主轴很可能是"西方与非西方"的矛盾，以及非西方文明对西方的强权与价值的回应。这些回应一般是以三种形式之一，或者三者相互组合的方式出现：一是拒绝参与由西方主导的国际社会，一是尝试加入西方并接纳其价值与制度，一是走"现代化不是西方化"的道路。

亨廷顿的新著从现代化与西方文明的关系，论证了世界在走向现代化，但是并不是走向西方化。1. 全球现代化不意味着全球同一化。"现代社会有许多共同点，但它们并不一定就会趋向同一"。认为"现代社会肯定是同一种模式"（西方的模式）是极其错误的。也就是说，任何文化都不可能成为全球性文明。2. 西方文明并不等同于现代化的文明。一方面，西方在18世纪现代化之前早已有了西方特点，这些特点不是现代化的结果；另一方面，也不要以为西方领导世界进入现代社会，因而其他文明在现代化进程中必然西方化，也就是抛弃传统的价值观、体制、习惯而去选择西方盛行的方式。3. 现代化并不意味着非西方社会采纳西方文化的中心内容。中国明显地在现代化，但并没有仿效西方。

（三）从论述冷战后的今天已形成"西方对非西方"的局面，到强调西方文明的影响在减弱

亨廷顿的前作认为，西方面临非西方的三种挑战：一是伊斯兰文明的挑战；二是儒家文明的挑战；三是动摇不定的夹缝国家的挑战。他认为，儒教国家同伊斯兰国家的结合，将是西方面临的头号威胁。

亨廷顿的新著认为，在与非西方国家的对抗中，西方文明的影响在减弱。1. 西方文化的力量在衰落，任何文化的核心因素是语言和宗教，在这两方面，西方都在退却。世界人口中讲英语的人是少数而且人数在减少，1985年全球9.8%的人把英语作为第一或第二语言，到1992年只有7.6%。西方基督教人口目前占世界人口的30%，但比例在持续减少。在下一个10年的某一时候，穆斯林人口将超过基督教人口。2. 西方的价值观和文化吸引力也在减弱。"文化受力量的制约"（虽然西方文明现在处于巅峰期），"随着西方力量的衰退，西方价值观和文化吸引力也在减弱"。3. 非西方社会的现代化和经济发展会加速走向"本土化"或"本国化"，增强

"非西方"国家维护文化传统的信心，并推动其重新认识本国文化的价值。如1996年，除伊朗外，所有的伊斯兰国家比15年前更加伊斯兰化，未来社会在经济发展过程中重新发现传统价值观，同时突出自身文化和西方文化的不同。东亚把经济发展归功于坚持传统文化而不是引进西方文化。

（四）从论述相同文明的国家内部易于相互结合，到强调西方文明国家要加强团结

亨廷顿的前作认为，相同文明的不同集团或国家与异质文明发生战争时，很自然会凝聚在一起相互支援。冲突与暴力亦会发生在相同文明的国家与集团内，但这些冲突跟相异文明间的冲突相比要来得缓和，也较不易扩大。成功的发展多出于同质文明国家或区域内，尽管目前世界各地均有经济区域主义抬头，只有当经济区域主义植根于共同的文明内才能取得进展。

亨廷顿的新著认为，西方文明国家的当务之急不是致力于将西方文化普遍化，而是首先致力于加强自身的力量。

1. 西方文明国家应加强内在凝聚力和西方文明的持久力，重振正在衰落的西方文明。他主张：要保持西方文化的纯洁性。严格划分西方与非西方的界限，控制非西方社会的移民，确保承认西方文明的移民融入西方社会及其文化。他主张除美国外，西方文明必须建立并巩固另外"两根支柱"，一是拉美，二是欧洲。他主张确保西方文明自身利益，而不是促进非西方社会的利益，不介入不涉及西方重大利益的非西方社会国家间的冲突。"在新纪元来临之时，阻止及化解不同文明区域冲突的责任，须交给冲突区域内的强国来承担"，体现了西方孤立主义的思想和主张。

2. 西方文明为对付非西方文明的挑战应加强团结。他认为，欧美的主要分歧的增加不在于直接的利益冲突，而在于他们对第三者的态度。"非西方国家，特别是中国，正积极试图利用西方的分歧使其互相争斗，只有加强团结，才能确保西方文明的未来，否则将一个个被击败"。

3. 在西方文明中，美国必须负起责任。在西方文明发展的第三阶段——欧美一体化阶段，美国起关键作用，承担领导西方世界的责任。因此，具体提出了美国的对外政策，一是加强北约，吸收属于西方文化的中东欧国家，拒绝穆斯林和东正教国家。二是推行与欧洲紧密合作的大西洋

主义政策，增强北美与欧洲的文化共性，发展更加紧密的经济和政治一体化形式，并有必要在北约之外建立"北大西洋经济组织"。

二

亨廷顿的前作与新著在总体和实质上是相同的，但也有一些较为明显的区别，其中最主要的是：前作提出文明冲突论，主旨在于建立解释国际政治的新模式；新著则从论述文明冲突入手，目的在于强调美国应承担起领导"西方世界"的责任，重建世界秩序。

首先，前作着眼于否定以国家为中心的分析模式，即亨氏所说的虚假模式。他不同意继续以国家为分析国际政治的基本要素，更不同意所谓国家利益、国家间权力的平衡是形成未来世界格局的杠杆的说法。他指出人们最终所能依靠者，不是政治意识形态或经济利益。人们在愿意认同，并能不惜生命为之战斗的是信仰和宗族、血缘和信念。文明的冲突将取代经济利益和意识形态的冲突而成为国际关系中的基本矛盾，而西方文明与非西方文明之间的冲突将是国际政治中的主要矛盾。新著则着眼于说明西方文明现状特点、发展趋势，以及它在重建世界秩序中的作用。虽然两者都论述了西方文明，但是由于侧重不同，因而论述的角度和分量都很不相同。

其次，前作的锋芒所指是普世文明观，即亨氏所说的非现实的模式。他认为普世文明当今存在并且今后也将继续存在的观点经不起简单的推敲。苏联崩溃并不等于西方文明将成为普世文明，通信和交通发展并不等于形成了共同文化。新著锋芒所指是"西方文明世界化"的观点，它所强调的是确保西方自身利益和西方文明，以承担起西方的全球责任，更好地重建世界秩序。

再次，前作主要是政治性的学术文章。亨氏在论述时更多的是以思想家、学者的身份来进行的。但文章在各国新闻舆论界和政界所激起的政治反响，远远超过了它所引起的学术思考。新著则是具有一定学术价值的政论文章。亨氏在论述时较多的是以政治谋士的身份来进行的。文章的影响及效果有待于实践的检验。

三

亨廷顿的新著是在美国新的反华浪潮中出笼的。他在此作和一系列相关著作中所阐发的政治思想、政策主张以及价值趋向等，可能会随着这一浪潮在美国及西方国家产生一定影响。

（一）亨廷顿的理论不会得到美国官方的肯定和接受，也不会成为西方国家政策思想的主体

亨氏理论把非西方国家都视为对手，如果将他的主张付诸实践，他的预言就会产生"俄底浦斯效应"，变成"自我证实的预言"。所以，美国政界不愿也不可能承认、接受亨氏的理论。许多官员和学者都在不同场合以不同方式直接或者间接批评这种观点。

（二）亨廷顿的有些思想会被美国朝野内外以各种不同方式所接受，并以不同方式表现出来

首先，亨廷顿的思想是美国民族心理因素的鲜明体现。他深受美国文化优越感和美国例外论的影响，把美国为首的西方文明置于超越地位。他的所谓"西方文明"与"非西方文明"对立的思维模式，与冷战时期的"资本主义"与"共产主义"、"民主制"与"极权制"等概念的对立没有什么差别，体现了把世界简单两极化的冷战思维模式，在美国和西方国家内部应当说都有很广泛的群众基础。某些观点只要不与政治现实相距太远就很容易被接受。

第二，亨廷顿的某些观点与美国社会的主流思想是相同的。继克林顿1992年的"变革"运动偃旗息鼓后，金里奇领导的"共和党革命"也悄然而逝。这表明当前美国国内政治思想的主流既不赞成民主党自由派的传统自由主义，也不赞成共和党保守派代表的传统保守主义，而是转为支持"中间或温和"的治国方针。亨氏强调确保自身利益的观点，与这一政治思潮关注增强国内事务"内向性"主张是一脉相承的。他这方面的思想可能要在美国主流社会产生一定影响。

第三，亨廷顿的许多主张与美国现行政策是合拍的。他提出的政策建议，如限制中国和伊斯兰教国家扩大军事力量，阻止它们之间可能的军事合作，加强西方国家之间的团结，加强同拉美和欧洲国家的关系，加强北约，发展更加紧密的经济和政治一体化形式，等等，都是美国的既定政策。因此，从这个角度上看，他也为美国和西方的外交政策找到了新的解释，应该说是有影响作用的。

（三）亨廷顿的理论观点可能会对美国和西方国家的对外政策有直接或间接的影响

1. 为美国向外扩张的国家行为提供了多方面的理论依据。一是为美国向外实力扩张的行为寻求了非功利性因素。他认为，宗教信仰、文化传

统、种族归属感、价值观念、意识形态等精神因素，同经济利益、实力等物质因素相比，更能影响政治结果。通过突出精神信仰和文化遗产的作用，在现实利益之外，为国家行为和国际斗争又寻找到了非功利性的动力。

二是为美国政府增强经济和军事实力，以奠定意识形态扩张的基础提供了理论依据。亨氏从未否认过实力的作用。早在文明冲突论出现几年之前，他曾鼓吹美国非但没有衰落，而且在复兴，美国政治民主和经济自由主义的感召力比以往任何时候都要强大。后来，看到西方同非西方在经济、军事实力上的差距缩小，才有了对西方文明的忧虑。认为文明冲突和利益冲突一样，没有融合或调和的余地，因此，西方文明必须维持强大的经济和军事力量。

三是为美国进一步加强文化和意识形态的扩张找到了理论依据。亨氏理论的一个重要方面是突出了冷战后文化因素的作用，强调文明冲突，力求西方文明独步全球。这就使美国推行文化霸权或以文化的形式推行霸权有了重要的理论支持。

2. 倡导"西方孤立主义"可能会有一定效果。在世界走向多极化的今天，亨氏"西方孤立主义"的主张会得到更多西方领导人的重视，其思想在美国及其他西方国家也会有一定的市场，西方加强团结的主张将得到较普遍的认可，这是西方与非西方国家差距在逐渐缩小状况下必然会出现的社会现象。从总体来看，美国和西方国家可以部分认同孤立主义，但绝不会完全付诸行动。他们的利益绝不可能只局限在亨氏所谓的西方世界中，仅就贸易和投资而言，他们就越来越离不开亚洲和其他非西方文明。这种交流使双方都受惠。贸易自由化是西方孤立主义难以抗拒的世界经济发展潮流。

3. 对西方国家有警示作用。亨氏关于西方文明力量衰落的观点可能会受到西方社会许多人的抵制和批评。但他对西方文明的自负感和危机感，可能被越来越多的西方人士所接受，并可能警示美国政府要正视非西方文明国家的真正力量和能量，不要妄自尊大。要加强西方文明的力量，并在世界范围内加紧意识形态的扩张，而不是坐等非西方国家文明逐渐形成更大气候。

4. 对美国的移民政策可能会有影响。亨氏预计到了 2050 年，美国人口中将有 23%的拉美裔人，16%的黑人，10%的亚裔人，加起来占美国人口的半数。而这些新移民显然很难同化到迄今为止在美国占统治地位的欧洲文化中去，假如美国继续执行目前的移民政策，同时任由国内种族多元化、文化多样化的趋势发展，"文明的冲突"就会出现在美国国内，因此，他在新理论中竭力呼吁控制非西方社会的移民，确保承认西方文明的移民融入西方社会及其文化。这在一定程度上可能会对美国的政策有影响。

随笔 ——文明交流与"冲突"的阐述

美国名声赫赫的亨廷顿先生，文明冲突论一经问世，迅即成为中外学者的热门研究课题。我时任国务院新闻办公室研究室负责人，逐流研究是必行之举。《亨廷顿"文明冲突论"的演化及其影响》一文就是在此背景下，我和同学梁立华、李丽英的共同探索成果。由此，我得出了三个相关结论：

一是各种文明之间有分歧是事实，但逐步融合更是不可阻挡的历史进步潮流。这是"存异求同"。

二是各种文明在不断交流融合是事实，但也存在着诸多难以改变的不同，这是历史发展的必然。这是"同中有异"。

三是世界因各种文明存在和发展而呈现出丰富多彩的历史趋势，但世界上已形成独立的几大文明，这也是难以更改的历史事实。这是"有同有异、各有进展"。

五彩纷呈的文化学和文化政治学研究，令人目不暇接，心智激昂。我的观点是沧海一粟，为浩瀚沧海增滴水之力，为公众奉献点滴启示，就意为蓝天壮阔、雄鹰展翅了。

中国永远是维护世界和平的坚定力量

——学习邓小平同志关于反对霸权主义、维护世界和平的思想

邓 小平同志从中国发展、人类进步的战略大局出发，立足于为我国改革开放和现代化建设创造良好的国际环境，着眼于维护世界和平、促进共同发展，创造性地提出了一系列关于反对霸权主义、维护世界和平的新思想。这些具有鲜明时代气息和民族精神的重要思想，成为整个建设中国特色社会主义理论中精彩、生动、与世界风云紧密相连的有机组成部分。

一、适应形势需求，把反对霸权、维护和平提到了新高度

毛泽东同志一生始终高度重视反对霸权主义、维护世界和平的问题。他一贯认为，帝国主义和霸权主义是国际形势紧张动荡的主要根源，是世界和平与安全的最大威胁。因此，他高屋建瓴地把反对帝国主义和霸权主义、维护我国主权和世界和平作为新中国外交的主要任务。邓小平同志在新的历史条件下，也始终高度重视反对霸权主义、维护世界和平的问题，并适应时代发展的需要，把它提到了一个新的高度。

邓小平同志把反对霸权主义、维护世界和平提到中国国策的高度来认识。霸权主义是世界和平的主要威胁。要争取较长时间的和平，寻求一个和平的国际环境进行改革开放和现代化建设，就必须反对霸权主义。1985年3月，邓小平同志强调指出："反对超级大国的霸权主义也就是维护世界和平。粉碎'四人帮'以后，我们制定中国的国策，同样也是反对霸权主义，维护世界和平。"这就清楚地表明，作为中国的国策，对外我们要继续坚定不移地实行反对霸权主义、维护世界和平的外交政策，对内我们

要继续弘扬中华民族爱好和平的优良传统，使之成为推进我国改革开放和现代化建设事业不断发展的重要精神动力。

邓小平同志把反对霸权主义、维护世界和平提到了对外政策纲领的高度来认识。1982 年 8 月，邓小平同志在会见联合国秘书长德奎利亚尔时说："反对霸权主义、维护世界和平是我们真实的政策，是我们对外政策的纲领。"一个纲领就是一面旗帜。反对霸权主义，维护世界和平就是我国对外鲜明而崇高的旗帜。它在我国整个对外政策中发挥着统领全局的重要作用。它不仅反映了中国各项对外政策具有内在的科学的一致性，而且具体地表明了社会主义中国永远不称霸的坚定信心和实际行动。从更深层次看，反对霸权主义、维护世界和平实质上是社会主义中国国际形象的集中展现。

二、洞察时局变化，昭示出霸权主义的新特征

反对霸权主义必须对霸权主义的基本特征有一个清醒的认识。邓小平同志运用马克思主义的立场、观点和方法，把反对霸权主义问题，放到已经发生重大变化的国际形势的大背景下去深入观察和分析，从而昭示出了霸权主义的五大新的特征：

一是战略特征：搞"两个冷战"。 1989 年 11 月邓小平同志在会见南方委员会主席、坦桑尼亚革命党主席尼雷尔时指出："我希望冷战结束，但现在我感到失望。可能是一个冷战结束了，另外两个冷战又已经开始。一个是针对整个南方、第三世界的，另一个是针对社会主义的。西方国家正在打一场没有硝烟的第三次世界大战。"邓小平同志所说的这"两个冷战"，是老霸权主义政策在今天的继续和发展，是新形势下的霸权主义。西方国家制造的所谓"中国威胁论"等谬论，实质上是新霸权主义针对永远属于第三世界的社会主义中国而施行遏制政策的新伎俩。

二是政治特征：搞以多种方式干涉别国内政的强权。 这是霸权主义最重要的特征，其他特征则是这一特征的延伸和体现。邓小平同志指出："霸权主义和帝国主义总是欺侮包括非洲国家在内的发展中国家，""他们对中国也是这样。有的大国的议会今天通过这样一个决议，明天通过那样一个决议，干涉我们的内政。"他们还经常利用人权、西藏、台湾、香港等问题对我发难，无理干涉我国内政。邓小平同志严厉指出："中华人民共和国决不会容许任何国家来干涉自己的内政。"

三是经济特征：**动辄给别的国家以制裁**。对那些不按西方意图行事的发展中国家，西方国家就以各种名义和方式给予制裁。他们对中国也同样如此，多次进行过目的在于遏制我国发展的"经济制裁"。邓小平同志针锋相对地指出："世界上最不怕孤立、最不怕封锁、最不怕制裁的就是中国。建国以后，我们处于被孤立、被封锁、被制裁的地位几十年之久。但归根结底，没有损害我们多少。"

四是文化特征：**兜售西方的制度和价值观念**。兜售的方式多种多样，最主要的是新闻媒介传播和漂亮外衣掩盖下的文化渗透活动，目的是对我进行"西化"、"分化"。邓小平同志会见加拿大前总理特鲁多时指出："要求全世界所有国家都照搬美、英、法的模式是办不到的。世界上那么多伊斯兰国家根本不可能实行美国的所谓民主制度，""中华人民共和国不会向美国学习资本主义制度。"

五是军事特征：**威慑以至直接出兵干涉其他国家**。有关资料表明，过去的 5 年中，西方国家对第三世界动用兵力武装干预达 40 多次之多，超过此前 20 年的总和。这也是世界上绵延不断的局部战争和热点冲突仍未解决的重要原因之一。因此，邓小平同志说，世界和平问题至今没有解决。

三、紧扣时代脉搏，确立反对霸权、维护和平的新视角

邓小平同志对反对霸权主义、维护世界和平的观察和分析，是一种紧扣时代脉搏的全新视角，把我们带入了一种新的认识和思维境界。

第一，政治、经济、文化相融合的新视角。1984 年 10 月，邓小平同志会见缅甸朋友时说："国际上有两大问题非常突出，一个是和平问题，一个是南北问题。还有其他许多问题，但都不像这两个问题关系全局，带有全球性、战略性的意义。"1985 年 3 月会见日本朋友时，他又强调："现在世界上真正大的问题，带全球性的战略问题，一个是和平问题，一个是经济问题或者说发展问题。和平问题是东西问题，发展问题是南北问题。概括起来，就是东西南北四个字。南北问题是核心问题。"1992 年春，邓小平同志又一次指出："世界和平与发展这两大问题，至今一个也没有解决。"

从总体上看，和平与发展问题，与政治、经济密切相关。和平问题本质上是个政治问题，同时，与经济问题也紧密相连，经济对于和平具有基础和保证作用。邓小平同志在谈和平问题时首先是从政治角度说的，同时

又讲到经济问题，尤其是讲到了第三世界和中国的经济发展对世界和平和国际局势的稳定所起的重要作用。这就昭示出世界政治正在出现一种逐步经济化的倾向。发展问题无疑是个经济问题，同时，也是一个与和平息息相关的重大问题。邓小平同志从经济角度来谈世界上真正大的问题时，是把和平与发展统一起来阐述的。这说明了邓小平同志的一个一贯思想，即经济问题从宏观和本质上看，就是一个政治问题。这也昭示出世界经济正在出现一种逐步政治化的倾向。和平与发展问题，都含有丰富的精神内含和浓郁的文化底蕴。这种结论主要包括两种含义：一是邓小平同志对和平与发展这一时代特征的判断，充分体现了马克思主义的伟大创造精神；二是这种对时代特征的正确判断，反映了中华民族爱好和平、渴求发展、推动人类进步的真诚心愿和实际行动。从邓小平同志对时代特征的判断中，可以看出世界政治经济正在融入更多的精神和文化因素。这样，邓小平同志关于"和平与发展是当代世界两大问题"的论断，就把政治、经济、文化有机地融和起来，反映了当今世界发展变化的本质特征，体现了当今国际关系的基本内容，是马克思主义关于国际问题学说的最新发展成果，为我们深刻认识反对霸权主义、维护世界和平拓展了新的视野。

第二，社会主义、爱国主义、国际主义相统一的新视角。反对霸权主义，维护世界和平是社会主义国家对外政策的题中应有之意。马克思在1870年就明确指出，由工人阶级创造的"这个新社会的国际原则将是和平。"俄国十月革命胜利的当天正式成立的第一届苏维埃政府人民委员会即通过了由第一任人民委员会主席列宁起草的《和平法令》，明确表明新政府反对战争、主张和平的思想。新中国成立以来，一贯奉行和平的外交政策。邓小平同志说："对这个问题，不仅我，还有中国其他领导人，包括已故的毛泽东主席、周恩来总理都多次声明，中国最希望和平。"邓小平同志还强调指出："我们搞的是有中国特色的社会主义，是不断发展生产力的社会主义，是主张和平的社会主义。"这就不仅把社会主义、爱国主义、国际主义统一了起来，而且同形形色色的民族主义彻底划清了界限。

据有关方面研究统计，目前，国际上的民族主义有200多种。它们共同的本质特征是维护民族特权，主张民族利己，宣扬民族特性。民族主义在不同的历史时期和条件下有不同的性质和内涵。邓小平同志强调的社会主义，既着眼于自身的战略利益，把发展生产力摆在重要位置，体现了爱国主义精神，又尊重其他民族、国家和整个国际社会的利益，把和平问题提到了新的高度，展现了国际主义风貌。这种社会主义与任何民族主义都有本质的不同。但这种社会主义并不是反对所有的民族主义。它所反对的是表现为殖民主义、民族沙文主义、扩张主义的反动的民族主义。它所支持的是表现为反对民族压迫，争取民族平等，反对帝国主义和一切新老殖民主义的压迫和统治，争取民族独立和解放的进步、正义的民族主义。同时，它也坚决反对已经获得了民族独立和解放的国家，又去侵略和兼并其他的国家、民族的那种反动的民族主义。这种社会主义已经与世界和平融为一体，被称为"主张和平的社会主义"，它与爱国主义、国际主义有机地统一了起来，并且一起被邓小平同志提到了"我们搞的是有中国特色社会主义"的高度来认识。这对西方国家攻击我国具有"强烈的民族主义"无疑是一种有力驳斥。

第三，历史、现实、未来相联系的新视角。回顾历史，我们中华民族具有爱好和平的优良传统。中国近百年的历史进一步证明，中国从来没有向外扩张和威胁、侵略过别国，而是屡遭外国列强的侵略和奴役。1984 年6 月，邓小平同志在会见外宾时说："中国自鸦片战争以来的一个多世纪内，处于被侵略、受屈辱的状态。"1989 年 5 月，邓小平同志又说："从鸦片战争起，中国由于清王朝的腐败，受列强侵略奴役，变成了一个半殖民地半封建国家。欺负中国的列强，总共大概是十几个，第一名是英国，比英国更早，强租中国领土澳门的是葡萄牙。从中国得利最大的，则是两个国家，一个是日本，一个是沙俄，在一定时期一定问题上也包括苏联。""中国不侵略别人，对任何国家都不构成威胁，却受到外国的威胁。"中国深知独立与和平之可贵，坚决反对霸权主义和强权政治，怎么能把自己饱尝过的痛苦加之于别人，怎么能够去做自己所不能容忍的事情呢？历史的结论就是如此，所谓的"中国威胁论"纯系无稽之谈。

面对现实，中国依然是维护世界和平的坚定力量。邓小平同志反复强调：中国希望世界和平，"中国最不希望发生战争"。中国不但不会对任何国家构成威胁，而且正在为维护世界和平做出不懈努力。一是从军事上看，中国作为一个大国，军事现代化的程度和军费开支仍处在低水平，军费预算仅占国民生产总值的 1.5%，低于世界上大多数国家。中国 1985 年率先裁军 100 万，为裁军谈判作出了榜样。中国已将大批军工企业转为民用生产，现在军工企业总产值的 76% 为民用产品。中国一贯主张全面禁止和彻底销毁核武器，并且决定暂停核试验，对维护全球安全，增进世界的和平与稳定起到了积极作用。二是从对待国家争端、地区冲突问题上看，我国积极主张通过平等对话和协商谈判方式解决争议问题，反对诉诸武力和武力威胁，受到国际社会普遍好评。三是从经济上看，我国的经济发展，是对世界和平与发展的贡献。中国经济的发展已经不同程度地带动、促进了世界和地区经济的繁荣。中国经济建设取得了历史性成就，但经济发展的总体水平仍然较低。1991年8月，邓小平同志就指出"过去我们比上不足、比下有余，现在比下也有问题了。"有关资料表明，按人均产值排列，中国在132个国家和地区中居第105位。西方国家过高地评估中国的综合国力纯系别有用心。如果说经济发展了，就必然对世界构成威胁，那么，威胁世界的不是中国，而正是比中国发达得多的西方国家。看一个国家是否对世界构成威胁，主要应看其奉行什么样的外交政策。中国一贯实行独立自主的外交政策，为世界和平做出了不懈努力和贡献。这是全世界有目共睹的事实。西方大国推行霸权主义、强权政治，这也是全世界有目共睹的事实。所谓的"中国威胁论"，实质上是西方大国搞霸权主义、遏制中国发展、威慑第三世界的具体表现。

历史总是包含着启迪现实的真理，今天必然凝聚着昭示未来的力量。中华民族有着爱好和平的过去、维护和平的今天，也一定会有反对霸权主义的未来。这是任何人、任何国家和社会集团都无法逆转的历史发展的必然。邓小平同志以当今世界杰出国际战略家的特有气魄，把历史、现实、未来联系起来，深刻指出：中国是维护世界和平的坚定力量，中国有一百多年被外国列强侵略、奴役的历史，中国现在不称霸，将来强大了也永远不称霸。他还在联合国讲坛上向全世界郑重声明，如果中国日后也在世界上称王称霸，那么，世界人民就"应当揭露它，反对它，并且同中国人民一道，打倒它"。这充分表明了中国人民永不称霸的决心，也进一步体现了中华民族维护世界和平、推动人类进步的崇高意愿和矢志追求。

四、搏击世界风云，提出反对霸权、维护和平的新思路

邓小平同志从国际和国内"两个大局"出发，搏击世界风云，顺应时代进步，提出了反对霸权主义、维护世界和平的新思路。

（一）关键在于发展经济的新思路。 维护世界和平需要经济作基础。冷战结束后，世界格局多极化趋势不断发展，政治格局与经济格局的界线

趋于模糊，世界政治经济化、世界经济政治化的倾向日趋明显。经济利益在国际关系中日益成为主导因素。一个国家在世界政治经济格局中的位置如何，最终取决于这个国家以经济科技为中心的综合国力。中国是维护世界和平与稳定的坚定力量。因此，邓小平同志指出："中国发展得越强大，世界和平越靠得住。"他还强调指出："中国能不能顶住霸权主义、强权政治的压力，坚持我们的社会主义制度，关键就看能不能争得较快的增长速度，实现我们的发展战略。"邓小平同志对此满怀信心，他高瞻远瞩地指出："我可以大胆地说，到本世纪末，中国能达到国民生产总值翻两番的目标，也就是我曾经跟大平正芳先生讲的达到小康水平，那时中国对于世界和平和国际局势的稳定肯定会起比较显著的作用。"

（二）**不结盟的新思路**。新中国成立初期，毛泽东同志根据实际情况提出了"一边倒"的外交政策，即"站在和平民主的社会主义阵营一边"。后来，随着国际形势的变化，毛泽东同志又提出了"一条线"的外交战略，即按照大致的纬度画一条从日本到欧洲一直到美国这样的"一条线"，团结这条线以外的国家，共同对付苏联的霸权主义。邓小平同志根据国际形势的发展变化，提出了不同任何国家结盟的独立自主的外交路线和政策。1984 年 5 月，邓小平同志指出："中国的对外政策是独立自主的，是真正的不结盟。中国不打美国牌，也不打苏联牌，中国也不允许别人打中国牌。"1986 年 3 月，邓小平同志强调指出："我们奉行反对霸权主义、维护世界和平的外交政策。谁搞和平，我们就拥护；谁搞战争和霸权，我们就反对。""我们不能坐到别人的车子上去。我们这种独立自主的外交政策，最有利于世界和平。"同年 5 月，他又进一步指出："我们讲公道话，办公道事。这样，我们国家的政治分量就更加重了。这个政策很见效，我们要坚持到底。"

（三）**联合反霸的新思路**。邓小平同志依据国际形势的发展，继承和发展了毛泽东关于在国际斗争中建立统一战线的一系列重要思想，进一步提出了加强第三世界的团结，支持西欧联合自强，共同反霸的思想。

加强第三世界团结，联合反霸。20 世纪 70 年代，毛泽东同志根据美苏争霸和国际力量重新组合的形势，提出了"三个世界"的国际力量划分的理论，强调要加强同第三世界的友好团结，共同反对霸权主义。邓小平同志进一步继承和发展毛泽东的这一思想。他认为第三世界国家和人民是霸权主义的受害者，这就决定了第三世界要联合起来，共同努力奋斗。他还指出："中国现在属于第三世界，将来发展富强起来，仍然属于第三世界。中国和所有第三世界国家的命运是共同的。中国永远不会称霸，永远不会欺负别人，永远站在第三世界一边。"

支持西欧联合自强，共同反霸。早在1950年，毛泽东同志就提出了支持西欧自强的重要思想。当时他对访华的英国蒙哥马利元帅说："我们不感到英法是个威胁，我们希望英法强大起来。"1974年5月，他在会见英国首相希斯时说："你们欧洲强大起来，我们高兴啊！"邓小平同志继承和发展了毛泽东的这一重要思想。他说："我们在分析国际状况时特别注意欧洲，欧洲是决定和平与战争的关键地区。……现在我们根据客观的判断，认为西欧和东欧都是维护和平的力量。东欧、西欧都需要发展，越发展和平力量越大。""我们希望有一个联合、强大、发展的欧洲。只要欧洲，包括东欧和西欧，不绑在别人的战车上，战争就打不起来。"

（四）和平共处的新思路。根据毛泽东同志的意见，周恩来总理1953年12月第一次完整地提出了和平共处五项原则。几十年来，和平共处五项原则经历了国际风云变幻的考验，已成为国际关系的基本准则，越来越显示出它的强大生命力。在新的历史条件下，邓小平同志进一步继承和发展了和平共处五项原则。1984年10月，邓小平同志说："处理国与国之间的关系，和平共处五项原则是最好的方式。其他方式，如大家庭方式，'集团政治'方式，'势力范围'方式，都会带来矛盾，激化国际局势。总结国际关系的实践，最具有强大生命力的就是和平共处五项原则。"邓小平同志在反对霸权主义、维护世界和平的实践中，创造性地运用了和平共处五项原则，最突出地表现在：

一是"搁置争议，共同开发"。这是邓小平同志为妥善处理少数周边国家对与其相邻的我国某些固有领土、领海有争议而提出的创造性设想。首先，是"主权属我"，这是邓小平同志反复阐述的坚定立场，同时也是"搁置争议，共同开发"的基本前提。第二，在不具备彻底解决有争议的领土、领海的条件下，可以先不谈主权归属，把争议搁置起来。第三，对有争议的领土、领海进行共同开发，目的是通过合作增进了解，为最终合理解决主权归属创造条件。这充分展现了我们的党和人民为维护地区与世界和平，促进人类共同发展而作出的实际努力，同时，也由此而体现出了中华民族的远见卓识和宽阔胸怀。中国人民希望用和平方式解决争端的愿望、行动一定会赢得越来越多的国家和人民的理解、支持。

二是"一国两制"。这是邓小平同志为解决国家内部两种社会制度并存的问题提出的创造性的伟大构想。1984 年 6 月，邓小平同志指出："中国有香港、台湾问题，解决这个问题出路何在呢？""我看只有实行'一个国家，两种制度'。世界上一系列争端都面临着用和平方式来解决还是用非和平方式来解决的问题。总得找出个办法来，新问题就得用新办法来解决。香港问题的成功解决，这个事例可能为国际上许多问题的解决提供一些有益的线索。"用"一国两制"的方针解决香港、澳门问题，不仅保持了香港和澳门地区的繁荣稳定，有利于亚洲和太平洋地区的和平稳定，而且为世界各国提供了国与国之间解决历史遗留问题的又一范例，有利于世界的和平稳定，赢得了海内外舆论界和理论界的高度评价。

三是建立国际新秩序。这是邓小平同志为反对霸权主义、结束旧的国际秩序向全世界提出的具有时代意义的创造性建议。1988 年 12 月，邓小平同志指出，要以和平共处五项原则为准则，建立国际新秩序。同时，他强调指出："世界上现在有两件事要同时做，一个是建立国际政治新秩序，一个是建立国际经济新秩序。"1989 年 10 月，邓小平同志又进一步指出："应该建立国际经济新秩序，解决南北问题，还应该建立国际政治新秩序，使它同国际经济新秩序相适应。"建立国际新秩序是一场艰苦的、持久的国际斗争。霸权主义不会轻易退出历史舞台。邓小平同志科学地推断：反对霸权主义至少还需要经历一个世纪，建立起国际新秩序的时间可能要短一些。现在人类即将步入 21 世纪，这是一个充满希望的新世纪。中国人民一定会与世界人民一道，坚定不移地反对霸权主义、维护世界和平，为建立国际政治经济新秩序、缔造一个和平与发展的新世界而努力奋斗。

（登载于《国际政治研究》1997 年第 1 期）

随笔 ——中国气派 中国风采

中国永远是维护世界和平的坚定力量。这是邓小平同志向全世界宣示的中国重要国策。

这宣示，言简意赅、精彩生动，充盈着中国气派、中国风采。

"和为贵"，这中国圣贤的千古之音，时时萦绕在我们耳边。这是中华民族一以贯之的千古信念，已经流淌在万众百姓的血液之中，成为我们整个民族的行为规范。邓小平同志的宣示，把这一信念提到了前所未有的时代高度。

八国联军火烧圆明园、《南京条约》等列强侵略、欺压中国的历史事实，时时浮现在我们面前。百年耻辱，绝不重演。维护世界和平，信念坚定不移。邓小平同志的宣示，凝结着历史和今人的和平寄托。

和平与发展是时代主题，是最具力量、最为激扬的时代强音，时时荡漾在我们心中。无论世界风云如何变幻，我们和平与发展的目标不会变，中国永远是维护世界和平的坚定力量不会变。邓小平同志的宣示，展示着中国和世界人民的珍重和平、维护和平、发展和平的坚定信念和崇高追求。

中国气派，中国风采，举世瞩目，永世辉煌！

后　记

我，不是演讲家，但我的人权介绍，力求准确深刻、简洁生动。

我，不是理论家，但我的文章，力求理性、以理论是。

我，不是诗人，但我的"精短分行文字"，力求意蕴、充盈诗韵。

真实叙说，理性阐述，诗意成文，是我的文章追求、灵魂追求、人生追求。

人权岁月，奋斗情怀，无悔年华，这是我和心心相印的同事朋友人权人生的诗意写真。

以心灵激情、人生感悟、事业责任、人权名义，感谢单位全体同志对我工作的支持；感谢胡振家、缪臻、张妍同志，感谢刘崴、王建林、慈爱民、杨季明同志，感谢彭凯雷、王晓雪以及人民出版社同志对本书付出的心血和帮助。

"后记"不后，是奋斗人生的新起步、未来征程的新前奏。追寻卓越、书写精彩，是为记。

图书在版编目(CIP)数据

人权情怀/林伯承著. —北京:人民出版社,2012.1

ISBN 978-7-01-010489-8

Ⅰ.①人… Ⅱ.①林… Ⅲ.①人权-中国-文集 Ⅳ.①D621.5-53

中国版本图书馆 CIP 数据核字(2011)第 261259 号

人权情怀

RENQUAN QINGHUAI

林伯承 著

责任编辑:张　旭

装帧设计:徐　晖

出版发行:人民出版社

地　　址:北京朝阳门内大街 166 号

邮　　编:100706

邮购电话:(010)65250042　65289539

印　　刷:环球印刷(北京)有限公司印刷

经　　销:新华书店

版　　次:2012 年 1 月第 1 版　2012 年 1 月北京第 1 次印刷

开　　本:710 毫米×1000 毫米　1/16

印　　张:23.5

字　　数:360 千字

书　　号:ISBN 978-7-01-010489-8

定　　价:48.00 元